ro
ro
ro

DIE TEILNAHME AN DEM
EXPERIMENT IST FREIWILLIG.

WÄHREND DES
EXPERIMENTS KÖNNEN
BESTIMMTE GRUNDRECHTE
DER VERSUCHSPERSONEN
EINGESCHRÄNKT
WERDEN.

EIN VORZEITIGER ABBRUCH
DES EXPERIMENTS DURCH
DIE VERSUCHSPERSONEN IST
NICHT MÖGLICH.

rororo

Mario Giordano wurde 1963 in München geboren. Er studierte Psychologie und Philosophie in Düsseldorf und begann 1992 Kinder- und Jugendbücher, später auch Literatur für Erwachsene zu schreiben. Außerdem ist er als Drehbuchautor für Kino und Fernsehen tätig. So hat er unter anderem das Buch zum Film «Ein todsicheres Geschäft» verfaßt (rororo 22612).
Seit 1994 lebt Mario Giordano in Hamburg. Für das Drehbuch von «Das Experiment – Black Box» wurde er mit dem Bayerischen Filmpreis 2001 ausgezeichnet.

Mario Giordano

Das Experiment Black Box

Roman

Verfilmt von
Oliver Hirschbiegel
mit Moritz Bleibtreu

Rowohlt Taschenbuch Verlag

9. Auflage September 2014

Veröffentlicht im Rowohlt Taschenbuch Verlag,
Reinbek bei Hamburg März 2001

Umschlaggestaltung Cordula Schmidt
(Foto: © Senator Film)
Gesamtherstellung CPI books GmbH, Leck
Printed in Germany
ISBN 978 3 499 23046 2

Das für dieses Buch verwendete FSC®-zertifizierte Papier
Holmen Book Cream liefert Holmen, Schweden.

Natur pflegt sich verstecktzuhalten. Parmenides

Was mich erschreckte, das kam über mich, wovor mir bangte, das traf mich auch. Hiob, 3,25

«Und wie geht's jetzt weiter, Professor?»

Bruno Batta, 37, nachdem er in Milgrams Experiment einer Versuchsperson den höchstmöglichen Elektroschock verabreicht hatte, die sich daraufhin nicht mehr rührte.

1

Die beiden Männer, die im Zickzack durch den Wald hetzten, keuchten vor Anstrengung, und der jüngere der beiden, Tarek, wußte plötzlich, was er gleich sehen würde. Vorahnung überfiel ihn von allen Seiten, hing über ihm, dicht und schwer wie der rattengraue Nebeldunst, der ringsum mit den kahlen Februarbäumen verschmolz. Dampfendes Laub. Kein Vogel zu hören, nur ihre Schritte, ihr Keuchen, das Knacken der Äste. Das gute Gefühl, vorhin noch im Auto, war verschwunden. Statt dessen jetzt pumpender Kopfschmerz irgendwo links vorne. Aber Vorahnung war eine Sache, und eine Story eine andere. Also preßte Tarek die Nikon fester an sich, damit sie nirgendwo anschlug, und rannte weiter. Er hatte inzwischen völlig die Orientierung verloren. Irgendwo in der Nähe mußte die Galopprennbahn liegen oder der Segelflugplatz. Aber in welcher Richtung? Also weiter Drese hinterherstolpern, der schnaufend vorauslief.
«Stop!» Der untersetzte Mann in der alten Jeansjacke und den Turnschuhen hielt an, stützte sich auf die Knie und hustete, völlig außer Atem.
«Was ist, Drese?» keuchte Tarek. «Weiter! Beweg dich!»
Drese gab keine Antwort. Sein Atem rasselte und pfiff, sein Kopf lief rot an. Jetzt, so im Stehen, roch es noch viel intensiver nach feuchtem, fauligem Laub. Tarek atmete in schnellen, kurzen Zügen, beobachtete seine Atemwolken, die kein Windhauch verwehte, und drehte sich langsam um.
«Dieser Scheißwald sieht überall gleich aus. Man kommt sich vor wie eingesperrt. Weißt du überhaupt, wo wir sind? Schau dir mal meine Jacke an! So ein Scheißwald. Und der Pißregen! Nicht mal Vögel zu hören. Ist dir das aufgefallen, Drese? Nicht mal Vögel!»

Drese blickte nur kurz zu ihm auf, keuchte weiter und hielt sich die Seite.
«Beweg dich endlich, Fettsack!»
«Nenn mich nicht so!»
«Fettsack!»
«Du sollst mich nicht so nennen!»
«Fettsack!»
«Dreckskanacke!»
Tarek zog die Nase hoch und spuckte aus. «Ich sag dir, wenn du mich verarschst ...»
«Es kann nicht mehr weit sein.»
«Na, dann weiter, Fettsack! Weiter!»
Der Regen nahm zu, als sie wieder losrannten. Der Boden wurde matschig. Tarek rutschte aus, verlor fast die Kamera und fluchte. Bis Drese plötzlich anhielt, ein Zeichen gab und in den Regendunst deutete, wo man etwa hundert Meter entfernt die Umrisse einer Holzhütte erkennen konnte.
«Ist sie das?»
«Wenn's stimmt, was der Rumäne im Suff gefaselt hat. Die Hütte gehört einem Kölner, der für ein Jahr um die Welt segelt. Ist die einzige weit und breit. Die haben sie einfach ...»
«Und er?» unterbrach ihn Tarek. «Ist *er* da drin?»
Drese zuckte mit den Schultern. Tarek wischte sich die Nase mit einem Jackenärmel und rieb sich die Hände warm. Die linke Schläfe pumpte jetzt stärker, und das gute Gefühl von vorhin war endgültig verschwunden.
«Wenn du mich verarschst, Fettsack!»
Obwohl die beiden Entführer nach Dreses Informationen bereits die Stadt verlassen haben sollten, rannte Tarek ge-

duckt auf die Jagdhütte zu und spähte vorsichtig durch eines der Fenster. Er schoß ein paar Bilder von der Hütte, winkte Drese, der in sicherer Entfernung wartete, und rüttelte heftig an der Haustür. Dann ging er zu dem Fenster zurück und schlug die dünne Scheibe mit dem Ellenbogen ein. Ein paar Vögel kreischten, als Tarek durch das Fenster stieg.

■ «Der Mensch ist ein Tier!»
Claus P. Thon blickte sich im Hörsaal um und ließ den Satz wirken. Er wirkte immer.
«Und er ist ein Automat!»
Ein Raunen lief durch die mäßig besetzten Reihen. Claus P. Thon, Professor für Allgemeine Psychologie, lächelte der Studentin mit dem engen Pullover zu, die ganz vorn saß und keine Vorlesung verpaßte, und fuhr zufrieden fort. Ab jetzt war ihm die Aufmerksamkeit sicher.
«Menschliches Verhalten ist eine kybernetische Funktion aus motorischen Programmen, genetisch programmierten Verhaltensmustern und konditionierten Reflexen. Plus Erziehung und Erfahrung. Sie mögen das für eine Provokation halten, lächerlich finden oder blasphemisch – aber es ist eine Tatsache. Alle Lebewesen sind Automaten. Was Ihnen als Entscheidungsfreiheit erscheinen mag: Kultur, Technik, Philosophie – alles Effekte einer enormen Zahl von Verhaltens-‹Optionen›. Aber darunter, meine Damen und Herren, unter der dünnen Schicht von Kultur und Moral, liegen uralte Instinkte und Erbkombinationen, die uns steuern und die letztlich nur einem Zweck dienen: dem Überleben der eigenen Art. Unser Betriebssystem, wenn Sie so wollen. Wenn wir also wirklich etwas über mensch-

liches Verhalten wissen wollen, dann müssen wir dort ansetzen.

■ Sie hatten sich nicht einmal die Mühe gemacht, Spuren zu verwischen. Die kleine Hütte war voller Müll, ein stikkiger Geruch lag in der Luft. Schnapsflaschen, Wolldecken, zwei Schlafsäcke, ein rostiges Taschenmesser, Pornoheftchen, Papiertaschentücher. Auf dem groben Holzfußboden war der Lehmabdruck von Stiefeln zu erkennen. Tarek fotografierte, was er sah. Spuren jede Menge. Aber kein Mensch.

«Und? Ist es die Hütte?» fragte Drese von der Tür aus, als traute er sich nicht weiter.

«Fragst du mich das, Fettsack? Von dir kam die Info.»

»Der Rumäne war besoffen, Mann! Und er hatte eine Stinkwut auf seine Leute. ... Muß sie wohl sein, oder? Der Typ sagte, seine Leute hätten den Jungen hier die ganze Zeit über versteckt. Also ...»

Tarek kickte eine Pizzaschachtel weg. Er spürte einen bitteren Geschmack im Mund. «... Also müßte er ja eigentlich hier sein, oder?»

Drese verstand langsam. «Großer Gott!»

Ohne ein weiteres Wort durchsuchten sie fieberhaft die Hütte. Sie rissen Schränke auf und Matratzen von den Betten, lösten mit einem Eisen ein paar Bohlen vom Fußboden und suchten den Waldboden rings um die Hütte ab. Sie fanden den jungen Mann schließlich in einer alten Sickergrube an der Rückseite der Hütte.

Die Grube war nicht viel größer als eine Telefonzelle, an den Seiten mit Zement verschalt und mit einer Eisenplatte abgedeckelt, die Tarek unter dem Laub entdeckt hatte. Ekel-

hafter Gestank schlug den beiden Männern entgegen, als sie den schweren, glitschigen Deckel beiseite wuchteten. Unten in der Grube, in einem Bodenschlamm aus Walderde, Laub und Kot, kauerte ein etwa dreiundzwanzigjähriger Mann. Sein Kopf war in Höhe des Mundes mit breitem Gewebeband umwickelt. Auch seine Handgelenke waren auf diese Weise gefesselt. Sein rechtes Auge war kaum noch zu erkennen, völlig zugeschwollen und schwärzlich verfärbt. Verkrustetes Blut klebte im Gesicht und in den Haaren und weichte jetzt im Regen häßlich auf. Spuren von Schlägen am ganzen Körper. Die Kleidung war verdreckt, trotzdem erkannte Tarek sie von den Fahndungsfotos wieder. An der linken Hand fehlten Daumen und Zeigefinger – sie hatten den beiden letzten Lösegeldforderungen beigelegen. Horden von Käfern und Ameisen wimmelten über den leblosen, merkwürdig geschwollenen und verdrehten Körper, der einmal einem gutaussehenden, intelligenten jungen Mann gehört hatte. Vor drei Wochen hatte man ihn entführt, und sein Vater, ein holländischer Kaufmann, hatte einige Tage zuvor auf einem Feldweg in der Nähe von Eindhoven eine kleine Sporttasche mit fünf Millionen Mark abgestellt. Doch wie es aussah, war Michael van Hondeveld zu diesem Zeitpunkt bereits einen vielfachen Tod gestorben. Erfroren, erstickt, erschlagen, verhungert; am Fieber, an der Dunkelheit, der Enge und der Ohnmacht gegenüber den Käfern und Ameisen zugrunde gegangen.
Der Regen fiel jetzt in kräftigen Tropfen und rann den beiden Männern aus den Haaren ins Gesicht, durchnäßte ihre Kleidung, drang durch bis an die Haut. Tarek merkte es gar nicht. Er starrte nur weiter in die Grube. Wie mechanisch nahm er seine Kamera, stellte die Blende ein und verschoß

einen Film auf die verkrümmte Leiche, auf die Hütte, auf die Grube. Drese wandte sich ab und übergab sich.
«Los, weg hier!» ächzte er und wischte sich den Mund. «Laß uns abhauen!»
Tarek rührte sich nicht. «Eine Woche zu spät», sagte er leise. Kam nicht vom Fleck. Stand nur dicht über der Sikkergrube im Verwesungsgeruch und nahm winzige, belanglose Einzelheiten an der Leiche wahr, die Maserung der Adern an den Händen, einen Leberfleck über der Lippe, die Marke der Schuhe. Als er sich endlich umwandte, nach unendlich langer Zeit, wie ihm schien, war Drese verschwunden.

■ «Der große russische Dichter Dostojewski kommentierte seine vierjährige Gefangenschaft in einem sibirischen Lager mit den Worten, daß diese Zeit in ihm einen tiefen Optimismus über die Zukunft des Menschen geweckt habe, denn wenn der Mensch den Horror eines Gefängnisses überlebe, dann müsse er ein Wesen sein, das wirklich alles ertragen könne.»
Ein paar Studenten lachten erwartungsgemäß an dieser Stelle, doch Professor Thon fuhr zügig fort. «Natürlich ist ein Gefängnis unserer Tage in unserem Kulturkreis kaum mit einer Anstalt zu vergleichen, wie Dostojewski sie kennengelernt hat. Trotzdem ist sein Sarkasmus nach wie vor angemessen. Auch nach einer Vielzahl von Reformen des Strafvollzugs müssen wir heute feststellen, daß das Gefängnis als soziale Institution gescheitert ist. In keinem Land, auch in keinem ‹fortschrittlichen›, ‹westlichen›, haben Gefängnisse ihre Insassen je ‹rehabilitiert› oder gar von weiteren Straftaten abgehalten. Im Gegenteil, die Gewalt bei

Straftaten und in Gefängnissen nimmt drastisch zu. Die Kosten des Strafvollzugs explodieren, bei gleichzeitigem Verlust seiner abschreckenden Wirkung. Das ist doch merkwürdig, oder?»

Professor Thon wartete die Reaktion nicht ab. «Nun, für die Ursachen dieser Gewaltzunahme gibt es eine Reihe von Erklärungen. Die populärste ist die ‹Veranlagungs-Hypothese›.»

Thon schrieb das Wort sorgfältig an die Tafel.

«Vereinfacht gesagt, wird hier die Gewalt in Gefängnissen mit der psychischen Veranlagung seiner Insassen und der der Wärter erklärt. Wärter wie Gefangene sind demnach naturgemäß wesentlich aggressiver, sadistischer, gewaltbereiter und ungebildeter als der Durchschnitt der restlichen Bevölkerung. Gewalt trifft also auf Gegengewalt. Sehr einleuchtend, nicht wahr?

Eine andere Erklärung ist, daß ein Gefängnis eine pathologische Situation darstellt, welche Aggression und Gewalt fördert.»

Thon schrieb ‹Situations-Hypothese› an die Tafel.

«Durch Freiheitsentzug und Überwachung von der Gesellschaft ausgegrenzt, entwickeln die Inhaftierten übermäßige Aggressivität, quasi als natürliche Antwort auf die Situation. Dazu kommen sogenannte ‹sleeper› – Faktoren, also schlafende Persönlichkeitsdefekte, die erst in einer solchen Situation geweckt werden. Auch sehr einleuchtend, oder?»

Thon erhob seine Stimme und sprach direkt ins Auditorium. «Leider ist *keine* dieser und anderer Hypothesen jemals experimentell überprüft worden! Welche Erklärung Sie auch persönlich favorisieren mögen – *keine* ist je wissenschaftlich-kritisch überprüft worden. Das ist auch schwierig, denn ein Feldversuch in einem realen Gefängnis wird aufgrund der zahlreichen Umgebungseffekte, Langzeitwirkung und Zusammensetzung des Wachpersonals und so weiter kaum zuverlässige Daten liefern. Die einzige Möglichkeit besteht darin, eine Situation zu schaffen, in der die Effekte der reinen Gefängnisumgebung von persönlichen Veranlagungen der Insassen getrennt werden können. Eine saubere, hochkontrollierte experimentelle Situation also. In einer solchen Situation wäre *ein* Persönlichkeitsmerkmal für uns besonders interessant. Alle Menschen scheinen es zu besitzen, und vermutlich steuert es unser Verhalten viel mehr, als wir denken – ich spreche von Gehorsamsbereitschaft! Die Bereitschaft, von übergeordneten Instanzen jede Art von Anordnungen zu befolgen, ohne Widerspruch – sobald diese Instanzen einmal als übergeordnet anerkannt wurden. Es scheint fast ein vererbtes, uraltes Verhaltensmuster zu sein ... Wem von Ihnen sind Milgrams Experimente mit den Stromstößen vertraut?»

■ «Wie heißen Sie?»
«Tarek Fahd. Ficken. Arschloch. Haltsmaul. Dreckskanakke.»
«Geboren am?»
«Zehnten elften siebzig in Köln. Mann, das steht doch alles in meinem Ausweis!»
Tarek zog die Nase hoch. Er fröstelte in dem kleinen Polizeitransporter. Die Beamtin vor ihm beachtete ihn kaum, auch nicht den Ausweis, der neben ihr lag, und notierte sich etwas. Draußen nieselte es immer noch. Leute von der Spurensicherung machten Fotos, Polizisten sperrten das Ge-

lände mit Flatterband ab, und weiter hinten trugen zwei Männer einen Sarg davon.
«Staatsangehörigkeit?»
«Deutsch», sagte Tarek abwesend.
«Beruf?»
«Schmeißfliege.»
Die Beamtin blickte genervt auf.
«Journalist», verbesserte Tarek und sagte wie mechanisch seinen Standardspruch auf. «Rasender Reporter, Paparazzo, was Sie wollen. Meistens für die *Abendpost.* Haben Sie nachher schon was vor?»

■ Thon hielt ein Plastikmodell eines menschlichen Gehirns in die Höhe.
«Das menschliche Gehirn! Das komplexeste Gebilde des Universums. Milliarden von Funktionen und ein unendlicher Datenspeicher auf kaum 2 Kilogramm Masse. Neuronen, Fasern, Rezeptoren, Gliazellen, Astrozyten, Gefäße. Hier und in den Ganglien des Rückenmarks, wenn wir die dazurechnen, entsteht ‹Verhalten›. In dieser grauweißen Masse liegt die Antwort auf all unsere Fragen. Nun können wir leider nicht in dieses wundervolle Gebilde hineinblikken.» Thon wog das Modell in einer Hand. «Ja, selbst wenn, wir würden es wohl kaum verstehen. Denn wie kann das Gehirn sich selbst verstehen – wenn Sie mir diesen kleinen philosophischen Ausflug gestatten! Das Gehirn bleibt für uns eine ‹Black Box›, eine Büchse der Pandora, die wir nie öffnen werden.»
Thon zog ein kleines Schokoladen-Überraschungsei aus seinem Jackett, hielt es ans Ohr und schüttelte es, so daß man es innen klackern hörte.

«Aber wir können daran rütteln wie an diesem Überraschungsei und Mußmaßungen über den Inhalt anstellen.»
Wieder lachten die Studenten erwartungsgemäß, und Thon wandte sich um und zeichnete etwas an die Tafel.

«Dieses Überraschungsei, diese Black Box ‹Gehirn›, ist, von unserem kybernetischen Standpunkt aus, ein Automat mit einem Input aus Sinnesorganen und einem Output an die Muskeln und den Sprechapparat. Alles dazwischen, die ganze Funktionsweise dieser Black Box, das ‹Was-passiert-Wenn›, können wir nur bestimmen, wenn wir systematisch den Input verändern, den Output betrachten und daraus Schlüsse ziehen. Genau das ist Psychologie.»
Thon machte eine kleine Pause, klopfte sich Kreidestaub von dem teuren Anzug und lächelte wieder der Studentin in der ersten Reihe zu.
«Das müssen Sie erst einmal akzeptieren. Und die systematische, kontrollierte Veränderung des Inputs und die Messung des Outputs nennen wir ‹Experiment›. So einfach ist das. Im Prinzip. Und um Ihnen das an einem Beispiel zu verdeutlichen, stelle ich Ihnen nun ein Experiment vor, das wir demnächst hier am Institut durchführen werden.»

■ Sie fragten ihn, er antwortete, dann brachten sie ihn ins Präsidium, in einen nüchternen, schmucklosen Raum, wo ihn zwei weitere Beamte erneut verhörten. Immer die gleichen Fragen. Stundenlang.

«Ich hab Ihren Kollegen schon gesagt, daß ich zufällig auf die Hütte gestoßen bin!»
«Zufällig! Mitten im Wald. Bei strömenden Regen. Und ganz zufällig hatten Sie auch Ihre Kamera dabei, Herr Fahd.»
«Ich wollte ein paar stimmungsvolle Fotos machen. Ob Sie's glauben oder nicht, ich gehe gerne morgens im Wald spazieren. Auch bei Regen.»
Tarek blickte den Beamten an, der ihm am nächsten stand, und sah, wie dessen Backenmuskeln zuckten. Die beiden Polizisten waren nicht älter als er. Sahen gut aus, freundlich, sportlich, langweilig. Tarek stellte sich ihre Wohnungseinrichtung vor, ihre Freundinnen und was für Autos sie wohl fuhren. Filmbullen, dachte er, sehen zuviel fern.
«Herr Fahd, Ihren Journalistencodex in allen Ehren, aber wissen Sie, was Sie eine Falschaussage in einem Entführungs- und Mordfall kosten kann?»
«Mann, lassen Sie mich in Ruhe! Hab ich etwa den Jungen umgebracht? Mann, ich hab die Hütte zufällig entdeckt, was übrigens Ihr Job gewesen wäre, und dann hab ich Sie sofort gerufen und sogar noch auf Sie gewartet!»
«Wir glauben auch gar nicht, daß Sie an der Entführung beteiligt waren. Wir haben nämlich in den letzten Wochen auch nicht gepennt. Trotzdem glauben wir Ihnen den harmlosen Morgenspaziergang nicht. Ein Mann ist entführt und auf bestialische Weise umgebracht worden. Das finden wir gar nicht lustig. Wir wollen seine Mörder fangen, Herr Fahd, das ist unser Job, und solange wir glauben, daß Sie unsere Arbeit behindern, solange wir nur den geringsten Zweifel am Wahrheitsgehalt Ihrer Aussage haben,

lassen wir Sie nicht gehen. Wir setzen Sie in U-Haft und hängen Ihnen wer weiß was an, bis sie uns irgend etwas sagen, das uns wirklich weiterbringt. Drücke ich mich klar genug aus?»
Tarek nickte. Er kaute an seiner Lippe, dachte an die Grube im Wald und an das Wort ‹U-Haft›.
«Also, Herr Fahd?»

■ «Ist der Brief von der Ethikkommission gekommen?»
Die Doktoranden und studentischen Hilfskräfte, die vor einer Reihe von Computern saßen und Daten auswerteten, erschraken, als Thon so heftig in den Raum platzte. Normalerweise war dies kein hektischer oder lauter Ort. Das Summen der Lüfter und der Ozongeruch der Laserdrucker beherrschten sonst den Raum. Eine stille, konzentrierte Welt. Solange Thon nicht auftauchte.
Dr. Grimm, Thons wissenschaftliche Mitarbeiterin, die mit der Planung des Experiments beauftragt war, schüttelte den Kopf. «Nein. Nix!»
«Verflucht, was denken die sich? Die Vorbereitungen für das Experiment laufen auf Hochtouren; und die Damen und Herren von der Moralpolizei lassen sich alle Zeit der Welt. Der lächerlichste Tierversuch geht glatt durch, aber wenn mündige Bürger freiwillig an einem psychologischen Experiment teilnehmen wollen, kriegt man dort kalte Füße.»
«Ich denke, der Versuch war schon durch», meldete sich eine der studentischen Hilfskräfte.
«War er auch! Aber plötzlich wollen die noch einmal alles prüfen. Herrgott, wir wollen doch niemand klonen!»
Zwei Studenten schnitten Grimassen.

«Vielleicht sollten Sie mal mit denen sprechen», schlug die junge Psychologin vor. «Ich meine, mit der Kommission.»
«Den Teufel werde ich tun!» fuhr Thon auf. «Soweit kommt es, daß ich um Erlaubnis bitten muß.»
«Ich mein ja nur.»
«Vergessen Sie es! Oder haben Sie etwa plötzlich auch *ethische* Bedenken?»
Jutta Grimm warf ihre Haare zurück, holte Luft, unterdrückte dann aber, was ihr auf der Zunge lag, und schüttelte den Kopf.
«Nein», sagte sie. «Natürlich nicht.»
«Sonst jemand?»
Niemand rührte sich. Thon nickte zufrieden.
«Also wozu sich dann bei der Kommissionsmafia einschleimen?»
Die junge Wissenschaftlerin wandte sich wieder ihrem Monitor zu. «Da ist jemand vom Verteidigungsministerium gekommen. Wartet im ‹Kleinhirn›. Von Seth oder so.»
«Ah, sehr gut!» Claus Thon stürmte wieder hinaus.
«Im ‹Kleinhirn›!» rief ihm die Frau nach.

■ «*Was* hast du?»
Kaum in der Redaktion, fiel Ziegler über ihn her.
«Hörst du schlecht, oder was, Ziegler?»
«Erzähl mir doch das nicht! Du hast ihnen doch nicht wirklich den Film gegeben!»
«... sollte ich denn machen?»
«Kerl, erzähl mir doch nicht, daß du einen Tausender für einen Tip abdrückst, und dann einfach so einen First-class-

Film rausrückst und eine Titelstory sausen läßt, wenn der erstbeste Bulle die Hand aufhält!»
Tarek zuckte mit den Schultern und blickte weiter aus dem Fenster. Zieglers Wut füllte das kleine Büro völlig aus. Seine Ausbrüche waren gefürchtet. Tarek ließen sie kalt. Im Vergleich zu Tareks Vater war Ziegler ein Topf mit lauwarmem Wasser.
«Sie haben mich ziemlich in die Mangel genommen. ' sollte ich denn machen! Ich war nicht mehr gut beieinander.»
Draußen regnete es immer noch. Die Welt wurde klein. Zwei Wochen in dieser Grube, dachte Tarek. Ob er geschrien hatte, allein in dem stinkenden, lichtlosen Loch? Ob er bis zuletzt gehofft hatte, daß sich der Deckel noch einmal öffnen würde?
«Nicht mehr gut beieinander! Nee, Kerl! Nee, nee, nee! Das hast du nicht getan. Nicht so 'n Profi wie du. Du hast den Film noch. Du willst den Preis hochtreiben! So ein mieses Ding ziehst du hier ab! Wenn du mich verarschst, Kerl ...»
«Du kannst dir nicht vorstellen, was sie mit dem Typ gemacht haben!»
«Mir kommen die Tränen! Kerl, das war doch nicht deine erste Leiche!»
«Doch.»
Der Redaktionsleiter holte einen Augenblick Luft und schaltete um auf väterlich.
«Ach so ist das. Scheiße. Die erste Leiche geht einem immer in die Knochen.» Ziegler fingerte in seiner Hemdtasche nach Zigaretten. «Was ist mit Drese?»
«Abgetaucht. Über alle Berge. Ich hab ihn nicht erwähnt», log Tarek.

«Gut so. Informanten fickt man nicht.»
«Die Polizei sagt, der Typ war schon eine Woche tot.»
«Und?»
«Drese hatte die Info schon vor einer Woche.»
«Wie bitte? Und warum hattest *du* sie nicht schon vor einer Woche?»
«Scheiße, Ziegler, ich hab nicht nachgefragt! Er wollte Tausend für eine Info, die ihm irgendein besoffener Rumäne gesteckt hatte. Fing an zu pokern. Ich hab ihm gesagt, er kann mich. Drese war selber besoffen und stank, weißt du, und ich hab's ihm gesagt und daß er ein Fettsack ist und was mich sein besoffener Rumäne anginge. Normalerweise steckt er so was weg, er braucht das, aber letzte Woche war er plötzlich eingeschnappt und ist abgezogen wie so eine zickige Diva. Nach ein paar Tagen kam er wieder an und hat's mir noch mal angeboten. Und da erst hab ich gecheckt, daß was dran ist an der Geschichte.»
Ziegler stieß einen Grunzlaut aus.
«Nicht nachgefragt! Kerl! Du versaust es immer am entscheidenden Punkt! Aber vielleicht hat Drese auch nur plötzlich kalte Füße bekommen. Vielleicht war er ganz froh, daß du nicht drauf eingegangen bist, weil er Schiß vor den Rumänen hatte.»
«Kapierst du nicht, Ziegler? Dieser Van-Hondeveld-Junge könnte vielleicht noch leben, wenn ich Drese vor einer Woche bezahlt hätte!»
Ziegler paffte seine Zigarette klein.
«Vielleicht. Nicht dein Problem. Drese ist ein Schwein. Aber trotzdem müssen wir berichten, Junge. Die Leute wollen so was lesen! So ist das Leben. Du bist eine der besten Schmeißfliegen, die ich habe, obwohl deine Drücker-

mord-Story nur heiße Luft war. Vergessen! Du bist nicht zimperlich. Wenn andere bremsen, gibst du Gas. Das gefällt mir. Warum also jetzt Nerven zeigen? Kotz es aus, laß es raus, schreib's auf! Du bist gut, Junge.»
Ziegler hielt die Hand auf.
«Ich hab den Film nicht mehr.»
Ziegler schloß die Hand zu einer Faust und bekam schmale Lippen. «Ich sag's nur einmal, Junge. Wenn ich bis heute abend keine Fotos und einen knallharten Artikel dazu von dir kriege, hacke ich dich in Stücke. Verstehst du? Ich will die Geschichte exklusiv mit Fotos und allem, oder du fliegst hier achtkantig raus, und ich sorge dafür, daß du nur noch deinen Namen auf den Schein vom Sozialamt schreiben kannst. Habe ich mich in etwa klar ausgedrückt, Junge!»
»Ich könnt's nicht besser, Ziegler.»
«Gut.» Ziegler wechselte das Thema und den Tonfall. «Was ist mit heute abend?»
«Was soll heute abend sein?»
«Kerl, die Sache hat dich wirklich umgehauen, was? Heute abend ist Verlagsparty im Schloß! He, wir haben da ein paar neue Praktikantinnen.» Er verzog anzüglich den Mund. «Was ist übrigens mit der kurzhaarigen dunklen? Hast du sie gefickt?»
«Ja.»
«Logisch hast du! Du fickst sie alle. Du bist wie ich. Nur mich, hör mir zu, mich fickst du nicht, hast du verstanden? Okay. Also, du gehst jetzt nach Hause, haust dich kurz aufs Ohr und überlegst es dir noch mal. Und heute abend gibst du mir die Fotos mit einem geilen Text und amüsierst dich. So, und jetzt Abflug. Die Welt dreht sich weiter.»

■ Das kleine Zimmer, auch ‹Kleinhirn› genannt, lag gleich neben Thons eigentlichem Büro. Es war aufgeräumt, hatte eine bequeme Couch, Sessel, ein Bücherregal und eine kleine Fotogalerie berühmter Verhaltensforscher. Skinner, Pawlow, Piaget, Lorenz, Eysenck, Eccles, Hebb, Köhler, Wiener – bunt gemischt. Er nutzte das kleine Büro für seine Sprechstunden, mündliche Prüfungen und gelegentliche Ausflüge mit Studentinnen.
Äußerlich hätte Claus Thon ebensogut in eine Wertpapierabteilung oder auch in eine Werbeagentur gepaßt. Groß, gut gekleidet, Abitur mit achtzehn, Psychologiestudium mit dreiundzwanzig, Promotion drei Jahre später in Stanford, vier Jahre später in Deutschland habilitiert. Seit fünf Jahren der Lehrstuhl für Allgemeine Psychologie, der seitdem eine Flut von Publikationen produzierte. Jetzt, Anfang vierzig, hielt Thon Vorträge in fünf Sprachen, las zweihundert Seiten am Tag und lief einmal im Jahr einen Marathon mit. Er war verheiratet, segelte und gönnte sich immer noch sechs Stunden Schlaf.
Der Mann, der ihm gegenübersaß, wußte das alles. Er trug keine Uniform, obwohl er im Rang eines Majors stand. Jürgen von Seth und Claus Thon kannten sich aus Bundeswehrzeiten, und obwohl das alles lange her war und obwohl sie nie wirklich befreundet gewesen waren, hatten sie sich vor einigen Wochen auf einer Tagung in Münster gleich wiedererkannt.
«Nun, was sagen deine Oberhäuptlinge?» begann Thon ohne Umschweife, nachdem er seinen Gast begrüßt hatte.
Von Seth straffte sich. «Sie sagen, daß dein Experiment eine hochpathologische Situation darstellt.»
Thon spürte seinen Magen. «Wenn man meinen Versuchs-

plan richtig gelesen hätte, würde man nicht solche Fehlschlüsse ziehen!» rief er. «Das ist doch Schwachsinn! Eine experimentelle Situation ist nicht pathologisch. Pathologisch sind höchstens Persönlichkeiten. Der Mensch kann krank sein, aber nicht eine Situation. Durch unsere Vortests können wir Personen mit psychischen Defekten absolut ausschließen. Wir kontrollieren sämtliche Randbedingungen. Die Teilnahme ist freiwillig, die VP stehen unter ständiger Beobachtung, ein Arzt steht rund um die Uhr zur Verfügung.»

«Menschen können nicht vollständig getestet werden», sagte Seth ruhig. «Eine Restunsicherheit bleibt. Niemand weiß das besser als wir. Du schaffst eine experimentelle Situation, der deine VP psychisch nicht gewachsen sein könnten.»

«Der durchschnittlich gesunde Mensch ist psychisch belastbarer und flexibler, als man denkt. Er kommt auch mit Extremsituationen klar, wie wir sie experimentell erzeugen.»

«Fakt ist, daß dein Experiment gefährlich ist.»

Thon starrte den Mann vor ihm an, der ihm ganz ruhig ins Gesicht blickte. Er schnaubte aus, drehte sich abrupt um, ging ans Fenster, trommelte an die Scheiben und drehte sich wieder um.

«Dies hier ist Grundlagenforschung!» erklärte er. «Wir haben ein dringendes gesellschaftliches Problem zu lösen, und dafür brauchen wir zuverlässige Daten. Und die kriegt man nur aus einem sorgfältig kontrollierten Experiment wie diesem.»

«Ja, genau das denken wir auch.»

«Wie bitte? Was sagst du da?»

«Man findet dein Experiment hochinteressant, das will ich damit sagen. Großes Interesse von allen Seiten. Ich habe es dir in Münster doch erklärt. Seit Bestehen der Bundeswehr haben wir zum ersten Mal Konfliktsituationen, auf die wir möglicherweise nicht ausreichend vorbereitet sind. Man hat schon daran gedacht, so etwas Ähnliches wie dein Labor, wir würden es ‹Trainingszentrum› nennen, auf Bundeswehrgelände einzurichten.»
«Und warum habt ihr es noch nicht getan?»
«Man braucht ausgebildete Leute. Wissenschaftler, Ärzte, Meßtechnik. Wozu alles neu aus dem Boden stampfen, wenn man kooperieren kann?»
«Und hat man sich schon geäußert, wie eine finanzielle Beteiligung des Ministeriums aussehen könnte?»
«Darüber müßte dann im einzelnen gesprochen werden. Ich sehe aber keine Probleme. Wichtig ist nur, daß wir inhaltlich zusammenkommen.»
«Du weißt, daß es eine Ethikkommission gibt, die solche Versuche genehmigen muß.»
«Natürlich. Und natürlich müssen und wollen wir uns im Rahmen des ethisch Vertretbaren bewegen. Schon der Öffentlichkeit wegen. Deswegen wird man abwarten, bis dein erstes Experiment genehmigt wurde. Das zieht dann erfahrungsgemäß die Genehmigungen für die weiteren Experimente mit. Liegt die Absolution denn schon vor?»
«Ehrlich gesagt, zieht es sich hin. Diese Kommission hat mit Ethik wenig zu tun. Sie wird kontrolliert von einer Kollegenmafia, die über ihre wissenschaftlichen Pfründe wacht. Aber die Zeit drängt. Drei Gruppen sind international an ähnlichen Projekten dran. Wenn wir es schaffen könnten, auf dem Symposium nächstes Jahr in Stanford er-

ste Ergebnisse vorzulegen, wären wir top, und hier würde alles wie am Schnürchen laufen. Was ich sagen will: Wenn es ein so großes Interesse im Verteidigungsministerium gibt, vielleicht gibt es dann auch Möglichkeiten, der Kommission die Entscheidung, sagen wir mal, etwas zu erleichtern.»
Jürgen von Seth verzog das Gesicht.
«Kaum. Allein der Versuch von unserer Seite, eine unabhängige Kommission zu beeinflussen, könnte Schaden anrichten, falls so etwas in die Öffentlichkeit gelangt. Im übrigen sehe ich nicht, wie das funktionieren sollte.»
Thon seufzte aus. «Okay. War nur so ein Gedanke. Vergiß ihn.»
«Schon vergessen.»
«Also warten wir ab.»
«Na, es wird schon klappen.»
«Natürlich.»
«Noch eine Sache. Man will die Möglichkeiten deines Labors einmal kennenlernen.»
«Und wie soll das aussehen?»
Von Seth antwortete nicht sofort, weil Thons Sekretärin in diesem Moment mit Kaffee hereinkam. Er lächelte ihr zu und wartete, bis sie gegangen war.
«Man stellt sich vor, daß einer unserer Piloten an dem ersten Versuch teilnimmt.»
«Das geht nicht. Die Teilnahme hängt ausschließlich vom Ergebnis unserer Vortests ab. Der ganze Versuch basiert darauf. Wir wollen ganz normale Männer.»
Von Seth verstand den Hinweis.
Die beiden Männer sahen sich schweigend an. Bis von Seth vernehmlich ausatmete. «Vorschlag: Ich gebe deine Sorgen

wegen der Kommission weiter. Unser Mann macht die Testreihe mit und nimmt nur an dem Experiment teil, wenn er alle Kriterien erfüllt. Er kommt rein privat als freiwillige Versuchsperson.»
«Okay. Aber die Versuchspersonen werden per Zufall auf eine der beiden Versuchsgruppen verteilt.»
«Nun gut. Es ist ja auch nur so eine Art Schnupperkurs.» Jürgen von Seth lächelte. «Ich sage dir ehrlich, ich möchte da nicht mitmachen.»

■ Bevor er nach Hause fuhr, hielt Tarek bei einem befreundeten Fotografen, der in seiner Dunkelkammer hin und wieder Fotos für ihn entwickelte, und gab ihm den Film, den er vor der Polizei in der Unterhose versteckt hatte. Der Polizei hatte er den zweiten gegeben, den er eilig verschossen hatte, bevor er den Wald verlassen und sie über das Handy gerufen hatte. Bilder mit falscher Blende und unscharf. Nichts, womit sich ein Geschäft machen ließe. Nur gut, daß sie ihn nicht durchsucht hatten. Eine Woche, dachte Tarek. Eine Woche zu spät.
Tarek ging nicht mit in die Dunkelkammer. Er ging nie mit hinein. Immer noch diese absurde, kindliche Angst, lebendig begraben zu werden. Seit sein Vater ihn mit neun Jahren einmal einen ganzen Tag lang in seine Dunkelkammer gesperrt hatte, zur Strafe, weil Tarek beim Spielen dort einen wertvollen Film ruiniert hatte. Die enge, lichtlose, nach Chemikalien stinkende Dunkelkammer tauchte immer noch in Tareks Träumen auf als Ort des größten Grauens. Seit heute jedoch, das war klar, gab es etwas noch Grauenhafteres.
Tarek verdrängte den Gedanken an seinen Vater und be-

diente sich aus dem Kühlschrank. Während nebenan die Bilder in der Entwicklerflüssigkeit langsam kamen, machte er sich Brote und hockte sich im Wohnzimmer vor den Fernseher. Nervös und lustlos zappte er durch alle Kanäle und sah doch nur immer wieder den Jungen in der Grube. Die Nachmittagsnachrichten berichteten über den Fund. Sie brachten auch Bilder von der Hütte und der leeren Grube. Tarek schaltete den Fernseher aus und ging ins Bad. Er würgte vier Aspirin mit Leitungswasser hinunter, wusch sich gründlich Hände und Gesicht und betrachtete sich im Spiegel. Tarek Fahd. Ficken. Arschloch. Haltsmaul. Dreckskanacke. Der Asphaltsamurai. Der Kamikazejournalist. Die Schmeißfliege mit dem dunklen Geheimnis. Der professionelle Underdog. Tarek schnitt seinem Spiegelbild eine abfällige Grimasse und preßte sich mit beiden Händen die Schläfen, bis es weh tat. Tarek fand, daß er nicht gerade ein *Model* war, zu klein sowieso, und dann die Nase, aber darauf kam es nicht an. Frauen standen auf ihn. Er fand sich ganz in Ordnung. Nur im Augenblick fand er, daß er zum Kotzen aussah, und er stellte sich vor, wie er wohl nach zwei Wochen in der Grube ausgesehen hätte.
«Ganz schön harter Stoff», sagte der Fotograf, als er aus der Dunkelkammer kam und Tarek die Fotos in einem Umschlag reichte.
«Ja», sagte Tarek bloß, nahm den Umschlag, ohne die Bilder zu prüfen, bedankte sich und fuhr nach Hause.
Im Hausflur machte er wie immer eine obszöne Geste in Richtung des Türspions seiner Nachbarin. Eine Angewohnheit. Tarek zog die Wohnungstür schnell hinter sich zu und atmete den vertrauten Geruch ein.
Die Wohnung sah aus wie immer. Kreativ, sagte seine

Schwester. Verwahrlost, sagte seine Mutter, nachdem sie ihn zum ersten und zum letzten Mal besucht hatte. Sein Vater kannte die Wohnung nicht.

Zwei volle Mülltüten stanken im Flur. Alles, was Tarek an Kleidung besaß, lag irgendwo auf dem Boden, bedeckte das Sofa, das Bett, die Boxen, den alten Tisch. In der Küche türmte sich Geschirr von Tagen. Becher, in denen der Kaffee blasig verschimmelte. Eingetrocknete Tomatensauce und Nudeln. Hart gewordenes Brot. Auf den Fensterscheiben lag ein grauer Schleier. Kalkflecken auf allen Armaturen, Haare in den Ausgüssen.

Tarek zog die feuchte Jacke aus, ließ sie einfach fallen und hörte den Anrufbeantworter ab, während er pinkelte.

«Tarek, ich bin's, Sina. Erinnerst du dich? Deine Schwester! Wo bist du? Melde dich!»

«Tarek, hier ist Nicole. Du, ich hab mich total gefreut über deinen Anruf. Hätte ich ja gar nicht mehr gedacht. Blöd, echt, daß ich nicht da war, aber vielleicht machen wir ja was zusammen, heute. Ruf mich an. Ciao, ciao.»

«Rösler am Apparat. Herr Fahd, ich setze Sie davon in Kenntnis, daß ich Ihre Obszönitäten vor meiner Haustür und den nächtlichen Musikterror nicht länger dulde. Die Hausverwaltung ist informiert. Im Wiederholungsfall erfolgt jetzt umgehend die Kündigung.»

«Tja, leider nur der Anrufbeantworter. Hier ist Yvonne. Weißt du noch? Ist schon 'ne Weile her. Ich hab deine Nummer noch und dachte ... Okay, ich ruf wieder an.»

«Tarek, noch mal Niki. Hast du meine Handynummer? 0171 4344762. Ciao, ciao!»

«Hier ist Kerstin. Du bist echt ein Arsch, Tarek. Echt! So was kannst du mir doch nicht sagen!»

«Eh, Dreckskanacke, schalt dein Scheiß Handy ein! Ich wollt nur sagen: Laß mich bloß aus dem Spiel bei den Bullen, ja? Die Sache ist mir auch ziemlich an die Nieren gegangen, und ich will da nicht mit drinhängen, ist das klar? Schon wegen den Rumänen! Ich melde mich wieder.»
«Herr Fahd, Sonnen von der Stadtsparkasse. Ich hatte schon einmal angerufen. Es geht um die Deckung Ihres Girokontos. Ich wäre dankbar für Ihren Rückruf.»
Noch vor der Nummer war Tarek beim Apparat und löschte den Nachrichtenspeicher. Er warf sich in einen Sessel, stöhnend, weil ihm plötzlich auffiel, wie sehr seine Wohnung der Hütte im Wald glich. Der Umschlag mit den Fotos lag auf seinen Knien. Tarek holte sich ein Bier und zog die Schwarzweißfotos eines nach dem anderen aus dem Umschlag und sah sie sich an. Mit professionellem Blick und der Lupe für die Schärfe ließen sie sich irgendwie aushalten. Die Fotos waren nicht schlecht. Nicht seine besten, aber nicht schlecht. Sie waren scharf, und im regentrüben Licht sah die Leiche stark verwest aus, schlimmer, als er sie in Erinnerung hatte. Fast wie ein Gemälde, wie komponiert mit den Ameisen und Käfern auf dem geschwollenen, dreckverklumpten Körper.
Tarek sah sich jedes der Bilder, die er ohne nachzudenken an der Grube gemacht hatte, noch einmal an. Irgendwann fiel ihm auf, daß er schon die ganze Zeit ein altes Kinderlied summte und es nicht mehr aus dem Kopf bekam.
«... saß und schlief. Armes Häschen, bist du krank, daß du nicht mehr laufen kannst ...»
In diesem Moment löste sich seine Anspannung, und sein Magen machte ein lautes, kollerndes Geräusch. Tarek stürzte ins Bad und übergab sich stöhnend, erbrach einen

einzigen großen Schwall, und hockte sich dann auf die Toilette, weil die Beine so zitterten. Anschließend duschte er sehr lange und sehr heiß. Einmal hörte er das Telefon klingeln. Der Anrufbeantworter sprang an, aber niemand meldete sich. Als Tarek aus dem Bad kam, steckte er die Fotos wieder in den Umschlag und kramte unter dem Bett nach seinem Laptop. Weit nach vorn gebeugt, saß er vor dem eingeschalteten Gerät, wie immer die Füße unter dem Tisch verkrampft, bereit, mit aller Kraft auf die Tastatur einzuhacken und das Grauen in einen Text zu verbannen, den man übermorgen vergessen konnte. Als er den Computer nach vier Stunden wieder einpackte, hatte er keine einzige Zeile geschrieben.
Tarek zog sich aus und legte sich hin. Doch er fand keinen Schlaf. Nicht bei den Bildern, die ihn heimsuchten und für die er keine Worte fand. Alles noch keine vierundzwanzig Stunden her.
«*… saß und schlief. Armes Häschen, bist du krank, daß du nicht mehr laufen kannst …*»
Tarek stöhnte, richtete sich auf und tastete nach dem Telefon.
«Sina, ich bin's. Hast du schon geschlafen? … Halb drei, glaub ich … Tut mir leid … Nein, nichts ist. Doch, stimmt nicht, es ist was. Kann ich vorbeikommen? … Ja, jetzt gleich … Bitte!»
Seine Schwester sah aus, als würde sie gleich im Stehen einschlafen. Ihre dicken, schwarzen Haare sträubten sich in alle Richtungen. Sie trug einen Bademantel und sah sehr blaß aus. Sie küßten sich auf die Wangen, und Tareks Schwester schlurfte wortlos voran in den langen Flur der großen Altbauwohnung.

«Tut mir leid, aber ... ich konnte nicht schlafen.»
Sie seufzte. «Du siehst schrecklich aus, Tari.»
«Du auch. Ist Ralf nicht da?»
«Er macht im Wohnzimmer das Sofa für dich fertig. Also, was ist wirklich passiert?»
Tarek blieb unschlüssig im Flur stehen.
«Sag schon!»
Sinas Mann erschien in Unterhose und T-Shirt und blieb mit verschränkten Armen im Türrahmen stehen.
«Hallo, Tarek.»
«Hallo, Ralf.»
«Ich mache Tee», seufzte Tareks Schwester und ging in die Küche. Ralf löste sich von der Tür und kam auf Tarek zu.
«Sie ist todmüde», sagte er. «Sie hat einen Dreißig-Stunden-Dienst hinter sich. Zwei Notfälle dabei und eine erfolglose Reanimation, weißt du, was das bedeutet? Ich war froh, daß sie schon schlief.
Tarek zuckte nur mit den Schultern. Ralf schüttelte den Kopf und folgte seiner Frau in die Küche.
«Du bist ein Kind, Tarek.»
Sie tranken Pfefferminztee, und Tarek erzählte knapp und leise, was am Morgen passiert war.
«Großer Gott!» hauchte Sina.
«Aber du hast es natürlich sofort fotografiert, nicht wahr?» sagte Ralf. «Genau wie euer Vater, nicht wahr? Was wolltest du da überhaupt? Warum hast du nicht direkt die Polizei gerufen?»
«Scheiße, ich dachte, das wird die Mega-Story, wenn ich den Jungen finde und befreie.»
Ralf starrte ihn an. «Du hast sie ja nicht mehr alle, Tarek! Denkst du auch mal an was anderes?»

Tarek blickte seine Schwester an. «Du verstehst nicht, Ralf.»
«Dann erklär's mir!»
«Laßt uns morgen darüber reden», sagte Sina. Sie gähnte und stand auf. «Kommt, wir gehen schlafen.»
«Kann ich zu dir?» fragte Tarek.
Ralf atmete hörbar aus. Tarek sah Sina weiter unverwandt an. Sie warf ihrem Mann einen fragenden Blick zu. Ralf verdrehte die Augen und erhob sich stöhnend.
«Ich hol meine Sachen und nehm das Sofa.»
«Danke.»
«Werd erwachsen, Tarek. Versuch's endlich mal.»

Ein Jahr später

2

«Waren Sie schon mal im Knast?»
«Wie bitte?»
«Im Gefängnis.»
«Aber nein!»
«Gut.»
Die Studentin lächelte dem untersetzten Mann, der unbehaglich auf seinem Stuhl herumrutschte, freundlich zu und machte ein Kreuz auf dem Fragebogen.
«Warum fragen Sie das?»
«Gehört einfach dazu. Was sind Sie von Beruf, Herr Schütte?»
«Ich habe ein Geschäft. Ich meine, einen Laden. Also, ein Büdchen. Die ‹Stille Quelle› auf der Oberbilker Allee. Kennen Sie die?»
«Warum möchten Sie an dem Experiment teilnehmen, Herr Schütte?»
Über einen Bildschirm neben der Studentin flossen gezackte farbige Kurven wie mißlungene Nudeln aus einer Teigmaschine. Von dem Computer führten bunte Kabel durch die Wand in einen Nebenraum und dann weiter in eine enge, fensterlose und schalldichte Kabine. In der abgedunkelten Kammer saß ein Mann in einem bequemen Arztstuhl. Er trug einen Kopfhörer, sein Kopf und sein Gesicht waren beklebt mit Elektroden, und er blickte auf einen Monitor, der wechselnde geometrische Muster und verschiedene Fotos zeigte. Eine Familie beim Picknick. Ein Autounfall mit Verletzten. Eine nackte Frau unter der Dusche. Eine Gruppe türkischer Jugendlicher. Ein Bier. Eine Frau in roter Latexwäsche, die sich die Brüste zusammenquetschte. Eine Uniform. Eine Schlägerei. Ein Hase. Boris Becker. Ein gefülltes Supermarktregal. Ein nackter Mann in

lasziver Pose. Wolkenformen. Fische im Aquarium. Ein nacktes Kind. Soldaten bei einer Erschießung. Ein Eis am Stiel. Polizisten mit Helmen und Demonstranten, die aufeinander zurannten.
Bei den Fotos hörte der Mann im Kopfhörer nur Rauschen. Bei den geometrischen Mustern hörte er Silben. In jedem Ohr eine andere. Ta. Ga. Pa. Da. Ba. Ka. Wenn er ‹Ta› hörte, mußte er sofort auf einen Knopf drücken. Er mußte auch drücken, wenn er eine Elipse auf dem Bildschirm erkannte. Warum, hatte man ihm nicht erklärt.
In einem anderen Nebenraum saß ein Mann auf einem Fahrradergometer, die nackte Brust voller EKG-Elektroden, und trat in die Pedale. Eine Studentin in weißem Kittel verfolgte die Kurven.
«Sieht gut aus, Herr Kamps. Wir gehen jetzt auf 200 Watt, und dann sind Sie auch gleich erlöst.»
«Warum möchten Sie an dem Experiment teilnehmen, Herr Ullmann?»
«Machen Sie bitte immer nur ein Kreuz pro Frage, und denken Sie nicht lange über die Antwort nach. Es gibt keine richtigen oder falschen Antworten.»
«Schließen Sie bitte die Augen und führen Ihren linken Zeigefinger ganz schnell bis dicht vor Ihre Nase.»
«Sie haben zwei Minuten Zeit. Und los!»
«Während des Experiments können Ihre Grundrechte eingeschränkt werden.»
«Blicken Sie einfach auf den Monitor und prägen sich die Gegenstände ein, die Sie sehen. Soviel wie möglich.»
«Ihre Teilnahme an dem Experiment ist absolut freiwillig.»
«Über den Kopfhörer werden Sie dann verschiedene Silben hören.»

«Bleiben Sie ganz entspannt.»
«Wir möchten Sie nun bitten, diese Fragebögen auszufüllen, Herr Schütte.»
«Was denn für Fragebögen? Doch nicht etwa so Intelligenztests?»
«Unter anderem schon. Aber keine Angst, Herr Schütte. Die meisten Personen schneiden besser ab, als Sie denken. Und außerdem sind es hauptsächlich Persönlichkeitstests.»
«Ich bin völlig in Ordnung, wissen Sie.»
«Aber sicher. Wir möchten nur ein Persönlichkeits-Leistungsspektrum von Ihnen erstellen.»
«Und wenn Sie mich nachher nicht nehmen, krieg ich das hier dann trotzdem bezahlt?»

■ Der Grieche hatte ihm gesagt, daß er den Wagen vorher waschen sollte, aber Tarek hielt das für Blödsinn. Der Wagen war völlig in Ordnung, innen wie außen pikobello sauber. Der Grieche hatte sogar ein frisches Dufttannenbäumchen an den Rückspiegel gehängt, eine neue Rolle Küchenkrepp in die Halterung im Kofferraum eingelegt, und am Rückspiegel baumelten zwei Glückswürfel, die der Grieche vor jeder Tour berühren mußte.
Tarek fuhr zu schnell wie immer, nutzte jede Lücke im dichten morgendlichen Verkehr, um immer ganz vorne mitzuschwimmen.
«*Grafenberger*», quäkte es aus dem Funk. «*Rehtel 23 bei Becker. Dorotheen. Marienhospital ein Nichtraucher. Spichernplatz.*»
Tarek hupte eine zögerliche Frau in einem Kleinwagen in ihre Spur zurück und zog an ihr vorbei über die Ampel, die

gerade auf Rot umsprang. Hinter ihm hupten sie. Tarek achtete nicht darauf. Er sah eine Frau am Straßenrand hektisch winken und zog ohne zu blinken quer über zwei Spuren nach rechts.

«Noch mal die Dorotheen. Belsenplatz. Kronprinzen 2 für Lucca mit Hund.»

Es war gut, in Bewegung zu sein. Vielleicht wirkte das Fahren beruhigend. Die Alpträume jedenfalls ließen nach.

Südfriedhof. Kühlwetter 10 bei Schneider. Fährt jetzt jemand zur Kronprinzen?

Ein Jahr jetzt schon im Taxi. Ein Jahr! Ein Jahr Alpträume, ein Jahr nichts geschrieben, von heute auf morgen. «Ich kann nicht», sagte er bloß, wenn Sina ihn darauf ansprach. «Was denn?»

«Könnten Sie bitte nicht ganz so schnell fahren!» meldete sich die Frau auf dem Rücksitz. Tarek blickte sie wortlos über den Rückspiegel an und fuhr keinen Deut langsamer. Die Frau wich seinem Blick irritiert aus und schwieg.

«Ich kann nicht», sagte Tarek.

Er fuhr. Ganz normaler Tag, trotz des Nieselregens, trotz der Kälte. Am frühen Vormittag hatte er einen großen, ungelenken Fahrgast, der aussah wie eine Ente, zum psychologischen Institut der Universität gebracht. Der Mann wußte nicht genau, wo es lag, aber er hatte eine Zeitungsannonce aus der Abendpost dabei, in der die Adresse stand. Tarek hatte nur einen kurzen Blick auf die Anzeige geworfen:

«VERSUCHSPERSONEN GESUCHT» – stand da. Dann war der Mann ausgestiegen.

Später fuhr Tarek einen Elvis-Imitator im Glitzeroverall zu einem Casting für eine Fernsehserie, der ihm ungefragt al-

les über sich und die Serie erzählte, daß seine Chancen ziemlich gut wären, denn ein Multitalent wie er fehle da noch. Tarek nickte zu allem und dachte sich seinen Teil …
«Eh, hör mal», sprach Elvis ihn plötzlich von der Seite an und zeigte ihm eine kleine Pistole. «Willst du die vielleicht kaufen?»
«Scheiße, was soll das! Tu das Ding weg, Mann!»
«Cool! Ist nur 'ne Gaspistole. Aber 1 a. 'n Fuffi, und sie gehört dir. Ihr Taxifahrer könnt so was doch bestimmt gut gebrauchen.»
«Mann, hau mir bloß ab mit der Scheißknarre!»
Elvis zuckte bedauernd mit den Schultern, steckte die Gaspistole wieder ein und gab später kein Trinkgeld.
«Arschloch!» rief ihm Tarek nach.

■ *«Uuh, it's one for the money,*
two for the show,
three to get ready –
now go cat go!
But don't you –
Uuh!
Step on my blue suede shoes!
Uuh!
You can do anything, but …»
«Danke, Herr Eckert, das reicht uns!»
«Was?»
«Sie brauchen nicht mehr weiterzusingen, Herr Eckert. Wir haben genug gehört.»
Volker Eckert nahm die Sonnenbrille ab, ließ die Gitarre um die Hüften rutschen, machte eine kreisende Bewegung mit dem Becken, warf den Kopf zurück, spreizte die Beine,

machte den Schmollmund, den er gut drauf hatte, zog einen Mundwinkel hoch und zeigte mit der Brille durch das Spotlight ins Auditorium, wo die Art-Direktorin saß, die ihn unterbrochen hatte. Volker Eckert trug einen weißen Overall mit Pailettenbesatz, der vom Halsausschnitt bis unter die Gürtellinie offen war, das Bühnenlicht blendete ihn, er schwitzte, und er bekam langsam schlechte Laune.
«Hey, Lady, der King ist aber noch nicht fertig! Sie haben noch nicht die ganze Show gesehen! *Be-bop-a-lula, she's my baby, Be-bop-a-lula, I don't mean maybe ...*»
«Glauben Sie uns, Herr Eckert, wir haben genug gesehen. Ihre Elvis-Imitation ist beeindruckend, aber ...»
«Aber was, Lady?»
Volker Eckert stakste auf das Dunkel hinter dem Bühnenrand zu, schob das Kinn vor und zeigte weiter mit seiner Sonnenbrille auf die Stelle, wo die Frau saß.
«Aber was?»
«... Sie passen typmäßig nicht in die Serie.»
«Typmäßig? Was heißt denn hier typmäßig?»
«Und außerdem können Sie nicht singen, Herr Eckert. Sie lagen voll daneben.»
«Das hat mir noch keine gesagt, Lady.»
Sie gab keine Antwort.
«Wieso überhaupt singen, Lady? Die Performance zählt doch. Wenn Sie wollen, hab ich in ein paar Wochen Michael Jackson drauf oder Mick Jagger. Oder Liam Gallagher. Was. Sie. Wollen. Ich bin cool. Ich bin ein Multitalent. Ich bin genau der richtige für ‹*The Real Life*›.»
«Tut mir leid, Herr Eckert.»

■ Der Tag war voller Fallen. Man konnte einen Koffer falsch *labeln*, man konnte Passagiere auf die falsche Maschine einchecken, konnte die falschen Bordkarten ausdrukken, man konnte zu großes Handgepäck übersehen, Behinderte, unbegleitete Kinder oder Surfbretter vergessen, man konnte auf dem Vorfeld über die rote Linie fahren, man konnte unfreundlich zu Passagieren werden, man konnte eine Abmahnung kriegen. Eine *Abmahnung*!

«Die *Romeo Tango* hatte gestern über eine halbe Stunde *delay*, weil sie eine Bordkarte zuviel ausgegeben haben.»

Die Stationsleiterin, die, wie man erzählte, schon als Offizier in der israelischen Armee gedient hatte, saß vor ihm an ihrem aufgeräumten Schreibtisch und drehte unablässig einen Stift in den Händen, daß einem schwindelig werden konnte. Sie hatte ihn in ihr Büro gerufen, als er gerade seinen Dienst antreten wollte.

«Aber ich gebe mir wirklich Mühe, alles perfekt zu machen», erklärte Holger Berus und versuchte seine Stimme tiefer klingen zu lassen. «Wirklich!»

«Mühe allein reicht nicht. Solche Pannen sind teuer, Herr Berus, das wissen Sie doch.»

«Aber wir waren nur zu zweit», verteidigte sich Berus. «Die Paxe kamen alle auf einmal an den Schalter. Drei Busladungen voll! Wenn wir zu dritt gewesen wären, wäre es bestimmt nicht passiert.»

Draußen vor den getönten Scheiben füllte sich inzwischen die Abflughalle. Passagiere waren so dumm. Verwirrte Schafe, die die einfachsten Schilder nicht mehr lesen konnten. Und wie sie sich aufführten. Aber wenn man in der Uniform einer Fluggesellschaft hinter einem Schalter saß, mußte man freundlich zu ihnen sein. Immer freundlich.

Holger Berus spürte einen vertrauten Schmerz im Nacken und machte eine seiner typischen Drehbewegungen mit dem Kopf, bis es hinten leise knackte. Die Stationsleiterin verzog das Gesicht.
«Herr Berus, jetzt schieben Sie es doch nicht wieder auf Ihre Kollegen. Wenn Sie so eine kurzfristige Belastung nicht aushalten, sind Sie einfach nicht der richtige Mann am Platz.»
Der Synthetikstoff der Uniformhose juckte auf dem Bein. Berus merkte, daß sein Hemd am Rücken klebte. Was wieder ‹Körpergeruch› bedeuten würde. Vor einer Woche hatte ihn ein Kollege vom Frühdienst beiseite genommen. Berus hatte gedacht, daß er ihn zu einer Party mit ein paar Kollegen einladen wollte, die gerne überall herummachten, was allgemein bekannt war. Alle redeten von diesen Partys. Aber der Kollege hatte ihn beiseite genommen, um ihm zu erklären, daß die Kolleginnen über Berus' Körpergeruch klagten, sich aber nicht trauten, ihn darauf anzusprechen.
«Ich gebe mir Mühe.»
Noch nie hatte ihn jemand wegen ‹Körpergeruch› angesprochen. Berus hatte sich zu Hause eine Stunde geduscht und sprühte sich seitdem vor dem Dienst von oben bis unten mit Deodorant ein.
«Es ist doch nicht das erste Mal, daß so was vorkommt, Herr Berus. Und dann die Sache mit diesem Passagier. Himmel, Sie können doch einen Passagier nicht festhalten! Sie haben sich ja fast mit ihm geprügelt.»
«Es tut mir leid. Da ist mir wohl irgendwo eine Sicherung durchgebrannt.»
«Sicherung durchgebrannt.»
«Aber er ist auch auf mich losgegangen! Ich mußte mich

wehren! Die Maschine hätte pünktlich fliegen können, wenn der Mann und seine Frau sich nicht im Duty Free Shop vertrödelt hätten. Der hat Streit *gesucht*!»

«Da hätten Sie viel souveräner reagieren müssen. Noch dazu bei einem V.I.P. Und noch dazu Journalist. Herrgott, was glauben Sie, was los ist, wenn der das in seiner nächsten Sendung aufkocht!»

«Er war betrunken und hat mich beleidigt.»

»Herr Berus! Ist Ihr Nervenkostüm denn so dünn?»

«Es wird nicht wieder vorkommen. Es tut mir leid. Ich gebe mir wirklich Mühe.»

Die Stationsleiterin blätterte in der Personalakte, die vor ihr lag. «Sie kommen öfter zu spät in letzter Zeit. Vielleicht sind Sie krank?»

«Ich bin einer der Schnellsten beim Einchecken!»

«Da hört man aber ganz andere Kommentare von den Kolleginnen.»

Frauen! In der Passagierabteilung der Fluggesellschaft arbeiteten fast nur Frauen. Die wenigen Männer meistens schwul. Die restlichen wurden entweder angebaggert oder verspottet. So war das. Berus hatte vom ersten Tag an zur letzten Gruppe gehört. Er konnte sich auch nicht erklären, woran es lag. Bis jetzt hatte er so etwas noch nie erlebt, in der Schule nicht, in keinem Job. Er sah durchschnittlich aus, war immer gut und unauffällig durchgekommen, aber hier hatten sie ihn dafür aufs Korn genommen. Am Anfang hatte es ihm nichts ausgemacht, die Sprüche und alles. Er hatte einfach gearbeitet, gut gearbeitet, und alles war in Ordnung gewesen. Aber als ihm dann nach und nach ein paar Fehler unterliefen, gerade im Frühdienst, rieben sie es ihm wochenlang unter die Nase.

«Also, Herr Berus, was machen wir?»
«Ich weiß nicht. Was meinen Sie?»
«Ich will ehrlich sein. Wenn die Arbeit Sie wirklich so überfordert, vielleicht sollten wir uns da mal überlegen, ob wir nicht zu einer vernünftigen Einigung kommen.»

■ Auf der Baustelle herrschte Hochbetrieb. Vor drei Jahren war dieser Teil des Flughafens bei Wartungsarbeiten fast völlig abgebrannt, in fünf Jahren sollte hier wieder eine neue, moderne Abfertigungshalle stehen. Der Lärm von Betonfräsen, Kreissägen und Preßlufthämmern gewitterte durch die staubige Halle. Männer mit gelben Bauhelmen verlegten Eisenmatten und Isolierwolle oder frästen alten Beton ab. Es roch nach Staub und verglühtem Eisen.
Ein kleiner Bautrupp legte in einem weiter fortgeschrittenen Teil neue Kabelschächte und Leitungen. Zwei junge Monteure, die etwas abseits der Blicke ihres Vorarbeiters Kabelhalterungen in den Beton dübeln sollten, lachten und boxten sich auf die Arme. Der eine der beiden, Sven, erzählte eine Geschichte, die er vor kurzem auf einer anderen Baustelle erlebt hatte.
«Die haben da einen Polen so total verarscht, sag ich dir. Aber wie, eh!»
Der andere, Joachim, genannt Joe, unterbrach seine Arbeit und hauchte sich die Hände warm. «Wie denn, eh?»
«Also, paß auf. Dritter Stock, ne. Alles steht, Verschalung ist längst ab, Decke ist drauf, zwei Zwischenwände fertig gemauert. In einer Nische, wo das Scheißhaus hin soll, ne, sitzt der Pole total besoffen und knackt.»
«Wie knackt?»
«Knackt! Ist voll am Ratzen. Voll hacke noch von der letz-

ten Nacht. Voll der Pole, eben. Und kriegt voll nix mehr mit. Eh, und der Polier, ne, merkt nix, und keiner sagt was.»
«Edel.»
«Abwarten. In der Mittagspause, ne, gehen die Typen hin, völlig lässig, und mauern dem die Nische zu. Stell dir vor, ganz zu, eh.»
«Und der Pole, eh?»
«Kriegt nix mit!»
Joe kicherte. «Eh, geil! Der Pole so nix merk', eh! Und dann?»
«Nix dann. Weitergearbeitet und dann Feierabend.»
«Ja, wie?»
«Ich sag doch. Der Pole bleibt die ganze Nacht eingemauert. Irgendwann in der Nacht, ne, wacht der auf und kommt voll auf den Horror. Logisch.»
«Logisch.»
«Macht den Larry, schreit, brüllt, weint, rastet total aus. Aber keiner hört ihn, eh! Erst am nächsten Tag stemmen sie die Mauer weg und holen ihn da raus.»
«Und der Pole?»
«Total am Ende, eh!! Voll fertig. Logisch. Eh, der hatte sich zugeschissen bis oben hin.»
«Voll brutal!»
«Mann, eh, nur eine Nacht!»
«Geil, eh! Und was dann?»
«Sie haben ihn rausgeworfen.»
«Wie? Den Polen?»
«Logisch. Der Polier, ne, sieht sich die Scheiße an und dann, total cool, nur so zu dem Polen: Geh runter, hol dir deine Papiere ab und verschwinde. Der Pole natürlich keine Checke von gar nix, fragt, eh, was denn los, und so, fängt an

zu flennen, schreit los auf polnisch, ne, aber der Polier nur abwink': Geh runter, hol deine Papiere, morgen will ich dich hier nicht mehr sehen. Schmeißt den Polen raus!»

«Wahnsinn! Voll hart! Und keiner sagt was?»

«Wie denn vor Lachen!»

«Scheiße, geil. Voll gemein. Und echt kein Arsch sagt was?»

«Keiner. Voll hart drauf die Typen, was?»

«Total!»

Die beiden lachten, kicherten und arbeiteten weiter, als der Vorarbeiter kam und sie antrieb. Kaum war er weg, hielt Sven wieder inne und zog einen Schokoladenriegel aus der Hosentasche.

«Eh, krieg ich 'n Stück?» rief Joe sofort, als er es sah.

«Klar. Machst 'n eigentlich nach dem Job hier?»

«Null Ahnung», nuschelte Joe mit vollem Mund. «Ich hab erst drei Wochen später was vor.»

«Und in der Zwischenzeit?»

«Keine Ahnung. Abhängen. Mich von meiner Freundin verwöhnen lassen.» Er machte ein Geräusch, als ob er sich den Mund ausspüle.

«Hast doch gar keine Freundin, eh.»

«Aber immer!»

«Eh, ich hätte vielleicht was für dich, wo du geil abhängen *und* noch was verdienen könntest. Das wär voll die Sache für dich. Stand in der Zeitung, heute.»

«Echt? Sag.»

«Im Knast.»

«Wie Knast?»

«Hab ich 'n Scheiß Sprachfehler? Im Knast!»

■ Fahles Neonlicht empfing Claus Thon, als er in U 2 aus dem Fahrstuhl trat. Von draußen plötzlich kein Laut mehr. Ein türloser Flur – mehr eine Art Gangröhre aus Kunststoff – führte vom Aufzug weg, bis sie einen weiteren Gang kreuzte. Um die Ecke hörte man Stimmen und Arbeitsgeräusche. Claus P. Thon blieb einen Augenblick stehen und sog vorsichtig den Plastikgeruch ein. Er fröstelte.
Ein Mann in einem blauen Overall kam ihm entgegen.
«Ah, Herr Professor! Na, wie gefällt es Ihnen?»
«Sieht gut aus. Wirklich gute Arbeit. Vielleicht ein bißchen ... sehr kalt.»
«Na, das sollte ja wohl so sein, was? Aber im Ernst, finden Sie's zu extrem?»
«Nein, nein! Alles prima so. Alles nach Plan. Wie kommen Sie voran?»
«Mehr oder weniger nach Plan», sagte der Mann im Overall. «Wir haben das ganze Wochenende durchgearbeitet. Heute morgen sind die Trennwände und die chemische Toilette gekommen. Ich wollte eben hoch und wegen der Heizung telefonieren, weil das Handy hier unten nicht funktioniert. Aber wo Sie schon mal da sind, kann ich Ihnen ja zeigen, wie weit wir sind.»
Eine Mannschaft der Messebaufirma, die das Labor konstruiert hatte, installierte Lampen, verlegte Kabel und Leitungen. Man konnte zusehen, wie das Labor entstand. Eine künstliche, unterirdische Welt. Die Arbeit in den Bunkerräumen ging gut voran. Die beiden Flure waren fast fertig, ebenso der kleine Hof; die Naßzelle stand bereits, und auch die Lage und Größe der Schlafzellen waren schon zu erkennen. Über allem lag schattenloses Neonlicht, das bis in jede

Ecke sprühte. Die Handgriffe waren für die Monteure die gleichen wie immer, dennoch war diese Baustelle anders. Hier brüllte niemand. Die dicken Betonfundamente des Gebäudes dämpften jedes Geräusch, kein Laut drang von außen herein, auch kein Tageslicht. In diesem Keller gab es keinen Tag und keine Nacht. Nur den Schichtwechsel.

Der Keller war ideal als Labor. Claus Thon hatte ihn kurz nach Antritt seiner Professur zufällig entdeckt. Ein Stockwerk höher in U 1 lagen noch Seminarräume und Labors. U 2 jedoch war beim Bau der Universität Ende der sechziger Jahre als Materiallager vorgesehen gewesen, später aber nie genutzt worden, weil die materialintensive medizinische und physikalische Forschung am anderen Ende des Campus stattfanden. Der schalldichte Keller mit seinen großen Lagerräumen und der Zufahrtsrampe war eine völlige Fehlplanung und trotz Raumnot nie zu Lehrräumen ausgebaut worden. Als Thon ihn entdeckte, hatte er sofort verstanden, welche Möglichkeit sich hier auftat.

«Wie lange brauchen Sie noch?» fragte Thon, als der Bauleiter im blauen Overall ihm den Fortgang der Arbeiten anhand der Baupläne erläuterte.

«Für alles?»

«So weit, daß wir mit dem ersten Experiment loslegen können.»

«Zehn Tage, schätzungsweise.»

Thon verzog das Gesicht.

«Je schneller, desto besser. Im Juni ist das Symposium in Stanford, da will ich schon mit Ergebnissen kommen.»

Der Bauleiter blieb gelassen. «Wir arbeiten dran. Apropos: Haben Sie den Rest schon überwiesen?»

Thon blickte abwesend auf die fingerdicken, blau isolierten Ethernet-Kabel, die anschlußbereit von der Decke baumelten. Die Datenkabel verloren sich in Schächten unter der Deckenisolierung, zogen von dort gebündelt weiter wie Zigarettenrauch durch das Gebäude hinauf in die oberen Stockwerke, knickten seitlich ab in einen Flur, durchstachen wieder eine Decke und endeten in einem Server, der eine Reihe von Computern versorgte, die in einem Raum darauf warteten, daß sie jemand einschaltete.
«Herr Professor!»
«Da machen Sie sich mal keine Gedanken», sagte Claus Thon. «Es läuft alles planmäßig.»

■ Tarek hing eine halbe Stunde am Flughafen fest und fuhr dann einen Mann in der Uniform des Bodenpersonals einer Fluggesellschaft nach Hause. Der Mann sprach während der ganzen Fahrt kein Wort, starrte nur aus dem Fenster und rollte abwesend eine *Abendpost* in den Händen.
Mittags hielt Tarek bei McDonald's und entdeckte Elvis hinten beim Burgerbraten wieder, obwohl er jetzt andere Kleidung und eine Papierhaube trug.
«Herr Eckert! Wo bleiben die 12er?» schnappte die Geschäftsführerin.
«Kommen!» schrie Elvis zurück.
«Das muß viel schneller gehen, Herr Eckert.»
Wie sie ihn scheuchte. Tarek grinste. Vermutlich war sie scharf auf ihn und merkte es noch nicht einmal.
Der Nachmittag lief an mit ein paar ziemlich kurzen Touren. Eine Frau mit Kind zum Arzt, eine Nutte zu einem Kunden, eine ältere Frau von der Bushaltestelle um die Ecke

nach Hause und zwei Penner, die sich von einem Kiosk zum nächsten kutschieren ließen. Tarek wunderte sich, daß das Büdchen, das bei Pennern wegen der Großzügigkeit seines Besitzers sehr beliebt war, gerade erst öffnete, obwohl es schon so spät war. Er stieg mit aus, kaufte in der ‹Stillen Quelle› Schokolade und eine Abendpost und hörte, wie der Besitzer den Pennern ausführlich von einem psychologischen Experiment berichtete, an dem er teilnehmen solle.
Als Tarek wenig später an einem Taxistand als letzter in der Schlange stand, blätterte er die Zeitung durch, bis er auf die Anzeige stieß.

VERSUCHSPERSONEN GESUCHT

200,– DM pro Tag
für ein 14tägiges Experiment!

Für eine sozialwissenschaftliche Untersuchung über «Leben im Gefängnis» suchen wir 20 Männer, die bereit sind, 14 Tage als Wärter oder Gefangene in einem Scheingefängnis zu verbringen. Die Untersuchung findet im Psychologischen Institut der Universität Düsseldorf statt und dient der Erforschung von zwischenmenschlichen Beziehungen in Gefängnissen.

Jeder Teilnehmer erhält 200,– DM pro Tag!
Spezielles Training oder Erfahrung
ist nicht erforderlich.

Wir suchen Männer aller Berufsgruppen. Bewerber sollten zwischen 25 und 45 Jahre alt, gesund und nicht vorbestraft sein. Wenn Sie das Experiment interessiert und wenn diese Bedingungen auf Sie zutreffen, so melden Sie sich bitte bei:

Universität Düsseldorf
Psychologisches Institut I
Sekretariat Prof. Dr. Claus P. Thon
Tel.: 02 11-8 33-21 66

Unter dieser Nummer erhalten Sie auch weitere Informationen über das Experiment, und können einen Termin für einen Vortest vereinbaren.
Wir behalten uns vor, Bewerber abzulehnen.
Ihre Fahrtkosten werden Ihnen bei Eintreffen im Institut erstattet.
Wir freuen uns auf Ihren Anruf.

Tarek las die Anzeige und dachte nach. Dann rief er die angegebene Nummer an, startete den Wagen und fuhr zur Universität.
Er fand das Gebäude des Psychologischen Instituts ohne Probleme, weil er sich noch auf dem Campusgelände auskannte. Gleich nach der Schule hatte er es mit einem Mathematikstudium versucht, nur um es seinem Vater zu geben. Nach zwei Semestern jedoch war ihm der Unibetrieb so gründlich auf den Geist gegangen, daß er überlegt hatte, was er am besten konnte. Viel mehr als ‹neugierig sein›, ‹dummschwätzen› und ‹rumnerven› war ihm nicht eingefallen, also schien Journalismus nicht verkehrt zu sein.
«Guten Tag, ich komme wegen des Experiments», sagte er, als er das Sekretariat betrat, und hielt die Zeitung mit der aufgeschlagenen Anzeige hoch.
«Möchten Sie sich zum Vortest anmelden?» fragte die Sekretärin.
«Nein ... Das heißt, ja, vielleicht. Vielleicht können Sie mir aber vorher ein bißchen über das Experiment erzählen. Worum geht's denn da?»
«Sind Sie von der Presse?»
«Seh ich so aus?»
Sie zögerte.
«Ich bin Taxifahrer», sagte Tarek schnell, nestelte in seiner Jackentasche und wedelte mit seinem Quittungsblock. «Meine Droschke steht draußen, ich muß gleich weiter und wäre Ihnen einfach dankbar für ein paar Infos, dann kann ich entscheiden, ob ich mitmachen will.»
Er grinste. Die Sekretärin verzog den Mund und reichte ihm eine fotokopierte Erklärung.
«Da steht drin, was Sie wissen müssen. Kommen Sie mor-

gen um neun zum Vortest, dann wird Professor Thon Ihnen alles Weitere erklären.»

Tarek verließ den Flur und las die kurze Versuchsbeschreibung im Gehen. Statt jedoch zum Wagen zurückzukehren, suchte er die Cafeteria im Erdgeschoß auf und fragte bei den Studenten herum, die in kleinen Pulks zusammensaßen, bis er auf die richtigen stieß.

«Ihr seid also Psychos, ja?»

Einer der Angesprochenen nickte. «Warum?»

«Na, dann wißt ihr ja vielleicht mehr über dieses Experiment hier.» Tarek zeigte die Fotokopie, die er erhalten hatte. Die Studenten schienen es zu kennen, denn sie schnitten Gesichter.

«Bist du von der Presse?» fragte einer aus der Gruppe. Tarek registrierte ihre Blicke.

«Ja», sagte er.

■ Holger Berus wußte selbst nicht genau, warum er sich auf diese Anzeige gemeldet hatte. Vielleicht waren es die Worte. Manchmal waren Worte magisch. Er hatte die Anzeige immer wieder gelesen und schließlich unter der angegebenen Nummer einen Termin vereinbart. Einfach so. Spontan. Und außerdem hatte er nichts Besseres zu tun, nach dem Rausschmiß.

Der weitläufige Campus war voller Menschen. Studenten und Universitätsangestellte strömten zwischen den hohen Gebäudeblöcken der Institute hin und her. Es regnete nicht mehr, aber es war immer noch sehr kalt, und jeder beeilte sich, als ob es hier im Freien nicht sicher sei. Irgendwo wummerte eine Dampframme.

Berus hatte Mühe, das richtige Gebäude zu finden. Er

fragte sich durch und versuchte eine bunte Orientierungstafel zu lesen, die fett mit SAUSYSTEM besprüht war. Die hohen Betonbauten mit ihren bunten Fensterrahmen, die Wege, die Eingänge, alles sah sich ähnlich. Als er endlich Gebäude 23.21. Rot, Ebene 01 Grün, Raum 145 gefunden hatte, schickte ihn eine Sekretärin in einen Raum, wo bereits drei Männer warteten. Die blätterten in Zeitschriften und sahen nur kurz auf, als er eintrat und grüßte. Berus suchte sich einen Platz in der Nähe der Tür und wartete, ohne die Zeitungen auf dem kleinen Tisch in der Mitte anzurühren.
In der nächsten halben Stunde kamen noch zwei weitere Männer und verteilten sich im Raum. Einer stand plötzlich auf und setzte sich zwei Stühle weiter.
Berus renkte seinen Nacken ein und blickte sich einmal vorsichtig um. Die Fenster waren mit milchiger Folie beklebt. Von fern immer noch das Wummern der Dampframme. Geruch von Putzmittel. Der Mann ihm direkt gegenüber mit der vorgeschobenen Unterlippe und der eingedrückten Nase erinnerte ihn an einen Piranha. Berus entdeckte eine verblaßte und verwischte Tätowierung an seinem Unterarm. Rechts daneben ein dunkelhaariger Typ in Lederjacke, der sich umguckte. Berus wippte leicht auf seinem Stuhl hin und her. Der, der sich umgesetzt hatte, war viel jünger als die anderen, blasser auch. Nahm Zeitschriften auf, blätterte sie durch, ohne zu lesen, und legte sie wieder weg. Der Mann in der fleckigen Jeans und der Wampe hatte die Augen geschlossen und atmete durch den leicht geöffneten Mund. Der Mann im Anzug mit dem akkurat gestutzten Bart schräg gegenüber spielte mit den Verschlüssen seines Aktenkoffers. Keiner älter als fünfzig, keiner jünger als

zwanzig, schätzte Berus. Er knetete seine Hände, sah in Abständen auf die Uhr, zählte die Stühle und beobachtete die Tür.
Niemand sprach. Und niemand bemerkte die winzige Kamera in einer oberen Ecke des Raumes. Sie warteten.

Zwei Räume weiter standen Thon, Dr. Grimm und zwei studentische Hilfskräfte vor einem Monitor, der die wartende Gruppe zeigte.
«Sind das alle, die heute angemeldet waren?» fragte Thon und nahm einen Schluck aus seiner Kaffeetasse. Einer der Studenten warf einen Blick auf eine Liste.
«Ja.»
«Irgendwelche Interaktionen, Jutta?»
«Keine Gespräche außer kurzen Grüßen. Wir haben alle Blickkontakte gezählt, aber keine VP sucht überdurchschnittlich häufig Kontakt.»
«Gut. Was ist mit den präparierten Stühlen?»
«Alle VP bis auf eine haben sich auf die Stühle mit dem östrogenähnlichen Duftstoff gesetzt. Die letzte VP, das ist der Blasse da, hat sich auf den mit dem Testosteron-Duftstoff gesetzt, ist aber sofort wieder aufgestanden und hat sich umgesetzt. Er sitzt jetzt auf einem neutralen Stuhl.»
«Gut. Was ist das da?» Thon tippte auf den Bildschirm. «Ist das eine Verletzung auf dem Arm oder eine Tätowierung?»
«Schwer zu sagen.»
«Wenn's eine Tätowierung ist, fällt diese Person raus. Lassen Sie ihn den EPI mitmachen, dann sagen Sie ihm, das wär's gewesen, danke und tschüß.»
«Aber warum denn?» wandte Jutta ein. «Wollen wir ihn

nicht ganz durchtesten? Vielleicht erfüllt er ja alle Kriterien?»

«Tätowierungen lösen bei manchen Personen aversive Reaktionen aus. So eine Tätowierung bringt uns eine unberechenbare Streuung in die Daten. Ich will niemand mit einer Tätowierung.»

Thon sah nicht, wie einer der Studenten die Augen verdrehte. Er trank seinen Kaffee aus, stellte den Becher ab und zog einen weißen Kittel aus einem Wandschrank.

«Dann begrüße ich jetzt mal unsere Kandidaten.»

■ Die letzten zwanzig Kilometer waren immer die schönsten. Markus Steinhoff kreiste im kräftigen Aufwind über dem Kühlturm eines Kraftwerks bis er in 1000 Meter Höhe die Unterseite einer zerfransten Cumuluswolke erreichte. In der Höhe wurde es sehr kalt. Steinhoff war froh, Handschuhe und warme Socken zu haben. Mit einem leichten Druck auf den Steuerknüppel richtete er den schlanken, weißen Motorsegler auf, korrigierte seinen Kurs, trimmte das Flugzeug aus, und die Maschine nahm mit einem leisen Pfeifen schnell Fahrt auf. Er mochte dieses Segelflugzeug mit dem einklappbaren Triebwerk. Es war aerodynamisch perfekt, ließ sich aus dem Handgelenk präzise steuern und machte bei 150 Kilometern pro Stunde kaum Windgeräusche. Ganz im Gegensatz zu den Maschinen, die er sonst flog. Markus Steinhoff hatte den ersten schönen Tag seines Urlaubs für diesen ersten Segelflug des Jahres genutzt. Eigentlich noch kein Wetter zum Segelfliegen. Die Aufwinde gering, außer über dem Kühlturm. Aber mit dem kleinen, kräftigen Klappmotor im hinteren Rumpfteil ging es über kleine Strecken auch ohne Aufwind.

Die Sicht in der kalten Februarluft war hervorragend. Sogar der Flugplatz war schon fast zu erkennen und über ihm jetzt alles blau. Im Osten nur eine wulstige Regenfront, aus der ein Schauer niederging. Markus Steinhoff lockerte seine Gurte ein wenig und aß das letzte der eingepackten Brote. Kurz vor dem Flugplatz meldete er sich. Er drückte die Maschine noch einmal bis auf 250 Stundenkilometer, bis die Tragflächenenden sich weit hochbogen, überflog den Flugplatz in ganzer Länge, zog die Maschine steil hoch und rundete den Flug mit einem Looping ab. Blöde Angeberaktion, dachte er noch, aber was soll's.
Er erkannte den olivfarbenen Opel schon beim Landeanflug, auch den Mann daneben, der zu ihm hochblickte.
«Na, Bernie, Lust bekommen?» begrüßte er ihn, als der Mann ihm auf dem Landefeld gemächlich entgegenkam.
«Gut gewesen, heute?» fragte der Mann in Uniform.
«Keine Spur! Aber ausreichend für einen kleinen Eingewöhnungsflug. Morgen fahre ich mit dem Hobel nach Zell am See. Föhn ist angesagt.»
«Der Alte will dich sprechen.»
«Was denn? Ich hab Urlaub! Faß mal hier an. Was ist denn los? Auf in den Balkan, oder was?»
«Irgendwas ganz Dringendes von oben.»
«Also bist du offiziell hier?»
«So ist es.»
«Scheiße.»

Der ‹Alte›, der Kommodore des Geschwaders, dem Hauptmann Steinhoff angehörte, trug eine Fliegerjacke statt Uniform und begrüßte ihn freundlich in seinem Büro, als Steinhoff eintrat und salutierte.

«Herr Oberstleutnant!»
«Lassen Sie mal, Hauptmann Steinhoff», winkte der Kommodore ab. «Ich muß mich entschuldigen, daß ich Sie gleich am ersten Tag aus Ihrem Urlaub reiße. Schönen Flug gehabt?»
«Sehr schönen.»
«Na wenigstens.» Der Kommodore bot ihm einen Platz vor seinem Schreibtisch an und nahm selbst wieder hinter dem Tisch Platz. «Ich hab mich ja nie so recht für motorlosen Flug begeistern können.»
Steinhoff wartete nur ab.
«Herr Hauptmann, ich will gleich zur Sache kommen. Sie wissen sicher, daß es, aufgrund der veränderten Einsatzmöglichkeiten der Truppe, im Ministerium schon länger Pläne gibt, Piloten auf Situationen nach Notlandungen im feindlichen Gebiet vorzubereiten. Es geht darum, die Piloten auf die Streßsituation einer eventuellen Gefangenschaft, möglicherweise verbunden mit psychischer Beeinflussung, vorzubereiten. Sie verstehen.»
«Soweit.»
«Nun, wir haben aus dem Ministerium gestern die Anfrage bekommen, ob wir einen Mann zu einer solchen Übung abstellen können. Es ist gewissermaßen ein Test, ob sich diese Übung zu Ausbildungszwecken eignet, und man sucht einen Freiwilligen. Ihr Urlaub würde natürlich nicht verfallen. Die Übung wird auch nicht auf Bundeswehrgelände abgehalten, und es ist wichtig, daß Sie privat, das heißt rein zivil, daran teilnehmen.»
Steinhoff runzelte die Stirn. «Also ist die Übung geheim?»
«Sagen wir: privat.»

«Um was für eine Art Übung handelt es sich, wenn ich fragen darf?»
»Nun ja … Um ein psychologisches Experiment.»
«Warum gerade ich?»
«Sie sind der einzige geeignete und verfügbare Mann zur Zeit, ganz einfach.»
Steinhoff räusperte sich. «Werde ich zu dieser … ‹Übung› abkommandiert?»
«Nein. Sie würden freiwillig und, wie gesagt, privat daran teilnehmen.»
«Also kann ich ablehnen.»
«Ja.»
Der Kommodore sah ihn direkt an. Steinhoff überlegte und verlor sich für einen Augenblick in Gedanken. Lange Wolkenstraßen. Erstes Grün auf den Feldern. Glitzernde Schneeflächen an einem Berghang. Der Moment, wenn man den Grat in geringer Höhe überflog und ins nächste Tal blickte. Die Stille plötzlich im Aufwind des leeseitigen Föhns. Er atmete aus.
«Ich lehne ab.»

■ Tarek beobachtete den Mann, der sich als Professor Thon vorgestellt hatte. Er drehte sich ständig so, daß alle ihn sehen konnten, und sprach klar und sehr deutlich, sehr routiniert, mit einer Spur Herablassung. Die blonde Frau mit dem Mausgesicht neben ihm sagte nichts.
«… ausdrücklich betonen, daß Sie an diesem Experiment vollkommen freiwillig teilnehmen. Die Vortests machen wir mit Ihnen, weil wir für unsere Gruppen bestimmte Persönlichkeitsmerkmale suchen. Diese Tests sind keine Prüfungen. Falls Sie später nicht ausgewählt werden, be-

deutet das keinesfalls eine Wertung Ihrer Persönlichkeit oder Ihrer Intelligenz. Es hängt einfach mit den speziellen Anforderungen unseres Versuchs zusammen. All Ihre Daten werden absolut anonym aufgenommen und unmittelbar nach dem Versuch vernichtet. Der Versuch an sich ist nicht schmerzhaft, Sie müssen keine Medikamente einnehmen oder sonst etwas tun, was Ihnen Schaden zufügen könnte. Während der ganzen zwei Wochen wird ein Arzt in der Nähe sein. Aber auf eines möchte ich noch besonders hinweisen: Je nachdem, welcher Versuchsgruppe sie zufällig zugeteilt werden, werden Sie diese 14 Tage rund um die Uhr in unserem Labor verbringen. Sie werden keine Privatsphäre haben. Ihre bürgerlichen Grundrechte, vor allem das Recht auf freie Bewegung oder freie Meinungsäußerung, können eingeschränkt werden. Es wird Regeln geben, an die Sie sich halten müssen. Dazu werden wir dann noch einen detaillierten Vertrag machen. Dieser Vertrag regelt genau das Ausmaß der Freiheitseinschränkungen. Er beinhaltet auch eine Versicherung gegen eventuelle Schäden. Also, falls Sie sich beim Aufstehen den Fuß brechen.»
Ein paar der Männer lachten. Tarek nicht.
«So, ich würde sagen, falls es keine Fragen mehr von Ihrer Seite gibt ...», er wartete einen Herzschlag lang, «dann würde ich sagen, ich übergebe Sie jetzt unserer Frau Dr. Grimm, die Sie durch unsere Tests lotsen wird. Wir beginnen mit einigen interessanten Persönlichkeitstests.»
Thon verließ den Raum, und die junge Frau führte die Männer durch ein Labyrinth von Fluren in einen anderen Trakt des Gebäudes, wo eine Gruppe von Studenten in weißen Kitteln sie erwartete. Tarek vermutete, daß sie die Kit-

tel bloß zur Einschüchterung trugen, und hielt sich an die junge Frau.
«Hallo!» begrüßte sie ihn, als sie voreinandersaßen. «Nennen Sie mich ruhig Jutta.»
«Hi, Jutta. Geile Brille.»
«Sie sind Herr ...»
«Fahd. Ficken. Arschloch. Haltsmaul. Dreckskanacke. Tarek. Ich denke, das ist alles anonym hier.»
«Natürlich. Sie bekommen eine Nummer. Aber wir brauchen Ihren Namen für die richtige Zuordnung zur Person. Sie haben die Nummer 106.»
«Geile Nummer.»
Sie malte die ‹106› sorgfältig auf ein Formular.
«Geiles Parfüm.»
«Wir beginnen erst mit ein paar allgemeinen Fragen, dann kommen wir zu den Fragebögen. Alles Weitere erkläre ich Ihnen dann.»
«Hört sich cool an, Jutta.»
«Waren Sie schon mal im Gefängnis?»
«No.»
Sie machte ein Kreuz.
«Was sind Sie von Beruf, Herr Fahd?»
«Steptänzer.»
Sie blickte auf, und er grinste sie an. «Taxifahrer.»
«Warum möchten Sie an dem Experiment teilnehmen?»
«Neugier. Na ja, menschliche Beziehungen und so haben mich schon immer interssiert. Selbsterfahrung vielleicht auch. Ja, Selbsterfahrung. Und Inspiration. Ach, Jutta, ich hätte da auch noch eine Frage.»
Sie blickte auf. «Ja?»
«Rasierst du dir die Achseln?»

Anleitung

Auf den nächsten Seiten finden Sie Aussagen über bestimmte Verhaltensweisen und Einstellungen. Man kann ihnen zustimmen oder sie ablehnen. Es gibt hier keine richtigen oder falschen Antworten, auch keine besseren oder schlechteren.

Wir hätten nur gerne von Ihnen gewußt, welche Einstellungen *auf Sie* zutreffen. Jede Aussage können Sie mit «stimmt» oder «stimmt nicht» beantworten.

Überlegen Sie bitte nicht erst, welche Antwort vielleicht den «besten Eindruck» machen könnte, sondern antworten Sie so, wie es für Sie persönlich gilt. Manche Fragen kommen Ihnen vielleicht sehr persönlich vor. Bedenken Sie aber, daß Ihre Aussagen unbedingt vertraulich behandelt werden.

Denken Sie nicht lange über die einzelnen Aussagen nach, sondern geben Sie die Antwort, die Ihnen zunächst in den Sinn kommt.

Auch wenn einige Aussagen nicht gut auf Sie passen, *kreuzen Sie bitte immer nur eine Antwort an,* das heißt im Zweifelsfall die, die am ehesten auf Sie zutrifft.

1. Ich habe die Anleitung verstanden und bin bereit, jeden Satz offen zu beantworten.

2. Ich bin ungern mit Menschen zusammen, die ich noch nicht kenne.
3. Ich habe häufig Kopfschmerzen.
4. Ich achte aus gesundheitlichen Gründen auf regelmäßige Mahlzeiten und reichlichen Schlaf.
5. Ich lebe mit mir selbst in Frieden und ohne innere Konflikte.
6. Lieber bis zum Äußersten gehen als feige sein.
7. Meistens blicke ich voller Zuversicht in die Zukunft.
8. Ich lasse mich durch eine Vielzahl von kleinen Störungen nicht aus der Ruhe bringen.
9. Ich grüble viel über mein bisheriges Leben nach.
10. Ich übernehme bei gemeinsamen Unternehmungen gern die Führung.
11. Ich finde, jeder Mensch soll sehen, wie er zurechtkommt.
12. Ich habe gern mit Aufgaben zu tun, die schnelles Handeln verlangen.
13. Ich fühle mich oft wie ein Pulverfaß kurz vor der Explosion.
14. Wenn ich Zuflucht zu körperlicher Gewalt nehmen muß, um meine Rechte zu verteidigen, so tue ich es.
15. Ich würde keinem Verein beitreten, da man dabei zuviel persönliche Freiheit verliert.

16. Wenn mich jemand anschreit, schreie ich zurück.
17. In meinem bisherigen Leben habe ich kaum das verwirklichen können, was in mir steckt.
18. Das ganze Gerede über Sex ist widerlich.
19. Ich vermeide es, ungewaschenes Obst zu essen.
20. In sexuellen Dingen habe ich oft Schwierigkeiten.
21. Ich lege Wert auf regelmäßige Hand- und Fußpflege.
22. Ich werde dauernd von anderen beobachtet und kontrolliert.
23. Die meisten Leute, die mich kennen, haben mich gern.
24. Ich denke oft an Selbstmord.
25. Kinder sind oft recht lästig.
26. Ich habe viel geraucht.
27. Sexuelle Spiele sind entwürdigend und untergraben die gegenseitige Achtung.
28. Alles schmeckt irgendwie gleich.
29. Ich kann nachts schlecht schlafen.
30. Erst die Arbeit, dann das Vergnügen.
31. Ich liege gern und viel im Bett.
32. Ich finde gar nichts dabei, Schulden zu machen.
33. Ich leide unter fremdartigen Veränderungen am oder im Körper.

34. Kritik verletzt mich stärker als früher.
35. Wenn mir langweilig wird, dann mache ich gern einen kleinen Wirbel.
36. Ich habe keine Gefühle mehr.
37. Ich habe Angst vor Dunkelheit.
38. Jemand nimmt mir meine Gedanken weg.
39. Mein Temperament geht leicht mit mir durch.
40. Wer etwas auf sich hält, der versucht, beruflich weiterzukommen.
41. Im Spiel möchte ich lieber gewinnen als verlieren.
42. Sehr oft trinke ich Kräutertee; das hält jung und gesund.
43. Mir graut zeitweise vor jedem neuen Tag.
44. Es ist mir peinlich, einen gekauften Geschenkartikel später wieder umzutauschen.
45. Innerhalb meiner Familie gehe ich meine eigenen Wege.
46. Bevor ich einen Brief abschicke, schreibe ich ihn meist mehrmals.
47. Ich schwitze leicht, auch an kalten Tagen.
48. Wenn ich mit jemand in Streit gerate, beherrsche ich mich.
49. Man will mich geistig vernichten.
50. Meine Freizeit verbringe ich am liebsten allein.
51. Ich habe nur ganz selten Tabletten geschluckt.

52. Es ist immer besser, den Menschen nicht zu trauen.
53. Kinder sollten essen, was auf den Tisch kommt.
54. Man muß auch zu unangenehmen Menschen höflich sein.
55. Ich fühle mich einsam, sogar, wenn ich mit Menschen zusammen bin.
56. Um kein schlechtes Gewissen zu bekommen, sollte man seine Arbeit immer gründlich machen.

Tarek stöhnte. Er hielt inne und blätterte den Stapel Fragebögen durch bis zur letzten Seite. 343 Fragen. Das Mausgesicht sah ihm stumm dabei zu.
«Ganz schön bescheuerte Aussagen dabei, nicht?»
«Denken Sie bitte nicht lange über die Fragen nach. Kreuzen Sie die am ehesten zutreffende Antwort an.»
«Roger.»
Einige der Aussagen wie «Ich bin hin und wieder ein wenig schadenfroh» erschienen ihm lächerlich und unsinnig. Sollten vermutlich seine Ehrlichkeit testen. Tarek war auf der Hut. So wie immer. Jederzeit. Vielleicht das Erbe eines wilden, von Feinden und Wüste umgebenen Volkes, dachte er und machte wieder Kreuzchen.
Dem endlosen Persönlichkeitstest folgte ein klassischer Intelligenztest, wie ihn Tarek schon einmal mitgemacht hatte. Falsche Buchstaben in Wörtern finden, Zahlenreihen vervollständigen, gezeichnete Objekte im Geiste drehen, Formen erkennen.
«Sie haben zwei Minuten Zeit», sagte Jutta vor jeder Aufgabe. Danach führte sie ihn in ein kleines Behandlungszimmer, wo eine Ärztin ihn untersuchte, ihm Blut abnahm, Blutdruck und Puls prüfte und wieder Fragen stellte, Fragen nach eigenen Krankheiten und Krankheiten seiner Familie, die Tarek alle mit Nein beantwortete. Kannte er schon. Die Ärztin ließ ihn bestimmte Bewegungen mit dem Arm und den Fingern ausüben und beobachtete ihn dabei genau. Im Raum nebenan setzte man ihm EKG-Elektroden an die Brust, die sich zischend festsaugten wie künstliche Blutegel, und ließ ihn auf einem Fahrrad strampeln, bis er schwitzte.
«Sieht gut aus, Herr Fahd», sagte Jutta. «Wir gehen jetzt auf 200 Watt, und dann sind Sie auch gleich erlöst.»

Zwischendurch stellten sie ihm immer wieder Fragen. Tarek blieb auf der Hut, stoppte bei jeder Frage kurz, bevor er sie beantwortete.
«Waren Sie schon einmal in eine Schlägerei verwickelt?»
«Nein.» Gelogen.
«Mögen Sie Boxkämpfe?»
«Nein.» Wahr.
«Sind Sie homosexuell?»
«Scheiße, nein!» Wahr.
Ein Mann beklebte seinen Kopf und sein Gesicht mit Elektroden und drückte ihm kleine Ohrhörer in die Ohren.
«Damit bestimmen wir, wie Ihr Gehirn lateralisiert ist», erklärte er und führte ihn zu einer schallisolierten Kabine.
Tarek hatte nichts dagegen, sich Bilder anzusehen, sinnfreie Silben zu hören und bei ‹Ta› auf einen Knopf zu drükken. Aber Tarek hatte etwas gegen die Kabine.
«He, was soll das? Ich meine, die Kabine. Muß ich in diese Kiste steigen?»
«Es dauert nicht lange. Es ist auch gar nicht unangenehm. Sie werden Bilder sehen und Silben hören. Nichts weiter. Entspannen Sie sich.»
Für einen Moment befiel Tarek reflexartig der Drang, den Raum zu verlassen und die ganze bescheuerte Idee zu vergessen. Doch gleichzeitig, wie oft in solchen Augenblicken, wurde die Kabine zu einer Mutprobe. Nur wenn er durchhielt, würde er mehr über das Experiment erfahren, über das unter den Studenten so viel Gerüchte kursierten.
«Was ist denn mit Ihnen?»
«Ach, scheiß der Hund drauf.»
Zum Glück fiel Licht durch ein kleines Fenster. Tarek sah, daß der Assistent ihn beobachtete. Er versuchte, flach zu at-

men, und konzentrierte sich auf die Bilder und auf die Silben. Schwitzte. Schluckte, obwohl sein Mund schon trokken war.
«So ein Scheiß. So ein Scheiß!»
«Bitte sprechen Sie nicht!» unterbrach eine Stimme das Rauschen im Kopfhörer.
«Fuck!»
Als die Kabine sich nach einer halben Stunde wieder öffnete, hatte Tareks Gesicht alle Farbe verloren.
«Fühlen Sie sich nicht gut?»
«Mir geht's prima», ächzte Tarek.
«Sie waren ja nicht sehr entspannt.»
Tarek verkniff sich den Spruch, der ihm auf der Zunge lag. Sei ein netter Junge, dachte er. Lieber, guter Tarek. Zuckersüßer Tarek. Sonnenschein Tarek. Arschlecker Tarek.
«Und was kommt jetzt noch?»

■ «Warum tust du das, Tarek?»
Seine Schwester schrie ihn an. Die heftige Reaktion verblüffte Tarek. Ralf sagte nichts, starrte Tarek nur an.
«He, beruhigt euch doch!» verteidigte sich Tarek. «Wie ihr mich anschaut! Was ist denn dabei?»
«Warum machst du das?»
«Ich bin Journalist. Journalisten tun so was.»
«Das ist doch nicht der Grund, Tarek! Nicht ausgerechnet so ein Experiment!»
«Doch. Ich will wieder schreiben, und das ist vielleicht eine geile Geschichte. Ich hab mich unter den Studenten umgehört. Niemand weiß Genaues über das Experiment. Aber jede Menge Gerüchte. Angeblich hängt sogar das Verteidigungsministerium mit drin!»

«Das sind doch Hirngespinste!»
«Das Experiment wurde ein Jahr lang nicht genehmigt, bis das Verteidigungsministerium plötzlich aufgetreten ist. Ist das etwa nicht merkwürdig? Was läuft da ab? Was untersuchen die?»
«Du siehst Gespenster, Tarek!» rief Ralf. «Wenn jemand Geheimversuche durchführen will, dann hängt er das nicht an die große Glocke, macht keine Reklame mit Zeitungsannoncen und geht damit auch nicht an die Uni! Du spinnst dir doch nur wieder was zusammen, genau wie deine Drükkermord-Geschichte.»
«Trotzdem hab ich was bewegt in der Szene.»
«Nichts hast du! Du hast zwei Monate für nix in dieser Drückerkolonne malocht, und danach hast du aufs Maul gekriegt und kannst noch froh sein, daß sie dich nicht umgelegt haben! Du träumst, Tarek! Wach auf!»
«Ich will einfach wieder schreiben. Ich muß.»
«Es geht dir doch in Wirklichkeit um was ganz anderes!» rief Sina aufgebracht.
Tarek mußte grinsen, als er daran dachte, wie sie ihn als Kind manchmal verprügelt hatte. Zarte, kleine Sina.
«Hör mir bitte auf mit dieser Psychokacke! Ich rieche hier eine geile Geschichte! Das ist es! Außerdem hast du immer gesagt, seine Angst wird man los, wenn man sich dem aussetzt, vor dem man sich am meisten fürchtet. Deine Worte, Sina!»
«Dann hast du mich völlig falsch verstanden, Tarek! So läuft das nicht! So was kann total nach hinten losgehen!»
«Du ziehst hier einfach eine Riesenshow ab, Tarek», mischte sich Ralf wieder ein. «Du bist ein Kind, Tarek. Die Menschen, denen du angeblich helfen willst, interessieren

dich doch gar nicht. Du bist genau so ein Zyniker wie dein Vater, das ist das Problem. Ja, so ist das, Tarek.»
Tarek sah die beiden an und stöhnte. «Wie ihr quatscht, quatschen echt nur Ärzte. Alle wollen doch Geschichten. Wahre, erfundene, egalo. Hauptsache geile! Und ich liefere sie. Also was ist dabei? Ihr seid die, die sich um die Menschen kümmern müssen, ich steh am Rand, schau zu und schreib alles auf. So ist das eben.»
Ralf schüttelte nur den Kopf, verschränkte die Arme und lehnte sich zurück. Sina sprach für ihn weiter.
«Ralf meint, daß du einem so extremen Experiment nicht gewachsen bist.»
«Und? Je extremer desto besser! He, beruhigt euch! Ich werde mir da ein paar ruhige Tage machen, bißchen lesen, abspannen, und wenn mir irgend jemand blöd kommt, heißt es good bye, Johnny. Ist doch alles nur Simulation!»
«Tu das nicht, Tarek!» sagte seine Schwester. «... Bitte!»
«Ich *will* diese Story!» sagte Tarek hartnäckig. «Vielleicht auch wegen dieser Grube und dieses Hondeveld-Jungen. Egal, ich zieh das durch!»

■ 21 Namen standen auf der Liste. 21 von 127 insgesamt getesteten Personen hatten die erforderlichen Werte für die Teilnahme an dem Versuch erreicht. Einer von ihnen hatte im letzten Moment noch abgesagt. Für ihn rutschte VP ‹Tarek Fahd› nach, obwohl seine Streßwerte etwas schlechter waren.
Von den 21 Versuchspersonen ordnete das Zufallsprogramm eines Computers 12 der Gruppe ‹Gefangene› zu und 9 der Gruppe ‹Wärter›. Jeweils drei pro Schicht. Die Män-

ner waren zwischen 24 und 42 Jahre alt und kamen aus den unterschiedlichsten Berufen. Gemeinsam war ihnen, daß sie statistisch völlig normal waren. Normal intelligent, normal empfindlich, normal reizbar, normal gefühlsbetont, normal neugierig, normal ängstlich, normal gesund. Ihre Aggressivitätsbereitschaft lag im Mittelwert der Gesamtbevölkerung. 16 waren Rechtshänder, 4 Linkshänder und einer beides. Normaler Durchschnitt. Sie hatten normale Reflexe, keine psychosomatischen Beschwerden, keine Hirnschäden oder sonstige neurologische Störungen und waren psychisch völlig gesund. Laut Masculinitätstest fühlten sich alle normal männlich. Die EEG-Kurve zeigte bei keinem der Männer irgendwelche Auffälligkeiten. Es waren 21 ganz normale Männer.

Gefangene

1 Andreas Verhoeven, 24, Student
2 Harry Schütte, 42, Einzelhändler
3 Günther Ullmann, 35, Versicherungskaufmann
4 Tobias Roloff, 28, Student
5 Niklas Tanberg, 31, Lehrer
6 Bernd Zöller, 26, Student
7 Holger Berus, 29, Flughafenangestellter
8 Markus Steinhoff, 28, Pilot
9 Joachim Gehlen, 27, Elektriker
10 Peter Cornelius, 29, Landwirt
11 Erik Wimmer, 25, Student
12 Fabian Crantz, 37, arbeitslos

Wärter

1 Ulrich Kamps, 25, Student
2 Sven Gläser, 26, Chemie-Facharbeiter
3 Robert Amandy, 24, Student
4 Volker Eckert, 26, Veranstaltungskünstler
5 Heiner Bosch, 28, Referendar
6 Christian Stock, 34, Kellner
7 Tarek Fahd, 28, Taxifahrer
8 Boris Renzel, 30, Einzelhändler
9 Werner Tode, 36, Schweißer

Das Telefon neben dem Computer klingelt.
«Jutta, Thon hier. Ist die Liste fertig?»
«Ich drucke sie gerade aus und bringe sie dann rüber.»
«Sehr gut.»
Jutta Grimm legte auf und blickte wieder auf den Monitor. Sie überlegte noch einen Augenblick. Dann vertauschte sie mit zwei Mausklicks Wärter Nr. 7, ‹Tarek Fahd›, gegen ‹Holger Berus›, Nr. 7, bei den Gefangenen.
«Schuldig, du Arschloch!» sagte sie. Dann setzte sie vor die Nummer jedes Gefangenen noch eine zufällige Zahl, so daß eine zweistellige Nummer entstand, die wie beliebig wirken sollte, und wartete darauf, daß der Laserdrucker die fertige Liste ausspuckte.

■ Eine Woche passierte nichts. Dann rief eine Frau von der Universität an und sagte, daß er sich bereithalten solle, man würde sich wieder melden. Also wartete er. Zwei Tage später schickten sie ihm den Vertrag zu. Er überflog ihn nur, unterschrieb ihn, ohne zu zögern, und schickte ihn wieder zurück. Am Ende der Woche mußte er ganz dringend für den Griechen einspringen, weil der rheinische Karneval in die heiße Phase eintrat und der Grieche überall Auftritte hatte. Am Abend hatte Tarek eine Tour mit vier sehr jungen, als Kätzchen verkleideten Mädchen zu einem barocken Schloß etwas außerhalb, wo eine große Party gefeiert wurde. Erst in diesem Moment fiel ihm auf, was für ein Tag heute war. Jahrestag.

Gelbliche Strahler beleuchteten das frisch restaurierte Barockschlößchen von allen Seiten und gaben dem rötlichen Bau einen warmen, geheimnisvollen Ton. Aus den Fenstern schwappten Technobässe auf die Straße.

An die fünfhundert Leute feierten bereits. Tarek wartete mit laufendem Motor am Straßenrand, bis die vier Mädchen verschwunden waren. Dann fuhr er in die nächste Seitenstraße, parkte den Wagen und stieg aus. Die Luft roch nach Regen. Genau wie vor einem Jahr.

Tarek drängte sich mit einem Grüppchen sehr junger Leute an dem Türsteher vorbei. Die Party war in vollem Gange. Redakteure und freie Mitarbeiter, lokale Prominente, die besten Anzeigenkunden, Szenegrößen, Journalisten anderer Blätter, stadtbekannte Ganoven, Edelnutten, Wichtigtuer, Schnorrer. Und fast alle mehr oder weniger phantasievoll kostümiert. Die Männer meistens als Vampire, Piraten und Scheichs, die Frauen als Katzen, Nutten oder Hexen. Eine war nur bemalt. Die anderen, die auffälligere Kostüme trugen, waren bezahlte Komparsen.

Die *Abendpost* war ein junges Boulevardblatt. Keine zehn Jahre alt und immer einen Tick härter und schlüpfriger als die anderen. Zieglers Idee. Jedes Jahr feierte der Verlag das Überleben des Blattes mit einer Party in dem kleinen Ba-

rockschlößchen mitten in der Stadt, das sich ein Kurfürst zu Vergnügungszwecken geleistet und verschwenderisch ausgestattet hatte.
Die fünf Räume im Erdgeschoß, die man mieten konnte, waren groß und hoch, die Decken reich mit Stuck verziert, die Wände mit Jagdszenen bemalt, und von der Decke glotzten lüsterne Putten und Fabeltiere herab. Genau das, dachte Tarek, als er hochsah, was der Kurfürst sich vermutlich unter einer geilen Spontiparty vorgestellt hatte.
Tarek schlenderte ziellos herum, drängte sich durch die dichtstehenden Grüppchen, nahm sich Häppchen vom Buffet. Er grüßte links und rechts, wenn ihn jemand ansprach, trank er einen Schluck mit und entwand sich eilig wieder.
«Tarek! Cheeeeese!»
«Eh, da ist Tarek! Eh, Tarek, guck mal, wen ich hier habe.»
«Tuuut, tuuut!»
«Eh, Tarek, warte mal!»
«Keine Zeit!»
«He, das ist doch mein Freund Tarek. Der alte Stecher! Tarek Fcht. Fcht! Fchchchcht. Der geilste Typ der Branche. War er mal. Geilomat.»
«Und das ist Dieter, und er ist in Wirklichkeit ein Schwanzlutscher!»
«Hi, Tarek, sag mal, hast du Moni gesehen?»
«Auf der Herrentoilette!»
«Tarek, warte mal. Wo warst du?»
«Keine Zeit, Piwi.»
«Eh, Scheiße, ich krieg seit einem Jahr noch Geld von dir, hast du das vergessen?»
«Kriegst du, kriegst du!»
«Wann, eh?»

«Morgen!»
«Eh, Tarek, paß auf, daß du Ziegler nicht über den Weg rennst!»
«Wo ist er?»
«Eben war er noch dahinten!»
Tarek schob sich weiter durch die Menge. Er sah ein paar Mädchen, die alleine herumstanden oder mit Typen, die offensichtlich nicht zu ihnen gehörten. Ein Mädchen stach ein bißchen heraus, weil sie nicht kostümiert war und den Eindruck machte, als suchte sie jemanden. Tarek beobachtete sie, überlegte kurz, ob er sie ansprechen sollte, entschied sich jedoch anders und hielt Ausschau nach Ziegler.
Ziegler stand, als Sträfling verkleidet, mit einer Gruppe von Anzeigenkunden zusammen, die er lautstark mit schweinischen Witzen unterhielt. Tarek blieb einen Augenblick stehen und beobachtete ihn. Hatte sich kaum verändert. Die Geschäftsleute hingen an seinen Lippen und prusteten bei den Pointen heraus. Ziegler hatte Talent.
Als Ziegler ihn entdeckte, sah Tarek, wie sein Gesichtsausdruck wechselte. Ziegler brach mitten im Satz ab, ließ die Gruppe stehen und kam auf Tarek zu.
«'n Abend, Ziegler. Du siehst ziemlich Scheiße aus.»
Ziegler nahm ihn ohne Gruß am Arm und zog ihn fort.
«Ich weiß. Komm, wir trinken was.»
Tarek befreite sich. «Laß mal, Ziegler. Ich bin gleich wieder weg. Ich weiß auch nicht, warum ich gekommen bin.»
«Aber ich weiß es, Junge. Also erzähl mal. Was hast du das ganze letzte Jahr gemacht? Ein Buch geschrieben? Werbetexte? Klosprüche?» Er lachte.
«Ich bin Taxi gefahren.»

Ziegler war ehrlich verblüfft. «Scheiße. Das ganze Jahr?»
«Right.»
«Du bist ein Idiot. Taxi fahren!»
«Ist 'ne gute Sache.»
«Scheiß der Hund drauf. He, ich weiß, daß du mich nicht verarscht hast. Ich weiß, daß du die Fotos damals niemandem verkauft hast. War wirklich der Schock, was? Aber Schwamm drüber. Ist längst Gras über die Sache gewachsen.»
Ziegler kam nah an ihn heran. Tarek roch die Alkoholfahne.
«Über welche Sache?»
«Na, mit uns. Du bist zurückgekommen. Guter Junge. Kriegst ein Sternchen. Brauchst auch gar nichts zu sagen. Ich nehm dich wieder. Du bist wieder drin. Alles wie früher, okay. Herrgott, wir haben so Scheiße ausgesehen ohne die Fotos. Ich hätte dich am liebsten windelweich geprügelt.»
«Hast du ja.»
«Fast. Nur fast.» Er lachte wieder und drückte kumpelhaft seine massige Faust an Tareks Kinn. «Aber vergessen. Natürlich kannst du nicht anders. Du bist wie ich. Du mußt schreiben. Kein Buch, keine Werbetexte, sondern blöde, verfickte Artikel, die übermorgen vergessen sind. Gefällt dir nicht? Egal, so ist das aber. Bleib hier, ich besorg uns was zu trinken, und dann kommen die Damen.»
«... Ziegler?»
Aber Ziegler hörte nicht mehr, ließ ihn einfach stehen und verschwand in Richtung Buffet. Tarek blieb zurück, unschlüssig, was er tun sollte, und sah sich um. Immer noch die gleichen Leute. Er entdeckte die Frau wieder. Sie schien ihre Suche aufgegeben zu haben und schlenderte nur noch neu-

gierig durch die Menge, vorsichtig, zögerlich, als fürchte sie, etwas Wertvolles zu beschädigen. Sie schlingerte seltsam, doch Tarek glaubte nicht, daß sie betrunken war. Sie war größer als Tarek, sehr schlank, mit kleinen Brüsten und schmalen, aber kräftigen Gliedern und Händen. Kleine Inseln von Aknenarben auf den Wangen. Nicht besonders anmutig, fand Tarek. Helle, kurzgeschnittene Haare und helle Haut. Sie war nicht geschminkt, sah aber modisch aus, wenn auch nicht so, als ob sie sich besondere Mühe für das Fest gegeben hätte. Sie trug einen kurzen Rock und einen für diese Gesellschaft unpassenden kurzen Filzjanker. Wenn sie stand, berührten sich ihre Knie. Die Frau war nicht sein Typ. Was Tareks Blick jedoch fesselte, waren ihre Augen. Lidlose grüne Augen, die ihre Umgebung wie aufgeschreckt absuchten. Tarek beobachtete die Frau, ein- oder zweimal kreuzten sich ihre Blicke. Mehr nicht.
Tarek überlegte, ob die Frau zu den bei diesen Partys unvermeidlichen Prostituierten gehörte. Wohl eher nicht, ihrem Aussehen und Auftreten nach zu urteilen. Jemand stieß ihn hinten an und entschuldigte sich mit einem Wortschwall. Als Tarek sich wieder umwandte, kam die Frau auf ihn zu und sprach ihn an.
«Hi. Auch alleine hier?»
Also doch Nutte.
«Kommt drauf an.»
«Ziemlich langweilig hier, was?»
«Right.»
«Bist du eingeladen?»
«Mehr oder weniger.»
«Dann kannst du mir ja sagen, was ...» Ein Handy in ihrer Jacke unterbrach sie.

«Moment mal.» Sie ließ ihn stehen, ging ans Fenster und telefonierte. Tarek rührte sich nicht von der Stelle.
Ziegler stieß ihn an und hielt ihm ein volles Glas Whiskey hin. «Sorry. Mußte ein bißchen Dampf machen, bis sie den Guten rausgetan haben. Die haben mich nicht erkannt!» Er gluckste.
Tarek sah kaum hin. «Trinke nichts.»
Ziegler folgte Tareks Blick und sah die Frau, die eben aufhörte zu telefonieren.
«Ah, so schnell, heute?»
«Kennst du sie?»
«Nie gesehen.»
«Ist sie eine von den Nutten?»
«Sieht nicht so aus. Ich sag doch, ich kenne sie nicht. Sag mal, du Türke mit deutschem Paß ...»
«Perser, Ziegler, Perser.»
Ziegler grinste.
Tarek ließ ihn stehen und ging zu der Frau hinüber, die ihn nun anlächelte.
«Entschuldige», sagte sie.
«Kein Problem. Wichtig?»
«Nicht sehr. Andererseits ... ach, egal.»
«Also?»
«Also was?»
«Die Frage. Du wolltest was fragen.»
«Oh, ja.» Sie blickte sich einmal um. «Ich wollte dich fragen, was das hier für eine Party ist.»
Tarek sah sie mißtrauisch an.
«He, was soll das? Du bist hier, ich bin hier. Ich weiß, was das für eine Party ist, du weißt, was das für eine Party ist. Karneval!»

«Aber der ist doch erst nächste Woche!»
«Wen interessiert das.»
Sie wirkte verlegen. «Ich hab einfach oben den Lärm gehört und bin runtergekommen.» Sie zeigte zur Decke. «Ich wohne hier drüber.»
«Du. Wohnst. Hier. Drüber.»
Sie lachte. «Ja, und?»
«Du wohnst in diesem Schloß?»
«Ja. Es gibt ein paar Wohnungen da oben. Ich bin da zu Gast. Morgen fahr ich schon wieder.»
Niederländischer Akzent. Sie lachte ihn an. Man sah ihre Zähne, die ein bißchen schief waren. Tarek fand den Mund jetzt nicht mehr so unscheinbar wie vorhin. Er veränderte sich dauernd, schien jede beliebige Form annehmen zu können. Sie roch nach einem Parfüm, das er nicht kannte. Tarek blickte die Frau von oben bis unten prüfend an.
«Willst du die Wohnung sehen?» fragte sie.
«Will ich sie sehen? ... Ja. Klar. Warum nicht?»
Sie führte ihn hinaus. In dem Vorbau neben dem Hauptportal gab es eine alte Tür, die Tarek zuvor nicht aufgefallen war.
«Ich heiße Dora.»
«Tarek.»
«Schöner Name.»
«Danke. Gleichfalls.»
Dora schloß die Tür umständlich auf. Es dauerte, bis sie den richtigen Schlüssel gefunden hatte. Tarek sah ihr auf den Po dabei. Eine ausgetretene, steinerne Wendeltreppe führte nach oben. In der funzeligen Beleuchtung glühten zwei grüne Punkte, wenn sie sich nach ihm umdrehte.
«Und was war das jetzt für eine Party?»

«Verlagsparty der Abendpost.»
«Oh. Dann bist du Journalist?» Plötzlich so ein abweisender Tonfall.
«No. Taxifahrer.» Das schien sie zu erleichtern. «Und du? Was machst du?»
«Dies und das. Ich hatte hier zu tun, weil ich für meine Eltern etwas erledigen mußte. Etwas Unangenehmes, aber jetzt ist es vorbei. Ich komme eigentlich aus Zandvoort. In Holland. Am Meer.»
«Ich weiß, wo Zandvoort liegt.»
«Ich fahre morgen schon wieder zurück.»
«Aha.»
Die Wohnung lag unter dem Dach. Sie war groß, verteilte sich auf zwei Ebenen und sah frisch renoviert aus. Düster glänzende, schwere Dachbalken unter schrägen Decken. Es gab wenig Möbel. Ein paar antike Stücke und ein paar sehr moderne. Tarek pfiff durch die Zähne.
«Gefällt's dir?»
Sie warf den Janker auf einen Sessel und führte ihn herum, ließ ihn einen Blick in alle Räume werfen.
«Schön, der Ausblick, was?»
«Ja, schöner Ausblick. Wer wohnt hier?»
«Ein Freund. Er ist gerade in New York.»
Sie standen in der Küche, deren Einrichtung im Gegensatz zum restlichen Mobiliar ausrangiert und zusammengewürfelt wirkte. Sie lehnte an einem alten Kühlschrank, der wie ein riesiges, flügelloses Insekt brummte und vibrierte.
«Willst du was trinken.»
«Danke. Nein.»
«Für einen Taxifahrer bist du aber ziemlich wortkarg, Tarek.» Ihr Blick flackerte.

«Gibt's denn gerade was zu reden?»
Tarek kam nah an sie heran, ganz nah, und weil sie nicht auswich und ihn immer noch unverwandt anblickte, begann er, ihre Bluse aufzuknöpfen und vorsichtig ringsum aus dem Rock zu zupfen. Sie tat nichts, sah ihm nur zu und hielt sich weiter am Kühlschrank fest.
Er streifte ihr die Bluse über die Arme. Ihre Brüste waren klein, aber fest und rund, und er fand sie jetzt schöner. Er streichelte sie mit der flachen Hand an den Seiten, dann weiter vorne mit den Daumen. Sie machte ein leises Geräusch, beugte ihren Hals zurück, als er begann, ihn zu küssen. Plötzlich aber fröstelte sie, und in einer unwillkürlichen Bewegung nach Wärme umschlang sie seinen Hals, seufzte kurz und drückte ihn fest an sich.
Eine Weile blieben sie so stehen. Tarek hielt sie, die Hände fest auf ihrem Rücken, dann weiter hinunter. Er griff ihren Po, atmete die Wärme in ihrer Halsbeuge. Dann löste sie sich etwas von ihm, nahm seinen Kopf und küßte ihn sehr wild und ungestüm auf den Mund, drängte sich eng an ihn, saugte an ihm, atmete seinen Atem.
Wortlos und in großer Eile zogen sie sich gegenseitig aus. Es war kühl in der Küche, auch Tarek fröstelte jetzt. Unter kleinen, seufzenden Geräuschen rieben sie sich gegenseitig warm, Brust an Brust, und hörten nicht auf, sich dabei zu küssen. Als er seine Hand unter ihren Slip schob, um ihn abzustreifen, hob sie sich mit einem kleinen Hopser auf den Kühlschrank und half ihm. Tarek zog sie an sich, und ohne Umschweife griff sie nach seinem pulsierenden Glied und half ihm, die Richtung zu finden. Sie umschlang ihn mit Armen und Beinen, preßte ihn an sich und hörte nicht auf, ihn zu küssen.

Es war leicht. Völlig ohne Widerstand. Er war ganz in ihr, spürte sie überall, roch sie, schmeckte sie und zitterte wieder, aber nicht mehr vor Kälte. Sie hielt ihn fest, ganz fest, zog ihn an sich, bewegte sich mit ihm, bis sie einen gemeinsamen Rhythmus fanden, hielt ihn umklammert, auch als er sie hochhob und zum Bett trug. Er küßte ihren Bauch, ihre Brüste, wenn sie sich über ihn beugte, streichelte ihre Brustwarzen, bis sie fest wurden unter seinen Händen, oder hielt sie, wenn sie auf ihm saß, zurückgelehnt, die Augen geschlossen. Wenn sie aufhörten, um Atem zu schöpfen, sahen sie sich an, einfach nur an, neugierig und staunend.
Sie bewegten sich viel, wechselten die Stellungen, rangen miteinander. Nur ab und zu gab sie kleine Geräusche von sich, die zeigten, daß sie noch da war, ganz da. Er entdeckte sehr weiche Stellen an ihr, das tiefe Grübchen am Halsansatz, die Kniekehlen, die Innenseite ihrer Arme. Sie lachte, führte seine Hand dorthin, wo er sie streicheln sollte, bog sich, daß er auch jede Stelle an ihr mit seinem Mund erreichte, und beobachtete, wie sein Glied sich dabei veränderte.
«Uups!» flüsterte sie, nah an seinem Ohr. Sie hielt den Atem an, wenn er langsam in sie eindrang, und seufzte aus, wenn er sie nach einer Weile für kurze Zeit verließ. Sie hatten keine Eile. Ab und zu flüsterte sie etwas auf niederländisch. Er war in ihr, ganz heiß, ganz fest, manchmal nur vorne, wo es sie kitzelte, manchmal ganz tief, und sie war überall um ihn herum. Manchmal, wenn er anfing, sich schneller zu bewegen, hielt sie ihn plötzlich fest.
«Ganz ruhig.»
«Warum?»

«Einfach so. Ganz ruhig.»
So lagen sie ewig. Ganz regungslos, und ihre Pulsschläge vermischten sich. Dann nahmen sie ihre Bewegungen wieder auf, sahen sich an und hörten nicht auf, bis er die Augen schloß und ihr Keuchen in einen kurzen, kleinen Schrei überging und sie spüren konnte, wie seine Härte in ihr nachließ.
Irgendwann lagen sie nebeneinander, schweißnaß, immer noch ganz nah, betrachteten sich wortlos und erschöpft, lächelten sich an, wenn sich ihre Blicke trafen. Dora zog eine Überdecke über beide, und Tarek schlief ein.
Als er erwachte, schlief sie ebenfalls. Tarek stand auf und suchte auf Zehenspitzen seine Sachen zusammen. Als er noch einmal zurück ins Schlafzimmer kam, war sie wach.
«Du gehst?»
«Hm.»
Sie nickte. «Sehen wir uns noch mal?»
«Weiß nicht. Ja, vielleicht. Ich weiß nicht.»
Sie nickte wieder, wickelte sich enger in die Decke ein, zog die Knie an und sah ihm zu, wie er sich anzog.
«Es war sehr schön», sagte sie leise.
«Ja, war es.»
«Ich habe sehr lange nicht mehr mit jemand geschlafen», sagte sie.
«Ich auch nicht.»
Tarek war fertig angezogen. Noch einmal diese grünen Augen. Unter der Decke zeichnete sich ihr Körper ab.
«Na, dann ...»
«Willst du nicht bleiben?»
«Du mußt doch morgen fahren.»
«Komm mit.»

Er zögerte. «Nein», sagte er schließlich. «Ich hab zu tun.» Sie nickte. Er schrieb ihr seine Handynummer auf und ließ sich ihre geben. Draußen vor der Haustür blieb er stehen. Zögerte, atmete die kühle Nachtluft. Hinter ihm fiel langsam die Tür zu. Grüne Augen. Warmer Duft. Tarek drehte sich um, schaffte es aber nicht mehr, die Tür aufzufangen, bevor sie zuschnappte. Das nahm er als Zeichen.

Zu Hause überlegte er, ob er Dora doch noch anrufen sollte, ließ es aber und ging schlafen. Ihr Geruch haftete noch immer an ihm. Er schloß die Augen und dachte an sie. Morgen. Er würde sie gleich anrufen. Vielleicht einen Tag nach Zandvoort fahren. Ans Meer. Morgen.

■ Das Heulen eines Martinshorns drängte sich in seinen letzten Traum. Was ihn schließlich weckte, waren das Klingeln und das Wummern an der Tür.

Tarek, nur in Unterhose, blinzelte schlaftrunken durch den Türspion. Ein Polizist stand im Hausflur.

«Ach, du Scheiße!» stöhnte Tarek und öffnete. «Was zum Teu...»

Ehe er noch weiterreden konnte, warf sich jemand mit voller Wucht gegen die Tür, so daß sie weit aufflog und mit der Unterkante gegen seine nackten Zehen stieß. Tarek schrie auf. Zwei Polizisten stürmten in die Wohnung, stürzten sich auf ihn, drängten ihn in die Wohnung zurück, ehe er noch einen einzigen Gedanken fassen konnte.

«*Polizei! Keine Bewegung!*»

Sie brüllten. Hörten gar nicht auf zu brüllen. Der eine griff ihm hinter die Arme, während der zweite sich mit seinem ganzen Gewicht gegen ihn warf. Tarek rutschte auf dem glatten Boden aus und fiel hinten über. Der Polizist fiel mit.

In diesem Moment setzten Tareks Reflexe ein. Er trat dem Polizisten mit einem Knie in den Schritt, daß der Mann aufbrüllte und wie tot von ihm abfiel. Tarek wälzte sich seitlich weg und schlug um sich, um den zweiten loszuwerden, der ihn immer noch am Arm packte, aber nicht so gut, daß der Hebelgriff wirken konnte. Tarek versuchte aufzustehen, stürzte aber, als der angestoßene Fuß unter der Belastung einfach wegknickte und Schmerz ihm von den Zehen heiß durch die Beine schoß. Inzwischen hatte ihn der Polizist in den Griff bekommen. Er riß ihm den Arm hinter dem Rücken hoch, drückte ihn auf den Boden und hielt ihn mit einem Knie im Kreuz dort fest.
«Schnell, die Binder!»
Kabelbinder aus Plastik schnürten sich eng und schmerzhaft um seine Handgelenke.
«Aua! Verdammt, was soll die Scheiße?»
«Schau mal, ob noch jemand in der Wohnung ist», rief der erste. Der zweite richtete sich mühsam auf und durchsuchte die anderen Räume. Aus dem Schlafzimmer hörte Tarek, wie eine alte Stehlampe zu Bruch ging.
«Scheiße, was das soll, will ich wissen!»
«Du bist verhaftet, Junge.»
«Scheiße, und warum?»
«Deswegen!»
Der zweite kam aus dem Klo und hielt ein kleines Tütchen hoch, das ein weißes Pulver enthielt.
«Verstoß gegen das Betäubungsmittelgesetz.»
«Plus schwerer Diebstahl und Körperverletzung.»
«Ihr habt sie doch wohl nicht alle! Eh, was geht denn hier ab, verdammt?»
«Fragst du besser deinen U-Richter.»

Sie ließen ihn Hose, T-Shirt und Schuhe anziehen und führten ihn ab. Tarek humpelte. Der gestoßene Zeh pumpte im Schuh.
Im Hausflur hatten sich bereits Nachbarn eingefunden, die Tareks Verhaftung interessiert verfolgten. Vor dem Haus wartete ein Streifenwagen. Das Blaulicht lief noch. Es nieselte leicht. Sie drückten ihm den Kopf nach unten und schoben ihn auf den Rücksitz.
«Das ist der totale Irrtum! Der totale Irrtum ist das!»
«Ganz ruhig, Junge. Nichts ist ein Irrtum.»
Auf der Wache nahmen sie seine Fingerabdrücke ab, fotografierten ihn. Er mußte sich noch einmal ausziehen, und sie ließen ihn eine halbe Stunde nackt in einer kahlen Ausnüchterungszelle warten, bis sie ihn zum Verhör holten. Langsam begriff er, was ablief. Verschiedene Vergehen wurden ihm vorgeworfen. Besitz und Handel mit Kokain. Bewaffneter Überfall auf zwei Supermärkte, und das eine Mal sollte er dabei noch eine junge Frau zusammengeschlagen haben. Die betreffende Frau erschien sogar kurz im Dienstzimmer, sah ihn an und sagte: «Ja, der war es. Kein Zweifel, das ist das Schwein.» Tarek hatte die Frau noch nie zuvor gesehen.
Man erklärte ihm seine Rechte, daß er die Aussage verweigern könne, daß alles, was er aussage, gegen ihn verwendet werden könne. Von einem Anwalt sagten sie nichts.
«Ich will meinen Anwalt sprechen.»
«Später, Herr Fahd. Wenn wir fertig sind.»
Formulare wurden ausgefüllt, ein Beamter tippte Daten in einen Computer ein. Die ganze Zeit war Tarek gefesselt.
«Das ist doch ein Witz, hier. Das ist doch wegen dem Experiment, oder? ... Eh, ich hab was gefragt!»

«Sprechen Sie bitte nur, wenn Sie dazu aufgefordert werden, Herr Fahd.»
Man brachte ihn in ein anderes Zimmer, wo ein Mann mit scharfen Gesichtszügen ein Protokoll durchlas und kaum von Tarek Notiz nahm. Schließlich knallte er einen Stempel unter das Protokoll und reichte es dem Beamten, der Tarek begleitete.
«Aufgrund der Beweislage und der Fluchtgefahr bleibt Herr Fahd in Untersuchungshaft, bis die Beweisaufnahme abgeschlossen ist. Bringen Sie ihn gleich dorthin.»
«Ein verdammter Scheißwitz.»
Man führte Tarek hinaus. In dem Raum, wo man ihn verhört hatte, verband man ihm die Augen und führte ihn wieder ab.
Tarek sagte nichts mehr. Wieder wurde er in ein Auto gesetzt. Wer immer das Auto fuhr – sie oder er sprach kein Wort, und Tarek hörte auf zu fragen. Sie fuhren etwa zwanzig Minuten. Quer durch die Stadt, wie Tarek hören konnte, bis der Wagen hielt und man ihn über ein freies Gelände in ein Gebäude führte und dann in einen Aufzug. Die Geräusche der Außenwelt, die Schritte, das Atmen und Husten der Menschen um ihn herum blieben zurück. Es war still, völlig still. Ein Keller, dachte Tarek. Man ließ ihn stehen. Warten. Nichts passierte weiter. Niemand holte ihn ab. Tarek versuchte, die Zeit anhand seines Pulsschlages zu bestimmen, doch es gelang ihm nicht. Irgendwann ging eine Tür hinter ihm auf, und wieder führte ihn jemand weiter durch eine Art Halle. Tarek hörte das Klackern seiner Schritte. Eine Stahltür schlug hinter ihm zu, dann ging es geradeaus durch einen Gang, dann eine Biegung, wieder schloß sich eine Tür hinter ihm, und dann nahm man ihm

die Augenbinde ab. Ein Mann, gekleidet wie ein Bademeister und mit einem Mundschutz, durchschnitt die Kabelbinder um Tareks Handgelenke. Sie befanden sich in einem kleinen gekachelten, hell erleuchteten, weißen Raum, der völlig leer war – bis auf eine Art Taucherflasche mit einer großen Zerstäuberdüse, die auf dem Boden stand. An zwei sich gegenüberliegenden Wänden gab es jeweils eine Tür.
«Ziehen Sie sich aus.»
«Was denn, schon wieder?»
«Machen Sie schon!»
Tarek gehorchte, ließ seine Sachen auf dem Boden liegen.
«Und jetzt?»
«Heben Sie die Arme.»
Der Mann in der weißen Kleidung untersuchte ihn, tastete ihn ab, beugte ihn nach vorn und drückte ihm die Pobacken auseinander. Tarek ließ alles mit sich geschehen. Der Mann griff nach der Flasche und der Zerstäuberdüse.
«Was passiert denn jetzt, verdammt?»
«Desinfektion. Heben Sie die Arme!»
«Ich will das aber nicht!»
Der Mann beachtete ihn gar nicht. Das Spray zischte mit hohem Druck auf Tareks Körper. Tarek hielt die Luft an, um das betäubende, parfümierte Gemisch, was immer es war, nicht einzuatmen. Aber es dauerte zu lange. Endlos lange.
«Bücken Sie sich!»
Tarek biß sich auf die Zähne, preßte mit dem Zwerchfell die Lungen zusammen. Das Spray nebelte den ganzen Raum ein, Tareks Lungen schmerzten. Stöhnend atmete er aus, holte tief Luft, keuchte und hustete, als er das Aerosol einatmete. Er wartete auf die Wirkung, doch nichts passierte.

«Gehen Sie jetzt da rein!» sagte der Sprüher ungerührt und zeigte auf die nächste Tür.
Tarek betrat einen weiteren Raum. Ein Mann in einer khakifarbenen Uniform und zwei goldenen Streifen auf den Schulterklappen erwartete ihn. Er trug eine gleichfarbige Uniformmütze und eine große, verspiegelte Sonnenbrille, durch die man seine Augen nicht erkennen konnte. Um seinen Hals baumelte eine Trillerpfeife, an seinem Gürtel ein Schlüsselbund und ein schwarzer Gummiknüppel. Der Wärter reichte ihm ein zusammengefaltetes Kleidungsstück aus grauem Stoff.
«Zieh das an.»
Duzte ihn! Tarek registrierte es sofort. Aber er nahm das Kleidungsstück ohne Protest entgegen. Es entpuppte sich als eine Art einfaches, grobes Nachthemd.
«Und Unterwäsche?»
«Keine Unterwäsche. Einfach anziehen.»
Als Tarek den Kittel übergezogen hatte, auf dessen Brust und Rücken eine große ‹77› prangte, gab ihm der Wärter eine graue Badekappe, auf der ebenfalls eine ‹77› aufgemalt war.
«Anziehen.»
«Was denn? Gehen wir zum Schwimmen, oder was?»
«Anziehen und Ruhe halten. Es dürfen keine Haare mehr zu sehen sein.»
Tarek gehorchte, zog die Badekappe über und erhielt noch ein paar Badelatschen aus Gummi, Bettzeug, ein Handtuch, ein Stück Seife und eine Zahnbürste.
Als Tarek alles in Händen hielt, legte ihm der Wärter Fußfesseln an, die aber nicht durch Ketten verbunden waren.
«Hände ausstrecken!»

Tarek gehorchte. Der Wärter legte ihm abermals Kabelbinder an und führte ihn ab.
Der helle, schattenlose Gang, durch den sie gingen, erinnerte Tarek an die Gangways auf Flughäfen, die zu den Maschinen führten. Oder an die Speiseröhre eines riesigen, künstlichen Wesens – wegen der Neonröhren, die man wie Rippen in Abständen rundherum angebracht hatte. Eine Röhre weiter hinten flackerte. Die Gummilatschen quietschten und patschten auf dem Kunststoffboden und machten ein hohles Echo. Es war sehr kühl. Tarek bekam eine Gänsehaut.
Der Gang endete in einem quadratischen Innenhof aus Kunststoffwänden, etwa sechs mal sechs Meter. An jeder Seite befand sich eine Gittertür, hinter der ein weiterer Gang abzweigte.
«Warten!» befahl der Wärter und klopfte mit seinem Knüppel an die gegenüberliegende Tür. Es gab nichts in dem Hof außer den Gittertüren. Nichts, woran sich der Blick festhalten konnte. Auch nichts zu hören. Nur das Summen der Neonröhren, das Atmen des Wärters und seinen eigenen Pulsschlag. Tarek trat von einem Fuß auf den anderen.
Ein weiterer Uniformierter erschien auf der anderen Seite des Gitters. «Ja?»
«Häftling 77 nach Desinfektion und Einkleidung zur Zellenbelegung bereit.»

3

Obwohl es kein Fenster gab und obwohl ihn ohne Uhr sein Zeitgefühl langsam verließ, schätzte Tarek, daß es schon Nachmittag sein mußte, als man sie aus den Zellen holte. In den letzten Stunden hatten die Wärter ständig neue Gefangene eingeliefert, bis alle vier Zellen belegt waren. Die Zellen. Drei schmale Pritschen übereinander, davor kaum Platz, daß man sich umdrehen konnte, schwarze Stahlgittertür. Dahinter der Korridor, etwa 3 Meter breit. Alles sehr hell, sehr sauber und sehr eng. Geruch von Plastik und Putzmitteln.
Ein Wärter stand am Ende des Flurs vor der einzigen Tür. Tarek und seine beiden Mitgefangenen horchten auf das Quietschen der Riegel, die knappen Anweisungen der Wachen, das Knarzen ihrer Stiefel auf dem Boden, die Geräusche und Stimmfetzen aus den Nachbarzellen.
«He, und was passiert jetzt mit uns?»
«Ruhe in den Zellen!»
«He, ich muß mal!»
«Später.»
«Dringend!»
«Ich auch!»
Der durchdringende Pfiff einer Trillerpfeife.
«Ruhe in den Zellen!»
In Tareks Zelle herrschte Schweigen. Sie warteten. Nur manchmal kreuzten sich die Blicke. 38 lag regungslos ausgestreckt auf der Pritsche. Die Ruhe selbst. Schien zu schlafen. 69 stand nervös am Gitter. Videokameras an der Flurdecke zielten genau in die Zellen. Tarek beobachtete, ob sie sich bewegten, aber vermutlich war ihr Winkel ohnehin weit genug. Vielleicht auch nur Attrappen, so auffällig, wie sie angebracht waren.

Tarek blickte sich um, versuchte alles im Geist zu fotografieren. Eine Lüftungsklappe in der Decke, die vermutlich ein Mikrophon verdeckte. Tarek kratzte sich. Der Baumwollstoff des Kittels juckte überall auf der Haut, der Zeh schmerzte immer noch. Ein kalter Luftzug strich ihm um die Füße, die in grünen Badelatschen steckten, und zog weiter die Beine hinauf unter den Kittel. Tarek klemmte sich den Kittelstoff zwischen die Beine und fror trotzdem. Die gefaltete Wolldecke auf seiner Pritsche rührte er nicht an. Was man einmal angerührt hatte, mußte man nehmen. So waren die Regeln.

«Schöne Scheiße, was?»
Keiner der beiden anderen reagierte.
«Habt ihr gewußt, daß wir solche Säcke tragen müssen? Ohne Unterhose? Wie im Krankenhaus.»
«Weiberkittel.»
«Du sagst es, Alter. Wie heißt du?»
69 am Gitter drehte sich um. «Joachim. Sag Joe.»
«Joe! Der coole Cowboy Joe! Ich bin Tarek. Sag Tarek. Schöne Scheiße, was, Joe? Wie haben sie dich denn hierhergebracht?»
«Mann, eh, ich komm vom Bäcker, und da standen voll die Bullen vor meiner Tür.»
«Right. Haben sie auch so eine Show abgezogen?»
«Mann, eh! Voll mit Adler und allem Drum und Dran.»
«Und bei dir? ... Eh, du da mit der 38! Wo haben sie dich geholt?»
Nummer 38 blickte nur kurz auf. «Auf dem Flugplatz.»
«Oh! Pilot?»
«Erraten!»

«Und wie heißt du, Pilot?»
Der Angesprochene strich seinen Kittel glatt. «Achtunddreißig.»
«Haha.»
«Scheiße, die waren alle am Fenster, als die Bullen mich abgeholt haben. Die denken doch jetzt, eh, ich bin voll der Knacki.»
«Und? Bist du doch jetzt», sagte 38.
«Tja, Joe, wo er recht hat, hat er recht. Wir sind jetzt Knakkis.»
Die Tür am Ende des Korridors öffnete sich. Zwei Wachen postierten sich breitbeinig an der Wand gegenüber den Zellen, während der dritte eine Zelle nach der anderen aufschloß und dann einmal scharf in seine Pfeife blies.
«Antreten! Eine Reihe bilden, Hände hinter den Rücken und weiter Ruhe halten!»
«Was kommt denn jetzt schon wieder?»
«Ich muß pissen!»
Der Wärter brüllte. «Ruhe halten! Ruhe!»

Tarek blickte nach rechts und links, als er sich einreihte, erkannte aber niemand unter den Häftlingen, was auch schwer war bei der Uniformierung. Er erkannte auch keinen der Wärter an der Wand wieder, vielleicht den links außen, der gerade seinen Nacken einrenkte, aber Tarek war sich nicht sicher. Was Tarek jedoch deutlich auffiel, trotz der verspiegelten Brillen, trotz der tief ins Gesicht gezogenen Mützen, war ihre Nervosität. Sie verzogen keine Miene, doch Tarek sah ihre Wangenmuskeln und bemerkte ihre leichte Unruhe. Der Wärter, der sie herausgeholt hatte, lief auf und ab, am Handgelenk baumelte locker der Schlag-

stock. Er kaute auf seiner Trillerpfeife herum und rieb seine Hände unablässig an der Hose, als wären sie klebrig.
«Hände hinter den Rücken!»
Ein Gefangener links von Tarek mit der Nummer 15 trat vor. «Ich verlange, daß mir auf der Stelle ...»
Sofort trat einer der Wärter vor und drängte ihn zurück in die Reihe. Der Wärter, der die Zellen geöffnet hatte, schrie ihn an.
«Zurück, Nummer 15!»

Als hätte er es einstudiert, betrat Claus Thon den Korridor. Wie bei der Begrüßung in der Universität trug er wieder seinen weißen Kittel. Diesmal aber lächelte er nicht. Sein Gesichtsausdruck war ruhig, er sprach zügig, knapp und förmlich.
«Guten Tag, meine Herren. Da Sie nun alle versammelt sind, kann ich Sie im Namen unserer Anstalt und des Wachpersonals begrüßen. Meinen Namen kennen Sie bereits. Für die Dauer Ihres Aufenthalts in dieser Anstalt werden Sie mich jedoch nur noch mit ‹Herr Direktor› anreden. Sie sind sicher überrascht über die Umstände Ihrer Einlieferung und Ihrer Unterbringung. Es gibt jedoch keinen Grund zur Beunruhigung. Wenn Sie sich ruhig verhalten und die Regeln befolgen, die wir gemeinsam mit dem Wachpersonal aufgestellt haben, wird Ihre Zeit hier wie im Flug vergehen. Bei Problemen, gleich welcher Art, bin ich nach Voranmeldung immer für Sie da. Und nun zu Ihrem Tagesablauf: Sie werden um 5.00 Uhr geweckt. Ihr Tag endet um 22.00 Uhr, dann wird das Licht gelöscht. Sie erhalten drei Mahlzeiten pro Tag, die Sie gemeinsam einnehmen. Dreimal täglich, jeweils einmal pro Wachschicht,

werden Sie zum Durchzählen aus Ihren Zellen geholt. Ihnen sind täglich drei beaufsichtigte Toilettengänge gestattet. Zweimal pro Tag, jeweils eine halbe Stunde, ist Hofgang.»

«Draußen?» rief Tarek dazwischen.

«Nein, hier.» Ohne Tarek weiter zu beachten, der noch etwas sagen wollte, fuhr Thon unbeirrt fort. «Sie erhalten Gelegenheit zum Lesen und Briefeschreiben. Papier und Stifte und Bücher werden vom Wachpersonal ausgegeben. Einmal pro Woche zu festgelegten Terminen ist Besuchszeit. Man wird Ihnen später auch noch leichte Arbeiten zuteilen, die Sie während des Tages ausführen können und die mit einer Mark pro Stunde zusätzlich vergütet werden. So, von meiner Seite war das alles. Der diensthabende Schichtleiter wird Ihnen nun die Regeln vorlesen. Bitte, Herr Strafvollzugsbeamter.»

Der angesprochene Wärter machte eine knappe Bewegung, blickte die Reihe der Gefangenen entlang, zog mit einer gemessenen Bewegung ein zusammengefaltetes Blatt Papier aus der Hemdtasche, entfaltete es, als sei es sehr wertvoll, und las mit kräftiger Stimme vor.

«Zur korrekten Durchführung der administrativen Routine und zur Aufrechterhaltung der Gefängnisordnung und der allgemeinen Sicherheit gibt es zehn Verhaltensgrundregeln, die von den Häftlingen auswendig gelernt und befolgt werden müssen.»

Murren und aufgeregte Bewegung pflanzten sich durch die Reihe der Gefangenen fort.

«Zehn Regeln!» rief der Wärter laut.

«Regel 1: Die Häftlinge dürfen während der Ruhe- und

Mahlzeiten, nach Löschen des Lichts und immer, wenn sie sich außerhalb des Gefängnishofes befinden, nicht sprechen.

Regel 2: Die Häftlinge dürfen ausschließlich bei den Mahlzeiten essen. Jede Mahlzeit ist vollständig aufzuessen.

Regel 3: Die Häftlinge haben in den Zellen Ordnung zu halten. Sie dürfen Wände, Decken, Türen, Einrichtung der Zellen oder anderes Gefängniseigentum weder bewegen, beschmutzen, daran herumbasteln noch auf sonstige Weise beschädigen.

Regel 4: Die Häftlinge dürfen ihre Anstaltskleidung, oder auch nur Teile davon, weder ausziehen, verändern noch beschädigen.

Regel 5: Es ist den Häftlingen verboten, private Gegenstände, Nahrungsmittel oder sonstige Dinge zu besitzen oder aufzubewahren.

Regel 6: Die Häftlinge haben sich untereinander nur mit ihren Nummern anzureden.

Regel 7: Die Häftlinge haben die Wärter mit ‹Herr Strafvollzugsbeamter› anzureden.

Regel 8: Es ist verboten, einen SVB festzuhalten oder sonstwie zu berühren.

Regel 9: Jeder Anweisung der SVB ist widerspruchslos und unverzüglich Folge zu leisten.

Regel 10: Das Nichtbefolgen einer der genannten Regeln kann bestraft werden.»

Der Wärter blickte auf und faltete das Papier ohne Kommentar wieder zusammen. Auf ein Zeichen verteilte ein anderer Wärter die Liste an die Gefangenen. Tarek grinste.
«Eine Frage, 77?»
«Schon gut.»
«Nur heraus damit!»
Tarek grinste weiter. «Was ist mit wichsen? Gilt das als Beschädigung von Gefängniseigentum?»
Ein paar Häftlinge aus der Reihe gluckten und prusteten, vor allem sein Zellengenosse Nummer 69 kriegte sich nicht mehr ein. Der Wärter beachtete den Einwand nicht, fixierte Tarek und zuckte kurz mit den Wangenmuskeln. Nummer 38 meldete sich.
«Darf ich etwas fragen, Herr Strafvollzugsbeamter?»
«Nummer 38?»
«Bestrafen – wie sieht das aus?»
Professor Thon deutete mit einer Hand auf eine Tür am anderen Ende des Korridors mit der Aufschrift «Black Box», und alle Köpfe folgten der Bewegung.
«In einfachen Fällen Liegestützen», erklärte Thon. «Bei schwereren Verstößen gegen die Anstaltsordnung haben wir dort drüben die Black Box. Eine licht- und schallisolierte Einzelhaftzelle, die extrem klein ist. Ich darf Ihnen versichern, daß ein längerer Aufenthalt dort keine reine Freude ist.»
Tarek schluckte und bekam den Blick nicht von der Tür weg. «Scheiße!» flüsterte er.
«Wie gesagt, bei schweren Verstößen», fuhr Claus Thon fort. «Nun, ich denke, damit ist auch alles gesagt. Also, angenehmen Aufenthalt, meine Herren.» Thon gab den Wachen ein Zeichen und verließ zügig den Korridor.

Die Reihe der Häftlinge lockerte sich. Die Männer traten auf der Stelle, rieben ihre Füße an den Beinen, kratzten sich, redeten. Der Wärter, der das Sagen zu haben schien, schritt die Reihe ab.
«Ihr seid Häftlinge!» rief er. «*Häftlinge*! Solange ihr hier seid, habt ihr die Regeln zu befolgen! Häftlinge haben die Regeln zu befolgen! 82, wiederhole!»
«Häftlinge haben die Regeln zu befolgen!»
«Wie heißt das?»
«Häftlinge haben die Regeln zu befolgen, Herr Strafvollzugsbeamter!»
«Korrekt. Also, wenn das in eure Köpfe eingedrungen ist, ist alles in Ordnung.»
Sie wurden nacheinander zur Toilette geführt. Als Tarek als sechster die winzige Naßzelle betrat, stank es schon. Aber es war weniger der Gestank, der ihm Übelkeit bereitete. Es war die Enge. Tarek hielt die Luft an, schloß die Augen und beeilte sich. Nach dem Toilettengang mußten sie sich wieder in einer Reihe aufstellen. Die Wärter wirkten jetzt selbstsicherer und ruhiger als vorher.
«Okay! Ich will noch eins sagen, bevor wir zur Routine übergehen können», begann der Schichtleiter wieder. «Zwei Dinge sind wichtig.» Er zählte es vor und nahm dabei Daumen und Zeigefinger zu Hilfe. «Ruhe. Und Ordnung. Ruhe. Und Ordnung. Ihr seid die Häftlinge, wir sind die Wachen. So ist das. Ihr denkt vielleicht, das ist alles nur ein Spiel, hier. Aber das ist es nicht. Es ist real.» Der Schichtleiter stampfte so energisch mit dem Fuß auf, daß es dröhnte. «Alles *real*! Das Gefängnis ist real. Wir sind real. Das müßt ihr kapieren. Solange hier Ruhe und Ordnung herrschen, solange ihr euch an die Regeln haltet, kommen

wir prima miteinander aus. Okay? Es ist ganz einfach. Aber wenn einer von euch besonders schlau sein will, wenn einer von euch versuchen sollte, die Ordnung zu gefährden, dann werdet ihr alle dafür geradestehen. Ist das angekommen? Es liegt an euch ... Okay? Also gut ... Durchzählen!»

Das Durchzählen lief flott und zackig ab. Anschließend mußten sie in ihre Zellen zurück, und alle drei Wachen verließen den Flur.

«Gibt's nicht bald was zu essen?» rief jemand aus Zelle 2. «Ich sterbe vor Hunger!»

Der Schichtleiter drehte sich um. «Ruhe! Hier wird nicht gestorben! Lernt lieber die Regeln! Ihr solltet sie morgen kennen!»

Nummer 38 legte sich sofort wieder hin und schloß die Augen. Die Behandlung durch die Wachen schien ihn nicht zu berühren. Der andere, Joe, jedoch versuchte, ein Zittern zu verbergen, setzte sich auf seine Pritsche und redete die ganze Zeit undeutlich vor sich hin. Von den Nachbarzellen unterdrücktes Gemurmel. Die Häftlinge hockten auf ihren Pritschen, sprachen leise miteinander oder standen an den Gittern.

«Sieht so aus, als würden sie wirklich ernst machen, was?» sagte Tarek am Gitter. «Und was, meint ihr, passiert jetzt?»

«Scheiße!» nuschelte Joe. «Die Arschlöcher! So eine Scheiße! Und der Kittel, der juckt voll!»

«Tja, danke. Sonst noch Wortbeiträge?»

Steinhoff sprach, ohne die Augen zu öffnen. «Gar nichts passiert jetzt. Verhaltet euch ruhig, das ist die beste Strategie.»

■ Boris Renzel nahm die Sonnenbrille und die Mütze ab, als er den Wachraum betrat, und wischte sich die Stirn mit dem haarigen Handrücken. Die beiden Männer, die ihm folgten, machten es ebenso. Der letzte, Berus, schloß sorgfältig die Tür hinter sich. Schweigend setzten sie sich an den weißen Tisch in der Mitte des Raumes.
«Sollte nicht einer auf sie aufpassen?»
«Zehn Minuten», sagte Renzel, der in dieser ersten Schicht als Schichtleiter eingeteilt war. «Ich brauch 'ne Pause.»
«Ich auch!» sagte Ulrich Tode, der kräftigere der drei, und kramte in den Schränken nach Kaffee und Filtertüten. «Und 'n Mokka.»
Renzel lehnte sich auf seinem Stuhl zurück.
«Was meint ihr, wie ist es gelaufen?»
«Ich glaube gut», sagte Tode. «Du warst gut.»
«Und du, Berus, was meinst du?»
«Ja, denke ich auch. Gut, eigentlich. Sie haben es kapiert.»
«Eben. Ich finde, es ist wirklich gut gelaufen.»
«Ja. Irgendwie.»
«Anstrengend.»
«Total anstrengend, echt. Ich bin völlig groggy.»
«Ausgepowert.»
«Schaut mal, wie ich schwitze.»
Die Männer rauchten schweigend.
«Sie haben es kapiert.»
«Habt ihr sie beobachtet?» Tode, der keinen Kaffee gefunden hatte, kam zurück. «Sie sind so ... so nervös.»
«Logisch, Mann. Und ich erst.»
«Eh, als 53 da ausgerastet ist!»
«Wir haben's doch gut in den Griff bekommen.»
«Ja, haben wir.»

«Der Professor war zufrieden.»
«Das ist die Hauptsache.»
«Mann, und sie sehen so scheiße aus!»
Die Männer lachten.
«Die Kittel! Und die beknackten Badekappen!»
«Voll daneben!»
«Da haben sie sich wirklich die letzten Dumpfbacken für das Experiment rausgesucht.»
«Echt!»
«Total fickerig waren die, habt ihr gesehen? Wegen der Verhaftung und allem.»
«Klasse Idee mit der Verhaftung, was?»
«Hat sie angeschossen, habt ihr gesehen?»
«Aber verrückt, echt. Zwölf Gefangene und nur drei Wärter pro Schicht. Wenn die mal richtig ausrasten, so fickerig wie die sind.»
«Müssen wir nicht wieder raus? Ich meine, Dienst ist Dienst. Ist auch bald Zeit für das Abendessen. Ich hab kein gutes Gefühl, wenn wir die alleine lassen.»
«Cool, Berus! Ist doch alles ruhig da drüben! Eine Zigarette noch, dann machen wir weiter.»
«Ich mein ja nur.» Berus machte eine Drehbewegung mit dem Kopf, bis es leise knackte.
«Nur die Ruhe, Berus. Wir kriegen noch genug zu tun. Sag mal, hast du was?»
«Bloß Verspannungen. Nicht schlimm.»
«Das kenn ich. Eh, Tode, warum hast du dich eben so zurückgehalten? Du könntest dich ruhig ein bißchen aktiver einbringen. Wir sind ein Team.»
«Ich kann nicht so gut schreien.»
«He, dann ist das doch hier die beste Gelegenheit, es zu ler-

nen! Laß die Sau raus! He, sagt mal, was haltet ihr von einem kleinen Umtrunk nach Dienstschluß. Auf gute Teamarbeit und so.»
«Gute Idee.»
«Wann ist eigentlich Schluß heute?»
«Zehn. Wenn die Kollegen pünktlich sind.»
«Eh, wehe!»
«Da kommt noch was auf uns zu, sage ich euch. Habt ihr 77 bemerkt? Das ist bestimmt so ein Revoluzzertyp. Ich weiß gar nicht, wieso sie den zugelassen haben.»
«Mann, hau mir ab mit Revoluzzertyp!»
«Kann sein, daß der uns noch schön auf der Nase rumtanzt.»
«Darf nicht passieren.» Renzel sah in die Gesichter der beiden Männer. «He, Leute, die Sache ist doch easy. Sie sind in der Überzahl, okay. Aber sie sind eingesperrt, und wir sind die Bosse. Das müssen sie nur checken. Wenn nicht, mischen wir sie auf.»
«Am besten gleich in die Black Box. Beim ersten Versuch.»
«Nein», wandte Berus ein. «In der Box sind sie weg vom Fenster. Das schreckt *einen* ab, aber nicht die anderen. Ich finde, wir sollten jemanden ausgucken, an dem wir vorbeugende Maßnahmen vorführen, damit erst niemand auf dumme Gedanken kommt.»
«Du bist ja hart drauf!» sagte Tode erstaunt.
Berus zuckte mit den Achseln. «Nur ein Vorschlag.»
«Finde ich okay», sagte Renzel. «Warum nicht? Knast ist Knast, und Schnaps ist Schnaps. Sie wußten, was sie erwartet, sie kennen die Regeln und müssen sich dran halten. Wen nehmen wir?»
Tode hielt sich zurück.

«Warum nicht 77?» schlug Berus vor. «Ich kenne ihn. Er hat mich mal beklaut. Ich bin sicher, der wird sowieso noch ein Problem.»
Renzel nickte. «Irgendwelche Gegenvorschläge?»

... Fünf ... Sechs ... Sieben ... Acht ... Neun ... Tarek hatte Liegestütze schon immer gehaßt ... Zehn ... Schon in der Schule. Jetzt gerade die zehnte geschafft, und er keuchte schon. 38 neben ihm sah besser aus, auch der kleine Joe. Die beiden waren bereits bei zwanzig und pumpten auf dem kühlen Flurboden schnell auf und ab.
«Weiter, 77!» rief der Wärter, der sie beaufsichtigte. «Beweg dich! Tiefer! Noch tiefer!»
Sie waren zurückgekommen und hatten alle zum Abendessen aus den Zellen geholt. Nur Tarek und seine Mitbewohner nicht. Wegen der Liegestütze.
Der Wärter baute sich vor Tarek auf.
«Du reißt ja ziemlich die Klappe auf, 77.»
«Ist mein Beruf.»
«Was bist du? Ein professionelles Arschloch?» Der Wärter lachte. «Damit wirst du hier nicht alt, 77.»
«Habe ich auch nicht vor.»
Der Wärter wandte sich ab. «So, und weil 77 immer noch die Klappe aufreißt, noch mal dreißig für alle, und ihr könnt zum Essen. Falls ihr es rechtzeitig schafft. Und immer dran denken, Leute, welcher Glückszahl ihr das zu verdanken habt. Vielleicht achtet ihr in Zukunft besser auf euren Wichs-Kumpel.»
«Leck mich doch!»
«Macht also noch mal plus zehn für alle.»
«Eh, aufhören!» keuchte Joe. «Ich will was essen.»

«Wie heißt das, 69?»
«Entschuldigung, Herr Strafvollzugsbeamter.»
«Sehr gut. Wieviel hast du schon?»
«Achtundzwanzig.»
«Wie heißt das?»
«Achtundzwanzig, Herr Strafvollzugsbeamter.»
«Schon besser. Weitermachen.»
Sie schafften es nicht mehr rechtzeitig. Als Tarek seine fünfzigste Liegestütze hinter sich gebracht hatte und völlig ausgepumpt auf dem Boden lag, führten die beiden anderen Wärter gerade die Gefangenen in einer Reihe zurück in die Zellen.
38 und 69 sagten kein Wort, als sie hungrig wieder in die Zelle gesperrt wurden, sahen Tarek kaum an. 38 legte sich sofort hin und schlief ein. Joe saß auf der Kante seiner Pritsche und keuchte vor Anstrengung. Tarek streckte sich auf der Pritsche aus, schloß die Augen und mußte an die Grube im Wald denken. Sofort öffnete er die Augen wieder.
«So eine Scheißidee mit diesem Experiment.»
«Halt die Fresse, Kameradenschwein!» zischte Joe ohne aufzusehen.
Tarek richtete sich ein wenig auf. Er hatte das Wort schon auf der Zunge, schluckte es dann jedoch wieder herunter. Er fühlte sich für einen Streit sowieso zu müde. Vielleicht morgen. Ein bißchen Streß, den ganzen Laden ein bißchen aufmischen, vielleicht. Tarek schloß die Augen und versuchte, gleichmäßig zu atmen.

Die Zeit stand still oder verrann. Tarek wußte es nicht mehr. Er wunderte sich, wie rasch so etwas ging. Trockene Lippen. Eine Ader am Hals pulste. Wenn man auf der Pritsche lag und die Hand ausstreckte, konnte man die gegenüberliegende Wand fast berühren. Tarek versuchte, die Größe der Zelle zu schätzen, aber der helle, glatte Kunststoff irritierte das Auge. Tarek zog den Arm schnell zurück. Er blinzelte zur Decke, kniff die Augen zusammen, bis er Sternchen sah, und horchte auf die Gespräche aus den Nachbarzellen. Es war anstrengend, denn obwohl die Kunststoffwände nicht dick waren, verzerrten sie die Stimmen zu einem dumpfen Brei.

«Da haben sie aber echte Arschlöcher als Wachen ausgesucht.»

«Das sollte doch alles zufällig sein.»

«Ja, das glaubst du. Hast du doch gemerkt. Und die Verhaftung und alles?»

«Ich weiß nicht, ob ich unter diesen Umständen hier lange mitmachen will.»

«He, und der Vertrag?»

«Scheiß ich drauf.»

Jemand lachte gepreßt.

«Gibt's hier eigentlich eine Dusche?»

«Ich mach das nicht mit. Echt nicht. Ich steig aus!»

«Und dieses Licht!»

«Mann, du nervst.»

«Die fühlen sich bestimmt supercool mit den Brillen.»

«Die brauchen das.»

«Geduscht wird im Klo.»

«Und was ist diese Black Box?»

«Hast du doch gehört. Einzelhaft.»

«Black Box.»
«Schlimmer als beim Bund.»
«Du hast ja keine Ahnung.»
«Das Essen war total laff.»
«Paß mal bloß auf, da drüben!»
«Und total wenig.»
Die Zeit war ein dumpfes Genuschel. Rauschen der Wände. Pochen hinter dem Ohr. Knacken der Neonröhren.
Irgendwann Schichtwechsel. Die Nachtschicht übernahm. Drei neue Wärter, sie ließen alle einmal kurz antreten, durchzählen, fertig. Nach kaum zehn Minuten verschwanden die Wärter wieder.
Irgendwann das Kommando zum Schlafen, und kurz danach ging mit einem Schlag das Licht aus. Tarek war überrascht, wie dunkel es war, trotz der hellen Kunststoffwände. Eine Weile raschelte es noch in den Nachbarzellen, bis sich alle in ihre Wolldecken gewickelt hatten. In Zelle 2 wurde geflüstert. Sofort erschien einer der Wärter mit einer Taschenlampe auf dem Flur und leuchtete in die Zelle.
«Licht aus, heißt Ruhe! Leg dich hin, Nummer 15.»
«Kann ich noch eine Decke haben ... Herr Strafvollzugsbeamter?»
«Abgelehnt.» Der Wärter leuchtete in jede Zelle. «Wer nicht still ist, macht Liegestützen, bis er einschläft.»
Tarek lag auf dem Rücken unter der Wolldecke, die kaum wärmte und noch schlimmer juckte als der Kittel, er starrte ins Dunkel und versuchte, von Dora zu träumen. Ihre merkwürdig linkischen Bewegungen manchmal, ihre Stimme, wie sie an ihrer Halsbeuge roch, wie sich ihre Brüste anfühlten. Aber es gelang ihm nicht richtig. Das Bild war unscharf, vermischte sich immer wieder mit den Gesichtszügen von

Drese, Ziegler, den Wärtern und dem Jungen in der Grube. Tarek summte leise, hörte aber sofort wieder auf, als er es merkte. Sein Magen knurrte. Über seinem Kopf spürte er die Bewegung von 38 durch die Matratze. Ganz oben stöhnte 69. Allmählich wurde es still um ihn herum, die ersten Schnarcher setzten ein. In der Dunkelheit konnte man sich die Räume viel größer vorstellen. Aber dann stürzten sie plötzlich zurück, verengten sich, schnürten ihm die Luft ab. Fremde, gefährliche Welt. Hyänenschreie ganz nah. Strenger Wildgeruch. Geschmack von Blut. Tarek leckte sich die trockenen Lippen.

Plötzlich glitt ein Schatten neben Tarek herab, und ein warmer, schlechter Atem hauchte ihm dicht ins Gesicht. Tarek erschrak, aber eine Hand drückte ihn sofort wieder auf die Pritsche.

«Tu das nie wieder, Arschloch!» zischte 69 so dicht an seinem Ohr, daß er es fast mit seinen Lippen berührte. «Hörst du, Kanake? Reiß nie wieder so die Klappe auf, hörst du, nie wieder!»

Selbstorganisation und soziale Dynamik in einem simulierten Gefängnis

Prof. Dr. Claus P. Thon
et al.

Um die psychischen Auswirkungen einer Haft auf freiwillige Versuchspersonen experimentell zu untersuchen, sollte eine Stichprobe normal durchschnittlicher, emotional stabiler Männer, zufällig verteilt auf Wärter oder Gefangene, zwei Wochen in einer gefängnisähnlichen Situation[1] zubringen. Obwohl dieses Scheingefängnis keine reale Haftanstalt war, war sie in funktionaler Hinsicht (z. B. Entzug der Freiheit für einen bestimmten Zeitraum) realistisch genug, die VP in die tieferen Strukturen der Gefangenen- und Wärtermentalität eindringen zu lassen[2].
Aus ethischen und pragmatischen Gründen konnten weder Langzeithaftbedingungen untersucht werden noch die Effekte körperlicher Züchtigungen, noch konnten rassistische Diskriminierungen oder homosexuelle Praktiken zugelassen werden. Gleichwohl glaubten wir, eine hochkontrollierte Situation schaffen zu können, die realistisch genug wäre, daß unsere rollenspielenden Versuchspersonen sich wirklich wie in einem Gefängnis fühlten.

Ausgehend von der Frage «Wie reagiert ein normaler Mensch in einer Gefängnissituation als Wärter oder Gefangener?», hatten wir die Hypothese, daß der normale, durchschnittliche Mensch in einer solchen Situation zwar Gefühle von Macht bzw. Ohnmacht empfinden, die Situation aber durchaus aushalten und kontrollieren würde, ohne daß es zu extensiver Aggression kommen würde[3].
Das Versuchsdesign war relativ einfach. Die Versuchspersonen wurden zufällig einer der beiden Versuchsgruppen «Wärter» oder «Gefangener» zugeteilt und sollten zwei Wochen ihre jeweilige Rolle in einer Umgebung spielen, die einem Gefängnis glich. Die Versuchspersonen reagierten dabei, abhängig von der Zuordnung, sehr unterschiedlich auf den Streß und die Anforderungen, die mit ihrer Rolle verbunden waren[4].
Die 21 Versuchspersonen, die an dem Experiment teilnahmen, wurden aus 127 Personen ausgewählt, die sich auf eine Anzeige in einer Tageszeitung meldeten, in der eine Bezahlung von 200,– DM pro Tag für die Teilnahme an einem sozialwissenschaftlichen Experiment angeboten wurde. Die 127 Personen durchliefen eine umfangreiche Testreihe[5] aus Fragebögen, EEG, EMG, EKG, dichotischen und neurologischen Tests, die ihren familiären Hintergrund erfaßte,

ihren physischen und psychischen Zustand, Psychopathologien, Vorstrafen, anti-soziale Verhalten oder Drogenmißbrauch[6].

Schließlich wurden 21 Personen ausgewählt, die in den Persönlichkeitstests genau im Durchschnitt der Bevölkerung lagen, körperlich gesund und emotional besonders stabil waren. Die VP waren alle männlich (um Geschlechter-Effekte zu vermeiden), zwischen 23 und 43 Jahre alt, kamen aus etwa der gleichen mittleren sozialen Schicht und kannten sich vorher nicht. Per Zufall wurden 9 Personen der Versuchsgruppe «Wärter» und 12 Personen der Gruppe «Gefangene» zugeteilt.

Das Gefängnis wurde im Keller der Universität eingerichtet. Die schalldichte Konstruktion der Wände[7] bestand aus flexiblen weißen und hellgrauen Kunststoffelementen aus dem Messebau, die von Neonröhren gleichmäßig beleuchtet wurden.

Von einem kreuzartig angelegten Trakt mit dem Innenhof für den Hofgang (6 × 6 m) als Mittelpunkt führten ein Flur mit den 4 Zellen (2,50 × 2,50 m), der Bereich der Wachen und der Untersuchungsräume und der Gang mit einer Ausgangsschleuse ab.

Die 4 kleinen Zellen wurden mit einer soliden, schwarzlackierten Stahlgittertür verschlossen. Die Einrichtung der Zellen bestand nur aus drei

Pritschen (mit Matratze, Decke und Kissen). Am Ende des Zellenflurs lagen eine Naßzelle mit Toilette und Waschbecken sowie eine Einzelhaftzelle, die beide extrem klein waren (ca. 1 × 1 m). Zusätzlich gab es einen Raum für Besuche, einen Aufenthalts- und Umkleideraum für die Wärter sowie einen separaten Raum für Interviews durch die Versuchsleiter. Sämtliche Räume wurden durch eingebaute Kameras und Mikrophone von Mitarbeitern des Instituts rund um die Uhr überwacht.
Alle Versuchspersonen stimmten zu, die ihnen per Zufall zugewiesene Rolle für 200,– DM am Tag zu spielen. Auf die Frage, welche Rolle sie vorzögen, antworteten alle Personen, sie zögen es vor, «Gefangener» zu sein. Die VP unterzeichneten einen Vertrag, der eine minimale adäquate Kost garantierte, Kleidung, Unterkunft und medizinische Versorgung[8]. In diesem Vertrag wurde explizit festgehalten, daß sie für die Dauer der Studie unter Beobachtung stehen, daß sie wenig oder keine Privatsphäre haben würden und daß ihre bürgerlichen Rechte teilweise eingeschränkt oder aufgehoben werden könnten (das Recht auf körperliche Unversehrtheit ausgeschlossen).
Die «Gefangenen» blieben während der ganzen Untersuchung 24 Stunden in dem Gefängnis. Drei «Gefangene» teilten sich jeweils eine Zelle.

Die «Wärter» arbeiteten in 3-Mann-Schichten zu je 8 Stunden. (Früh: 5.00–13.00 Uhr, Spät: 13.00–21.00 Uhr, Nacht: 21.00–5.00 Uhr.) Sie blieben nur während ihrer Schicht in dem Gefängnis und gingen in der übrigen Zeit ihrem ganz normalen Leben nach. Für die VP der Wärtergruppe gab es zwei Tage vor Versuchsbeginn ein Orientierungstreffen in dem Gefängnis, um sich mit der Situation vertraut machen zu können. Ihnen wurden nur minimale Richtlinien für ihre Arbeit gegeben, um sie möglichst wenig zu beeinflussen. Es wurde ihnen erklärt, daß es ihre Aufgabe sei, für ein «vernünftiges Maß an Ordnung» zu sorgen, damit das Gefängnis «effektiv funktionieren» könne. Dabei sollten sie «auf alles vorbereitet» sein und «angemessen auf eine Vielzahl von unterschiedlichen Situationen» reagieren können, außer mit körperlicher Gewalt.
Zusammen mit dem Versuchsleiter stellten die Wärter dann einen Katalog von 10 Verhaltensregeln[9] für die Gefangenen zusammen und hatten Gelegenheit, sich für das gemeinsame Vorgehen zu besprechen.
Als alle Zellen besetzt waren, wurden die Gefangenen von einem der Wärter begrüßt, der auch die Regeln verlas, die von den Gefangenen auswendig gelernt und befolgt werden mußten. Die Gefangenen erhielten drei Mahlzeiten pro Tag.

Drei überwachte Toilettengänge und zwei Stunden zum Lesen und Briefeschreiben wurden gestattet. Kleinere Arbeiten wurden ausgegeben, die mit 1,– DM pro Stunde zusätzlich vergütet wurden. Dreimal am Tag, zu Beginn jeder Wachschicht, mußten sich die Gefangenen in einer Reihe zum Durchzählen aufstellen.
Um ein Gefühl der Anonymität in den VP zu erzeugen, erhielt jede Gruppe identische Uniformen.
Für die Wärter bestand die Uniform aus militärisch wirkenden, khakifarbigen Hosen und Hemden mit Schulterklappen und verspiegelten Sonnenbrillen, die Augenkontakt ausschlossen. Die Wärter erhielten eine Trillerpfeife und einen Polizeischlagstock (aus Hartgummi) als Symbole von Macht und Kontrolle.
Die Gefangenenkleidung bestand aus einem weiten, knielangen, grauen Baumwollhemd mit einer Identifikationsnummer vorne und hinten. Unterwäsche gab es nicht. Die Gefangenen trugen Gummisandalen und graue Badekappen als Kopfbedeckung. Eine Eisenmanschette mit einem Schloß wurde zusätzlich an einem Fußgelenk angebracht. Jeder Gefangene erhielt eine Zahnbürste, Seife, ein Handtuch und Bettzeug. Weitere persönliche Dinge waren in den Zellen nicht erlaubt.
Die Kleidung der Gefangenen diente nicht nur

ihrer Deindividuation, sondern auch als Symbol ihrer Abhängigkeit. Die schlecht sitzende Kleidung ohne Unterwäsche erzeugte ein unwohles Gefühl, überdies nötigte es die Gefangenen zu ungewohnten Haltungen, mehr zu denen von Frauen als von Männern.
Mit Unterstützung der örtlichen Polizei wurden alle «Gefangenen» am Tag des Versuchsbeginns unerwartet zu Hause verhaftet. Ein Beamter beschuldigte sie verschiedener schwerer Straftaten, legte ihnen Handschellen an, durchsuchte sie und führte sie (oftmals unter den Blicken neugieriger Nachbarn) ab.
Auf der Wache durchliefen sie eine routinemäßige erkennungsdienstliche Erfassung. Dabei wahrten die Beamten einen sachlichen, korrekten Tonfall und beantworteten keine Fragen. Anschließend wurden die VP mit verbundenen Augen in das Scheingefängnis verbracht. Dort wurden sie mit einem «Desinfektionsspray» (einem Deodorant) besprüht, erhielten ihre Identifikationsnummer und ihre Haftkleidung, wurden in ihre Zellen geführt und angewiesen, sich ruhig zu verhalten.

4

Der Tag begann so abrupt, wie er geendet hatte. Übergangslos, ohne Dämmerung, ohne Zeit, die letzten Traumbilder noch einmal in Ruhe ausatmen zu können. Tarek schreckte hoch, als die Neonröhren aufflammten.

«*Aufstehen!*»

38 stand bereits und strich seinen Kittel glatt. Die drei Wärter der Frühschicht ratterten mit den Schlagstöcken an die Gitterstäbe. Sie trugen die gleiche Uniform, die gleichen Spiegelbrillen, die keinen Augenkontakt erlaubten. Einer von ihnen unterschied sich von den anderen. Sah aus wie eine Ente. Tarek überlegte, wo er ihn schon einmal gesehen hatte. Bei dem, der das Kommando hatte, war er sich dagegen sicher. Elvis aus der Burgerstube.

«Vor den Pritschen aufstellen!»

Einige standen schon, die Langschläfer wurden angetrieben.

«Los, schneller! Das muß viel schneller gehen. Eh, 74, 86! Aufstehen.»

Nebenan schlugen wieder Schlagstöcke an die Gitter. Vor den Pritschen Gedränge, kaum Platz für drei. Tarek gähnte seine Zellengenossen an und hing seinem letzten Traum nach. 38 wirkte so gleichmütig und überlegen wie gestern. 69 schlug sich mit der flachen Hand gegen die Stirn, um wach zu werden. Er warf Tarek einen kurzen Blick zu, den Tarek erwiderte, bis der Junge auswich. Tarek griff sich unter den Kittel und kratzte sich ausgiebig. Schlechter Geschmack im Mund. Wovon hatte er geträumt? Alles weg.

Elvis aus der Burgerstube schloß die Zellen nacheinander auf, kaute auf irgendwas herum, machte knappe Zeichen mit dem Daumen. «Raustreten zum Durchzählen!»

Niemand beeilte sich. Einige murrten. Als der Wärter zu Tareks Zelle kam, grinste Tarek ihn an.
«Raustreten! Was gibt's da zu nicken, 77? Beweg dich und schwuchtel mich nicht an! Alle in einer Reihe. Handtücher nicht vergessen! Und schneller! Warum steht die 21 neben der 53? Kannst du nicht zählen? Der Reihe nach aufstellen!»
Es dauerte eine Weile, bis ihm die Reihe gefiel und die Häftlinge durchgezählt hatten. Die meisten mußten angetrieben werden. Keiner machte schnell, aber jeder verfolgte genau die Wachen und wich den spiegelnden Blicken aus, wenn einer der Wärter ihn fixierte.
«Morgen zusammen!» begann der Wärter schließlich. Tarek fand es amüsant, wie geziert er sich bewegte. Wippte breitbeinig leicht in den Knien, drehte sich um die Hüfte, hob die Arme. Bühnenshow. Tarek stieß Nummer 38 heimlich an und zischte: «Guck mal, der King lebt!»
«Also, das Aufstehen hat jetzt ... dreizehn Minuten gedauert. Das ist too much! Das muß noch viel besser klappen. Wenn nicht, üben wir es, *bis* es klappt. Okay. Den Nummern nach ab zum Waschen. Jeder hat zwei Minuten ... Und go!»
Es gab keine Dusche, nur Waschlappen zum Abreiben. Tarek hielt sich erst gar nicht mit Waschen auf. Die zwei Minuten reichten gerade für das Nötigste, bis der Wärter heftig an die Tür klopfte und sie kurz danach einfach aufriß.
Anschließend Bettenmachen. Es gab eine genaue Vorschrift, wie die Matratzen bezogen, wie Decke und Handtücher gefaltet werden mußten. Laken zweimal, Decke einmal quer. Handtücher einmal längs, einmal quer. Nahtkanten bündig übereinander. Die Wachen überprüften das

Ergebnis mit einem Lineal, während die Häftlinge vor den Zellen warteten. Wenn irgendeine Kleinigkeit nicht stimmte, rissen sie einem das gesamte Bettzeug von der Matratze, und man mußte von vorn beginnen.
Keine Pritsche ohne Mängel.
«Zu groß gefaltet, Nummer 21.»
«Nennst du das ordentlich, 82? Noch mal!»
«Das Handtuch gehört *auf* die Decke, 53.»
«Aber dann wird sie doch feucht!»
«Laken, Decke, Handtuch. Das ist die Ordnung, *got it*?»
«Nein, das ist schwachsinnig. Ich mach das nicht!»
«Ach ja? Ich sag dir was, 53. Du machst es entweder nach Vorschrift, oder die ganze Zelle bleibt ohne Frühstück. Ende der Durchsage. Und noch mal für alle: Laken, Decke, Handtuch. Ich kontrolliere das in fünf Minuten noch mal. Bevor die Betten nicht tiptop gemacht sind, gibt es kein Frühstück!»
Sechsmal. Tarek mußte sein Bett sechsmal neu beziehen. Immer wieder kam der Wärter, nahm Maß und riß ihm das Laken und die Decke von der Matratze.
«Und noch mal, 77! Wir haben ja Zeit.»

Danach endlich Frühstück. Der Speiseraum. Ein Raum wie alle anderen, nur etwas größer. Es gab nur eine Tür und eine große Lüftungsklappe in der Decke zwischen den Neonleuchten. In der Mitte zwei lange Plastiktische mit Plastikklappstühlen davor. Grau, wie alles hier. Auf jedem Platz stand bereits ein Kantinentablett. Auch das Essen sah grau aus.
«Ruhe, 77!»
«Ich hab gar nichts gesagt!»

«Erste Ermahnung, 77!»
Die Wärter hatten sich im Raum verteilt. Einer stand an der Tür und notierte sich etwas. Die beiden anderen patrouillierten durch den Raum und nestelten an ihren Schlagstökken herum.
Zwei Scheiben bleiches Toast, ein Klecks Margarine, ein Klecks gelber Marmelade ohne Geschmack, nur süß, eine Viertellitertüte mit Milch. Das war alles.
«Ihr habt zehn Minuten! Und go!»
«Gibt's keinen Kaffee?» zischte Tarek den bulligen Häftling mit den geplatzten Äderchen auf den Wangen an, der ihm gegenübersaß. Nummer 40 zuckte kaum merklich mit den Schultern.
«Eh, ohne Kaffee kann ich nicht! Scheiß Milch.»
«Nummer 77, zweite Ermahnung!»
Tarek stöhnte, probierte die Milch und schob sie von sich. Er preßte die Toastscheiben zu Kugeln und aß sie trocken.
«Noch vier Minuten!»
Tarek beobachtete die anderen Gefangenen. Die meisten beobachteten verstohlen und irritiert die Wärter. Kurze Blicke flogen über die Tische, manchmal ein Nicken. Kein Grinsen. Gesprochen wurde nicht. Regel 1. Alle rutschten ungemütlich auf ihrer Bank herum, suchten eine Sitzposition, die sich in dem Kittel aushalten ließ. Manche schlugen die Beine seitlich übereinander wie Frauen, so daß sie mit verdrehtem Körper am Tisch saßen, als bemühten sie sich, besonders vornehm zu wirken.
«Noch drei Minuten! Und denkt an Regel 2: Jede Mahlzeit ist vollständig aufzuessen.»
Die Wachen gingen durch die Reihen und überprüften die Milchtüten.

«Ich kann Milch nicht ausstehen», erklärte Tarek, als Elvis bei ihm war.
«Nur Schwule mögen keine Milch. Bist du schwul, 77?»
«Nein, aber was ...»
«Dann austrinken, 77! Regel 2.»
Tarek blickte den Wärter an, der jetzt eine drohende Haltung vor ihm einnahm. Tarek zog ein Gesicht und würgte die Milch herunter.
«Ich hab schon im Schichtbericht über dich gelesen, Nummer 77. Du hast eine große Klappe, nicht wahr?»
Tarek sagte nichts. Der Wärter prüfte die Tüte erneut.
«Da ist noch was drin.»
«Die ist leer!»
«Ich verstehe nicht, Häftling 77. Wie heißt das?»
Tarek holte tief Luft. «Da ist keine Milch mehr in der Tüte, Herr Straf-voll-zugs-be-am-ter.»
«Austrinken, du Schwuli!»
Tarek rührte sich nicht. Unvermittelt knallte der Wärter seinen Stock auf den Tisch, daß sämtliche Tabletts scheppernd einen Satz machten. Ein Geräusch wie ein Schuß. Sofort wurde es still im Raum. Alle beobachteten ihn und den Wärter.
Tarek schüttelte den Kopf. «Ihr habt sie doch nicht alle!» Er setzte die Tüte langsam noch einmal an, lutschte an den letzten Tropfen, die noch herauskamen, und setzte die Tüte langsam wieder ab. Dabei ließ er den Wärter keinen Moment aus den Augen. Der Wärter prüfte die Tüte wieder, nickte dann und steckte seinen Stock wieder ein. «Siehst du, Nummer 77? *Jetzt* ist sie leer.»

■ «Was ist denn los?» fragte Thon atemlos, als er in den kleinen Raum mit den vier Monitoren trat. Der Student drehte sich auf seinem Stuhl herum und zeigte aufgeregt auf Monitor 2.

«Es gab vorhin eine ziemlich heftige Aktion im Speiseraum. Eine der Wachen hat Nummer 77 gezwungen, seine Milch auszutrinken.»

Thon blickte den Studenten verärgert an. «Und deswegen rufen Sie mich zu Hause an? So sind die Regeln! Die Wachen müssen auf ihrer Einhaltung bestehen.»

Der Student rutschte auf seinem Stuhl herum. «'tschuldigung. Aber er hat den Knüppel auf den Tisch geknallt, echt heftig, und dabei hatte Nummer 77 schon alles ausgetrunken. Müßte man da nicht einschreiten?»

«Ach, was!» Thon starrte auf den dritten Monitor, der den Zellenflur von oben zeigte. Einige Häftlinge saßen auf ihren Pritschen und sahen vier anderen Häftlingen zu, die unter der Aufsicht der Wachen Liegestütze machten.

«Was passiert da gerade?»

«Sie werden dafür bestraft, daß sie beim Essen geredet oder die Anrede vergessen haben. Jeder Verstoß gegen eine Regel kostet zehn Liegestütze. Nummer 77 hat die meisten bisher.»

«Interessant.» Thon verfolgte die Bestrafung eine Weile und richtete sich dann auf. «Wann werden Sie abgelöst?»

«Gleich.»

«Okay.» Thon sah auf seine Uhr. «Ich gehe jetzt rüber ins Büro. Am Nachmittag mache ich die Interviews mit den VP. Rufen Sie mich, falls bis dahin etwas vorfällt. Ich meine eine wirklich auffällige Aktion. Alles andere wird sowieso zusammen ausgewertet.»

«Tut mir leid.»
«Schon in Ordnung. Man weiß nie, welches Verhalten wirklich interessant ist. Es geht hier nur um die Datenaufnahme. Wir müssen alles möglichst neutral sammeln und uns dann später die Daten genau ansehen. Wenn wir permanent eingreifen, wäre das, als wenn ein Chemiker seine Proben mit den Fingern umrührte. Ist doch einleuchtend, oder?»
Der Student nickte höflich.
«Was Sie wirklich melden müssen, sind echte tätliche Angriffe», fuhr Thon fort. «Aber das wird nicht vorkommen. Die VP sind ausdrücklich darauf hingewiesen worden, daß körperliche Gewalt verboten ist. Okay?»
Der Student nickte. Als Thon den Raum verlassen hatte, atmete er aus und wandte sich wieder den Monitoren zu. Er wollte sich Kaffee nachschenken, aber die Thermoskanne war leer. In diesem Moment trat Jutta Grimm ein.
«Morgen, Lars.»
«Morgen, Jutta. He, du bist zu früh.»
«Ich war neugierig. Außerdem wollte ich nicht gleich alleine dasitzen. Läuft alles?»
«Sie spielen es total echt. Fast filmreif.»
«Irgendwas passiert?»
Lars zögerte. «... Nö. Nicht wirklich. Schau es dir einfach an. Es ist lustig. Vor allem, wenn man den Ton abdreht. Die armen Schweine, die das alles nachher auswerten müssen. Sag mal, kommst du mit, neuen Kaffee holen?»
«Und was ist mit ...» Sie zeigte auf die Monitore.
«Ach, hier passiert nichts. Sie machen gerade Liegestütze. Danach müssen sie ihre Urin- und Speichelproben abgeben. Alles normal.»

■ Die Wachen gaben jedem einen numerierten Plastikbecher für die Urinprobe. Außerdem mußten sie auf einem Zahnarzttampon herumkauen, um es gründlich einzuspeicheln. Die Watte mit der Sputumprobe für die Bestimmung des Cortisonspiegels kam anschließend in ein kleines numeriertes Plastikröhrchen.
Mit den vollgepinkelten Bechern und den Sputumröhrchen in der Hand standen sie dann wieder in einer Reihe vor den Zellen. Test. Wer eine Regel nicht wußte, mußte den Becher absetzen, über dem Becher fünf Liegestütze machen und die Regel erneut lernen.
«Regel 5, Häftling 74?»
«Es ist den Häftlingen verboten, private Gegenstände, Nahrungsmittel oder sonstige Dinge zu besitzen oder aufzubewahren.»
«Regel 9 ... Häftling 21? ... Häftling 21, was ist, pennst du?»
«Ich weiß es nicht, Herr Strafvollzugsbeamter.»
«Was weißt du nicht, Nummer 21? Die Regel oder ob du pennst?»
«Die Regel, Herr Strafvollzugsbeamter.»
«Dann lernst du sie, 21! Fünf Liegestütze! Los, runter! ... Regel 9, Häftling 11?»
«Jeder Anweisung des Wachpersonals ist widerspruchslos und unverzüglich Folge zu leisten.»
«Lauter!»
«Jeder Anweisung des Wachpersonals ist widerspruchslos und unverzüglich Folge zu leisten.»
Jedes Kommando gebrüllt. Jedes Wort. Das Brüllen erschütterte den ganzen Flur, zitterte von Wand zu Wand, pulste in den Ohren, drang durch die Haut ein, ganz tief,

war überall, wie ein Shirocco, der einem unausweichlich und heiß ins Gesicht weht, die Haut verbrennt, wohin man sich auch wendet.
«Regel 7, Nummer 77?»
«Die Häftlinge haben die Wärter mit ‹Herr Strafvollzugsbeamter› anzureden.»
«Aha! Einen Augenblick mal Ruhe!»
Die beiden anderen Wärter hielten inne.
«Regel 7! Mal alle!» rief der Wärter, den sie Eckert nannten.
Im Chor murmelten sie Regel 7 nach.
«Oh, ihr kennt Regel 7? Das wundert mich. Wo sich doch kaum einer von euch daran hält. Also: Ich will von nun an immer die korrekte Anrede hören. Verstanden? Nummer 82, hast du das verstanden?»
«Jawohl, Herr Strafvollzugsbeamter.»
«Sehr gut! Dann sag mir gleich mal Regel 5 auf, Nummer 82.»
82, der freundliche Kioskbesitzer, hatte schon zehn Liegestütze hinter sich, die ihm sichtlich zugesetzt hatten. Jetzt bekam er rote Flecken am Hals.
«Wir warten, 82!»
«Ich ... ich habe sie vergessen. Ich konnte sie, aber ich habe sie vergessen.»
«Na, dann Regel 2. Die wirst du doch noch wissen.»
«Ja ... das heißt nein. Ich hab ...»
«Du hast sie vergessen, meinst du.»
«Ich konnte sie, ehrlich. Bitte nicht noch mehr Liegestütze, bitte, Herr Strafvollzugsbeamter.»
«Ich glaube fast, du kannst die Regeln alle nicht, Nummer 82.»

«Heute mittag kann ich sie. Bestimmt. Ich hab sie nur grad vergessen. Ich konnte sie schon. Das passiert mir immer bei Prüfungen.»
«Bist du schwul, Nummer 82?»
«Nein.»
«Warum flennst du dann?»
«Ich bin nicht schwul.» Es klang nach Tränen.
Tarek konnte spüren, wie es neben ihm still wurde. Sogar Nummer 38, der Pilot, den nichts aus der Ruhe zu bringen schien, wandte interessiert den Kopf. Eckert kam mit seinem Stock nah an den Häftling mit der 82 heran und schnüffelte an ihm.
«Ich kann Schwule aber riechen.»

■ Berus hatte unruhig geschlafen und war früh aufgestanden, zum erstenmal seit langem. Unter der Dusche versuchte er sich an seinen letzten Traum zu erinnern, aber er wußte nur noch, daß er irgendwie mit dem Experiment zusammenhing. Er fühlte sich unruhig, nervös, angespannt. Trotz der Kälte fuhr er noch vor dem Frühstück zu einem nahe gelegenen See und lief einmal um ihn herum, zum erstenmal seit über einem Jahr. Er schaffte die sechs Kilometer lange Strecke unter einer halben Stunde und war zufrieden mit sich, als er ausgepumpt auf dem Parkplatz ankam. Die Beine zitterten, die Lunge schmerzte, sein Kopf glühte, aber er war glücklich, heiter, wie lange nicht mehr. Zum erstenmal seit langem, vor allem seitdem er bei der Fluggesellschaft angefangen hatte, spürte er auch den Druck im Nacken nicht mehr. Er machte eine vorsichtige, kreisende Bewegung mit dem Kopf, aber nichts knackte, die Muskeln im Nacken waren weich. Berus straffte sich und blickte sich

um. Dann hob er die Arme und sog den starken Schweißgeruch unter seinen Achseln ein. «Mmmmmmm!»
Ein guter Tag.

■ Nummer 82 schwitzte. Sein Mund stand offen. Er wurde blaß, umkrampfte die Sputumprobe mit der einen Hand und hielt mit der anderen seinen weißen Plastikbecher mit der Urinprobe fast schützend vor den Körper, als ob das den Wärter auf Abstand halten könnte.
Tarek sah gespannt hin. Auch die beiden anderen Wärter warteten ab. Eckert hob langsam den Gummiknüppel, hielt den Schlagstock gerade wie einen Zeigestock und näherte sich damit der Brust des Mannes. 82 wich zurück, bog sich nach hinten. Tarek konnte nicht genau sehen, ob der Wärter ihn mit dem Stock berührte, doch 82 zuckte plötzlich zurück, stolperte und verschüttete dabei den Inhalt des Bechers über seinen Kittel. Ein langer, feuchter Fleck zeichnete sich sofort auf dem Stoff ab.
Eckert rümpfte die Nase. «Mann, wie ungeschickt! Ich sag doch, Schwuchtel!»
82 sah auf den nassen Urinfleck auf seinem Kittel hinab und machte plötzlich eine Bewegung auf Eckert zu. Für Tarek sah es aus, als ob er das Gleichgewicht verlöre, aber der Wärter verstand es anders.
«*Alarm!*»
Fast gleichzeitig mit Eckerts Schrei waren die beiden anderen Wachen bei 82 und drängten ihn so hart an die Zellenwand, daß die Kunststoffplatten vibrierten. Nummer 82 wehrte sich, versuchte sich aus dem Griff der Wachen zu befreien, aber sie drückten ihn an die Wand, einer preßte ihm die Hand auf den Mund, damit er nicht schrie, und leg-

ten ihm Kabelbinder an, die sie bündelweise in den Taschen trugen. Tarek fiel auf, daß der Ententyp sich sehr zurückhielt.
«Angriff auf einen SVB!» verkündete Eckert. «Und die Strafe dafür ist ... Einzelhaft!» Er machte eine gezierte Schwungbewegung um die Hüfte und zeigte mit seinem Knüppel auf die Black Box.
«Abführen!»
In die Reihe der Gefangenen kam plötzlich Bewegung.
«Ich protestiere! Das ist gegen den Vertrag!»
Nummer 53 trat vor. Einer der Wärter, die dem Kioskbesitzer die Arme auf dem Rücken verdrehten, bis er stöhnte, hatte ihn aus dem Augenwinkel gesehen. Er verstellte Nummer 53 sofort den Weg, pfiff in seine Trillerpfeife und drohte ihm mit dem Schlagstock.
«Stop! Zurück in die Reihe, Nummer 53!»
«Ich protestiere!»
Der Wärter stieß 53 mit der flachen Hand zurück in die Reihe. 53 machte eine Abwehrbewegung, und sofort holte der Wärter zum Schlag aus, schlug aber nicht zu. Nummer 53 zuckte zusammen und verhielt sich still. Wie festgefroren.
«Noch eine Bewegung, und *du* gehst in die Box, 53! Ist das klar?»
Nummer 53 rührte sich nicht, starrte den Wärter nur an. Niemand kam Nummer 82 zu Hilfe, alle sahen zu, wie zwei Wachen den untersetzten Mann in die Black Box schleiften. Als Eckert die dicke Isolationstür zu der winzigen Einzelhaftzelle öffnete, blickte Tarek in ein schwarzes Loch aus Leere, Schweigen und Angst, und augenblicklich wurde ihm schlecht.

■ Den Vormittag verbrachte Berus vor dem Fernseher, zappte durch Frühmagazine, Talkshows, Werbesendungen, Zeichentrickserien, Sport- und Wetterberichte. Er räumte seine Wohnung auf, kochte sich ein vegetarisches Fertiggericht und bügelte das Uniformhemd für den Dienst zum zweitenmal. Kein Vergleich gegen die blaue, schlechtsitzende Uniform der Fluggesellschaft. Khaki mochte er sowieso. Er zog sie komplett an und betrachtete sich im Spiegel, probierte ein paar Posen. Die Stiefel drückten. Um sie einzulaufen, ging er in seiner kleinen Wohnung auf und ab und, ganz gegen seine Gewohnheit, achtete er diesmal nicht darauf, nicht zu fest aufzutreten. Im Gegenteil, er ließ die Stiefel knallen beim Gehen und wartete auf eine Reaktion, die jedoch nicht erfolgte. Berus war zufrieden. Ein guter Tag. Gegen zwölf, eine Stunde vor Schichtbeginn, fuhr er in Uniform zum Dienst. Da Karneval war, fiel er auf der Straße nicht weiter auf.

■ Zum Hofgang führte man sie an die Stelle, an der sich die vier Gefängnisgänge kreuzten. Einige Häftlinge vertraten sich die Beine, die anderen lehnten an der Wand oder blieben in den Dreiergruppen ihrer Zellen zusammen stehen. 38 machte Dehnübungen. Die Wärter verteilten sich an den Türen, behielten alles genau im Blick, die Trillerpfeife im Mund, den Knüppel gut sichtbar in der Hand. Tarek schlenderte herum, um Gesprächsfetzen aufzuschnappen.
«... totaler Schweinefraß ... Weiberkittel ... muß hier raus ... und wie die jucken ... einfach abhauen. Und weg ... das machen die mit Absicht mit der Temperatur ... bestimmt überall versteckte Kameras ... alles ein Irrtum, ein totaler Irrtum ... wann kriegen wir Mittagessen? ... kommt bald

alles im Fernsehen ... spätestens morgen klärt sich das, dann komm ich raus hier ... von wegen Gewalt verboten, ich sag dir, die benutzen ihre Knüppel ... und Mikrophone ... auf keinen Fall in die Black Box ... genau wie beim Bund ... Wenn ich da rein muß, brech ich den Versuch ab, echt ... wie geht noch mal Regel 4? ... 82 wird stinken wie Sau, wenn er rauskommt ... selber schuld, so ungeschickt ... wer stinkt denn hier, 53? ... echte Knastbullen ... so eng, das halt ich nicht zwei Wochen aus, echt nicht ...

Die Gespräche drehten sich nur um den Versuch. Kein persönliches Wort. Niemand sprach über sich oder sein Leben draußen. Tarek gesellte sich zu den drei Leuten aus Zelle 2, die sich abseits der Wärter leise unterhielten.

«Hi.»

Das Gespräch verstummte.

«Ich bin Tarek.»

Sofort ein durchdringender Pfiff aus einer Trillerpfeife.

«Keine Namen, 77!»

«Scheiße!» fluchte Tarek leise, signalisierte dem Wärter, daß er verstanden habe, und wandte sich wieder an die Häftlinge. «Schöne Scheiße, was?»

Achselzucken.

«Haben sie euch die Zunge rausgeschnitten?»

«Was willst du?» 74, 15 und 86 blickten Tarek mißtrauisch an.

«Reden. Einfach nur ein bißchen quatschen.»

«Keine Zusammenrottungen, da!» rief Eckert ihnen zu. «Auseinander!»

«Verschwinde, 77. Wir wollen keinen Ärger.»

«Wer macht denn hier Ärger?»

«Du, 77. Du machst Ärger.»

■ Der Vormittag verging mit Warten. Es gab nichts zu tun, außer Warten. Herumsitzen. Herumliegen. Herumstehen. Tarek lag auf der untersten Pritsche, dachte an Dora, griff sich unter den Kittel, aber da rührte sich nichts. Er blickte oft zur Black Box, von der man nichts hörte. Wenn er den Kopf drehte, konnte er sie sehen, und sofort ging der Puls hoch. Tarek streckte sich auf seiner Pritsche aus und versuchte es mit einfachen Entspannungsübungen. Einatmen, Faust ballen, Atem halten, einundzwanzig, zweiundzwanzig, Spannung spüren, Faust lösen, ausatmen. Und so mit jedem Muskel von den Zehen bis zur Stirn. Wenigstens etwas zu tun. Etwas, worauf man sich konzentrieren konnte.
Auf dem Gang patrouillierte ein Wärter und patschte sich mit dem Knüppel lässig in die hohle Hand. Nebenan furzte jemand, doch keiner lachte. Die Zeit war Klebstoff. Die Zeit war Plastikgeruch und Klicken der Leuchtstoffröhren. Die Zeit verging, oder sie verging nicht. Tarek bekam Kopfschmerzen, ohne Kaffee.
«He, kriegen wir nichts zu lesen?» rief Nummer 11 aus Zelle 4. «Lesezeit ist uns zugesichert worden!»
«Abgelehnt, Nummer 11! Und jetzt Ruhe da!»
«Ich verlange, daß wir lesen dürfen!»
Sofort wieder das Gellen der Trillerpfeife. Sie holten Nummer 11 aus der Zelle und ließen ihn Liegestütze machen. Als er sich weigerte, drückten ihn zwei Wärter zu Boden.

Es mußte Mittag sein, denn es gab Essen. Wieder grau. Undefinierbares fleischhaltiges Gemansche, laffes Gemüse, Reis, ein Apfel. Dafür hatten sie zehn Minuten. Besteck aus Plastik, keine Messer. Die eingeschweißten Portionen wa-

ren zu klein, als daß man davon hätte satt werden können, trotzdem waren sie in zehn Minuten kaum zu schaffen. Nach dem Essen wurden Tabletts und Besteck kontrolliert und eingesammelt. Anschließend mußten die Häftlinge zwei Liter Wasser trinken. Dafür hatten sie drei Minuten. Tarek bekam Schmerzen in der Brust vom schnellen Schlucken, mußte husten und hätte 38 fast das Wasser ins Gesicht gespuckt.
«Trinken ist wichtig!» erklärte ein Wärter der Frühschicht. «Trinken müßt ihr! Trinken, trinken, trinken!»
Nummer 15 rülpste.
«Nummer 15, erste Ermahnung.»

Den Bauch voller Wasser. Schwoll an wie eine Beule unter dem Kittel. Druck in alle Richtungen. Tarek bewegte sich sehr langsam, als sie zurück in die Zellen geführt wurden. Er legte sich hin, probierte verschiedene Stellungen auf der Pritsche, aber der Druck blieb. Dazu die Kopfschmerzen. Also einfach still hinlegen, flach atmen, aushalten, bis es vorbeiging.
Ging aber nicht vorbei.
Die Wachen holten Nummer 82 aus der Black Box. Tarek sah genau hin, als sie den Mann aus der Einzelhaftzelle holten. Altes Gesicht, ganz leer, ganz ohne Farbe. Nummer 82 blinzelte, kniff die Augen gequält zu, als das grelle Neonlicht seine Augen traf. Seine Beine zitterten, er wankte und mußte zu seiner Zelle zurückgeführt werden. Der Fleck auf seinem Kittel war immer noch zu sehen.
«82, du stinkst, weißt du das?»
Einer der beiden anderen Wärter lachte. Der zweite, den Tarek ‹die Ente› nannte, drehte sich um und ging weg. We-

nig später kehrte er mit einem frischen Kittel zurück und warf ihn Nummer 82 in die Zelle. Die anderen Häftlinge standen an den Gittern und schauten zu. Nur Nummer 38 nicht.
«Dir scheint das ja alles nichts auszumachen, 38.»
«Vom Zuschauen wird es auch nicht besser. Ich gebe mir einfach Mühe durchzukommen.»
«Als ob das noch ein Problem werden könnte.»
«Weiß man nie.»
«*Was* weiß man nie?»
«Nichts. Vergiß es. Ich will die Übung einfach nur hinter mich bringen und genauso rauskommen, wie ich reingegangen bin, okay?»
«Übung? Wieso Übung? Sag mal, hast du so was schon mal mitgemacht? Oder dich darauf vorbereitet?»
Nummer 38 drehte sich weg. «Du fragst zuviel, 77.»

■ «Und warum rufst du ihn nicht einfach an?»
Anstatt zu antworten, verzog Dora nur den Mund, drehte ihren Kopf zur Seite, umklammerte ihr Glas mit beiden Händen und trank ihren Rotwein in großen Schlucken. Wie heißen Tee.
«Dora!»
Keine Antwort. Abwesend wanderte Dora durch den großen, ehemaligen Lagerraum, durch eine Märchenwelt aus zarten Wesen aus gebogenem und verschweißtem Stahldraht. Überall flirrende Bewegung. Doras Schritte erschütterten eine Gruppe dürrer Figuren aus Eisenspiralen, die schüchtern und wie aufgescheucht klirrten. Staunende geflügelte Echsen, groteske, mißmutige Käfer, eine bunte Tänzerin, flach wie ein Kleiderständer. Weiter hinten hin-

gen gigantische umgestülpte Quallenwesen aus hauchfeinem durchsichtigen Gazestoff. Die zarten Schalen, die sich in der Wärme der Lampen drehten, waren gefüllt mit Wolken aus Daunenfedern, die bei jedem Luftzug aufstäubten. Eine luftige Welt aus Leichtigkeit und Heiterkeit, die doch nie vom Fleck kommen würde.

«Sie sind wundervoll, deine kleinen Mißgeburten, Hendrikje!» rief Dora ihrer Freundin zu. «So traurig und zerbrechlich. Andererseits so komisch.»

Die kleine Frau mit den kurzen Haaren und dem militärischen Camouflage-Anzug stieß nur einen Grunzlaut aus.

«Lenk nicht ab, Dora. Ich weiß nicht, was mir mehr Kopfschmerzen macht. Der Wein, den du mitgebracht hast oder deine Schnute, wenn du nicht antworten willst.»

«Ich *habe* angerufen, Rikje. Den ganzen Tag schon. Ich habe ihn nicht erreicht. Laß uns bitte von was anderem sprechen, Hendrikje, ja?»

Dora kam zu ihrer Freundin zurück, nahm den kleinen Kopf in die Hand und strich ihr liebevoll über die stoppeligen Haare.

«Weißt du, Rikje, was mich immer wieder wundert?»

«Was denn?»

«Wie in einem so kleinen, kleinen Körper eine so große Stimme stecken kann.»

Hendrikje stieß einen tiefen, kehligen Laut aus, der Verärgerung und Befriedigung zugleich ausdrückte.

«Ich werde dich vermissen, Rikje.»

«Ist das Haus jetzt leer?»

«Fast. Es stehen nur noch Kleinigkeiten rum.»

«Und wie fühlen sich deine Eltern in Kanada?»

«Es ist noch alles fremd. Andererseits besser als hier. Dieses ganze letzte Jahr war furchtbar für beide. Kanada wird ihnen guttun. Dennis kümmert sich jetzt um sie. Fürs erste werden sie bei uns wohnen, bis sie was gefunden haben. Vater wollte sowieso weg, schon als ich nach Kanada gegangen bin. Und seit Michael tot ist, ist er hier fast wahnsinnig geworden.»

«Ich hab's mitbekommen. Was machen die Ermittlungen?»

Dora wandte den Kopf ab. «Sie haben mir Fotos von den Männern gezeigt, die sie verdächtigen, aber ich kannte niemand. Zwei Rumänen, angeblich. Aber die Polizei sieht wenig Chancen, sie zu fassen. Falls es Neuigkeiten geben sollte, werden wir in Kanada informiert. Ich fliege dann sofort hin.»

«Wann fliegst du zurück?»

«Übermorgen.»

Hendrikje seufzte.

«Was ist?»

«Ich weiß, der Anlaß war furchtbar, aber als du vor einem Jahr wieder zurückkamst, dachte ich, daß du vielleicht bleiben würdest.»

«Ach, Rikje! Ich habe immer gesagt, daß ich nur wegen meiner Eltern gekommen bin.»

«Ich weiß. Aber nach dem, was du in der letzten Zeit erzählt hast, auch über Dennis, dachte ich ... Ach, ist egal, was ich dachte. Laß uns zum Strand gehen.»

■ Tarek hätte schwören können, daß es so kommen würde. Er behielt den Wärter, der ihm irgendwie bekannt vorkam, genau im Blick, als die Spätschicht begann. Nach dem Durchzählen musterte der Wärter jeden Häftling ein-

zeln, kontrollierte, ob die Hände gewaschen waren und ob die Regeln saßen.
«Wie heißt du?»
«Bernd Zöller.»
Völlig unerwartet brüllte der Wärter los. «Nein, du bist Nummer 86! Hast du das verstanden! Nummer 86! Hier gibt es keine Namen! Wie heißt du?»
«Nummer 86.»
«Herr Strafvollzugsbeamter! ... Wie heißt du?»
«Nummer 86, Herr Strafvollzugsbeamter!»
Der Wärter massierte seine Nasenwurzel.
«Nein, nein», sagte er leise, als ob er nachdenke. «Noch mal von vorn. Sag mir noch mal, wie du wirklich heißt.»
«Bernd Zöll...»
Sofort brüllte der Wärter wieder los. «Nein, du heißt wirklich Nummer 86! Das ist dein Name! Solange du hier bist, bist du Nummer 86!» Er tippte ihm vor die Stirn. «86! 86! 86! 86! Los, sechs Liegestützen! Runter mit dir! Wie heißt du?»
«Nummer 86, Herr Strafvollzugsbeamter!»
«Wie heißt du?»
Die anderen beiden Wärter hielten sich abwartend im Hintergrund und verfolgten das Spiel. Und wie Tarek erwartet hatte, blieb der Wärter vor ihm stehen, als er die Inspektion endlich fortsetzte.
«Kann es sein, daß du nach Knoblauch stinkst, Nummer 77?»
«Unwahrscheinlich, bei dem Essen.»
«Unwahrscheinlich!» Der Wärter äffte ihn nach.
«Schmeckt dir unser Essen nicht, Nummer 77?»
«Es geht so, Herr Strafvollzugsbeamter.»

«Bestimmt zuwenig Knoblauch, was?»
«Nein, Herr Strafvollzugsbeamter.»
«Aber klugscheißern kannst du gut, was? Hältst dich für oberschlau, was? Wie heißt du?»
«Nummer 77, Herr Strafvollzugsbeamter.»
«Nein, wie du heißt, will ich wissen!»
Tarek ließ sich nicht auf das Spiel ein. Blickte nur stur geradeaus und wiederholte immer nur seine Nummer. Gib's ihm nur, Tarek. Koch ihn weich, Tarek. Laß dich nicht provozieren, Tarek. Super-Tarek. Felsblock-Tarek. Arschlekker-Tarek. Der Wärter fragte ihn alle Regeln ab, jede einzelne, genau auf Wortlaut. Aber Tarek konnte sie. Keine Chance. Als der Wärter es kapiert hatte, kam er wieder auf sein erstes Thema zurück.
«Aber du stinkst nach Knoblauch, Nummer 77, und das ist nicht gut. Geh dich waschen!»
Der Wärter ließ alle zusehen, wie Tarek sich den Kittel auszog und sich in die Naßzelle zwängte, die offenbleiben mußte. Dann mußte sich Tarek waschen. Über eine Stunde lang, bis seine Seife aufgebraucht war, bis Tareks Körper rötlich glühte vom Schrubben und von der Kälte des Korridors.
«Na siehst du, es geht doch, 77!» rief ihm der Wärter nach, als Tarek schweigend und frierend in seine Zelle zurückkehrte.

■ Rauhes Schaumkronenmeer. Durchdringendes Grün und Blau, der endlose Himmel darüber explodierte in Wolken und Licht. Wind kam auf. Sie stapften durch Sand und beißendkalten Wind und sprachen wieder über Michael. Über nichts anderes seit einem Jahr. Erinnerten sich an alte

Geschichten, Schrullen und Vorlieben, an seinen kleinen Sprachfehler. Wo sie vor einem Jahr gewesen waren, als sie *es* erfuhren.

«Hast du eigentlich mal diese Reporter getroffen, die ihn gefunden haben?» fragte Hendrikje plötzlich.

Dora schüttelte den Kopf. «Auf keinen Fall. Vater wollte sie unbedingt kennenlernen, ich habe es ihm mühsam ausgeredet. Es wäre doch nur schrecklich, sie zu treffen, Rikje. Michaels Tod haftet irgendwie an ihnen. Es ist beinahe obszön, daß und wie sie Michael gefunden haben. Ich wollte auch gar nicht wissen, wer sie sind.»

«Ich hätte es gewollt.»

Dora zuckte mit den Schultern, fröstelte plötzlich. Es wurde kühl. Sie kehrten in Hendrikjes Atelier zurück, in dem sie auch wohnte, aßen und tranken etwas. Hendrikje wechselte das Thema.

«Bist du verliebt?» begann sie ganz direkt wieder.

«Rikje, sei doch nicht komisch!»

«Bist du oder bist du nicht?»

«Herrgott, nein!»

«Also ja.»

«*Nein!* Andererseits ... Ich weiß nicht.»

Hendrikje stöhnte. «Zieh nicht wieder diese Schnute, hörst du! Ich hasse dieses ‹Andererseits› an dir! Du bist verliebt, sage ich dir! Du vögelst mit einem Wildfremden, und aus jedem Wort, daß du mir erzählst, höre ich heraus, wie verknallt du bist.»

«Es war nur eine Nacht!»

«Das reicht!»

«Himmel, Rikje! Außerdem: *Er* wollte weg. Auch für *ihn* war es nur eine Nacht.»

«Das heißt bei Männern nicht viel. Es dauert meistens eine Weile, bis sie es läuten hören.»
Dora erwiderte nichts. «Hast du gewußt, daß Michael auch nach Kanada wollte zum Studieren?» flüsterte sie unvermittelt. «Ich glaube, er hat auf eine Einladung gewartet, aber ich habe gezögert, weil ich froh war, endlich weg von der Familie zu sein. Manchmal denke ich, daß er vielleicht noch leben könnte, wenn ich ihn eingeladen hätte.»
«So ein Quatsch!»
«Ich habe Michael verloren, Rikje. Ich will nicht auch noch Dennis verlieren, nur wegen einer Nacht, er mag sein, wie er will.»
«Und *er*? Was ist mit *ihm*? Wenn du fliegst, wirst du *ihn* verlieren! Also was willst du?»
Dora sprach, ohne ihre Freundin anzusehen. «Ich will, daß es vorbei ist. Und jetzt, wo ich zurück nach Kanada gehen werde, *ist* es vorbei. Verstehst du, Rikje? Egal, ob sie sie schnappen oder nicht, ich will nur noch weg. Ich will, daß es endlich ganz vorbei ist und nie mehr wiederkommt!» Sie schluchzte auf. «Rikje, warum machen Menschen so was?»
Ihre Freundin hielt sie fest. «Ich weiß es nicht, Dora.»
«*Warum machen sie so was?*»
«Warum machen Menschen überhaupt irgend etwas? Es ist aber auch gar nicht wichtig, *warum* sie etwas tun. Wichtig ist immer nur, *was* sie tun!»
Dora sagte nichts, schluckte, wischte sich die Augen und wollte wieder trinken, doch Hendrikje nahm ihr das Glas aus der Hand.
«Eh!»
«Bevor du das mit *ihm* nicht entschieden hast, wirst du nicht trinken. Du mußt noch fahren.»

«Was denn, *jetzt*? Über dreihundert Kilometer durch die Nacht?»
Hendrikje nickte entschieden. «Es ist die einzige Chance, es herauszufinden.»
«Du spinnst! Das geht doch nicht!»
«Warum nicht?»
«Was soll ich denn sagen?»
«Gar nichts. Er wird schon kapieren.»
«Und wenn er nicht da ist?»
«Herrgott! Dann wartest du, bis er kommt.»
«Und mein Flug?»
«Geht doch erst übermorgen! Du hast einen Tag Zeit, das wird doch wohl reichen!»
«Und wenn eine andere Frau bei ihm ist?»
«Dann ist sowieso alles geklärt.»
«Andererseits weiß ich nicht mal, wo er wohnt.»
«Schätzchen, du machst mich fertig! Wozu gibt es Telefonbücher!»
Dora zögerte. «Nein, das kann ich nicht.»
Hendrikje stieß einen ihrer ärgerlichen Grunzer aus. Dora lachte sie aus. «Ach, Rikje! Soviel Romantik paßt doch gar nicht zu dir! Andererseits … ist es noch früh.»

■ Beim zweiten Hofgang ging Nummer 11 herum und sprach alle Häftlinge an. Er war jung, Tarek schätzte ihn auf Anfang Zwanzig, und blinzelte sehr oft beim Sprechen.
«Hier läuft nichts wie abgesprochen!» erklärte er Tarek und Nummer 38. «Euch kotzt das doch auch an, oder? Aber wenn wir etwas ändern wollen, müssen wir uns zusammenschließen!»
Tarek hatte nichts dagegen, ein Komitee zu bilden, wenn er

nicht Sprecher sein mußte. Sogar 38 nickte. Tarek sah, wie die Wärter Nummer 11 beobachteten. Sie besprachen sich leise, griffen jedoch nicht ein. Nach dem Hofgang, kurz bevor sie wieder eingeschlossen wurden, ergriff Nummer 11 das Wort.

«Einen Augenblick, Herr Strafvollzugsbeamter!»

«Ja, Nummer 11?»

Der Wärter blieb ruhig. Nur Nummer 11 wirkte nervös, blinzelte ununterbrochen.

«Ich spreche im Namen des Häftlingskomitees, das wir gegründet haben. Die Behandlung in diesem Experiment ist entwürdigend und entspricht nicht dem Vertrag, den wir unterzeichnet haben. Wir verlangen, daß gewisse Dinge geändert werden, oder wir werden kollektiv den Versuch abbrechen.»

Der Wärter, der ein Auge auf Tarek hatte, trat vor. «Wer gehört alles zu diesem Komitee?»

Nummer 11 blickte sich um. Etwas zögernd hoben alle Häftlinge die Hand. Der Wärter nickte.

«Und was sind eure Forderungen?»

«Bessere Behandlung, das heißt keine Bestrafungen und Erniedrigungen mehr. Besseres Essen und die vertraglich zugesicherten Aktivitäten wie Lesen, Fernsehen und Briefeschreiben!»

«Sonst noch was?»

Ganz sachlicher Tonfall. Nummer 11 wirkte irritiert.

«Vorerst nicht, nein.»

«Okay.» Der Wärter drehte sich zu seinen Kollegen um. «Abgelehnt! Bringt sie alle in die Zellen. Nummer 53 geht für diese Schicht in die Box.»

Nummer 11 verstand nicht. «Was? Ich ...»

Tarek registrierte, daß die drei Wärter sich Zeichen gaben. Im gleichen Augenblick pfiffen sie alle drei durchdringend in ihre Trillerpfeifen, traten dicht an die Häftlinge heran, ganz nah, als wollten sie sie schlagen, und brüllten los. Alle drei.

«Ruhe halten! Ruhe! Sofort Ruhe! Hinlegen, alle! Auf den Boden! Sofort hinlegen! Leg dich hin, 77! Los, 53, beweg dich! Auf den Boden! Auf den Boden!

Sie hörten nicht auf. Brüllten. Hoben ihre Schlagstöcke. Brüllten. Die Gefangenen warfen sich auf den Boden. Diejenigen, die noch zögerten, wurden von allen Wärtern gleichzeitig in die Knie geschrien.

«Auf den Boden! Auf den Boden! Auf den Boden!»

Bis sie alle ausgestreckt auf dem Boden lagen.

«Hände hinter den Kopf!»

Der ganze Flur hallte wider vom Kreischen der Trillerpfeifen.

«Und wieder auf! Los, hoch, aufstehen! Schnell!»

Sie sprangen auf. Und warfen sich wieder zu Boden, kaum daß sie standen. Und wieder auf. Und wieder zu Boden. Als es zu Ende war, und die Häftlinge keuchend, stumm, erschrocken wieder in einer Reihe standen, kam Berus nah an Nummer 11 heran.

«Hier werden keine Komitees gebildet, Nummer 11! Wofür haltet ihr euch, für eine Scheißgewerkschaft, oder was? Ihr seid *Häftlinge*! Häftlinge können nicht einfach gehen! Häftlinge bilden keine Komitees!» Er schritt die Reihe der Gefangenen ab und wurde wieder lauter. «Wenn ich hier noch einmal das Wort *Komitee* höre, dann tanzt der Bär! Jeder Versuch der Zusammenrottung, jede Gefährdung der inneren Sicherheit, wird sofort mit Einzelhaft bestraft!»

«Aber warum denn ich?» rief 53. «Ich hab doch gar nichts gemacht. Nummer 11 hat doch ...»
Der Wärter unterbrach ihn. «Du gehörst genauso dazu, wie alle! Da aber immer nur einer in die Box kann, trifft es eben stellvertretend dich, 53. Kannst dich ja nachher bei Nummer 11 bedanken. Und so machen wir es auch in Zukunft! Immer schön einer für alle! ... Durchzählen!»

■ «Wie fühlen Sie sich, Herr Eckert?»
«Wie ich mich fühle? Weiß nicht.»
«Versuchen Sie, es zu beschreiben.»
«Nervös, irgendwie. Irgendwie unruhig.»
«Warum unruhig?»
«Null Ahnung. Nicht schlecht. Angespannt vielleicht. Ich meine, nicht unbedingt gestreßt. Der Job ist gar nicht so streßig. Vielleicht so was wie Unsicherheit. Man muß sich eingewöhnen, auch wenn es nur ein Spiel ist, ich meine, eine Simulation. Mann, es ist aufregend. Aber auch komisch, wissen Sie. Nicht lustig, sondern komisch. Sie sehen übrigens toll aus, Jutta. Echt *wow*!»
«Versuchen Sie doch bitte, Ihr Gefühl zu beschreiben, Herr Eckert.»
«Also, ich war erstaunt über mich selbst. Ich bin Künstler, wissen Sie. Sänger. Sänger brüllen nicht, das schadet der Stimme, aber plötzlich, *wham-bam*, brülle ich rum. *Jesus!* Ich meine, wir hatten es besprochen. Aber so ... Und dann denke ich, du darfst sie nicht aus den Augen lassen, laß sie nicht aus den Augen! Ich meine, für den Fall, daß sie was versuchen sollten. Schwierig bei so vielen. Und richtig gedacht – als 82 aufmuckte, war ich bereit. Verstehen Sie? Bereit.»

«Was haben Sie dabei empfunden?»
«Was hab ich dabei empfunden ... Es war *fun*, irgendwie. Geb ich zu. Ganz klar, das Feeling ist gut. Der Boß zu sein, die Sache in der Hand zu haben, verstehen Sie?»
«Wie schätzen Sie ihre Reaktion ein, Herr Eckert?»
«Ah, ich weiß, was Sie meinen. Okay, das Ding mit dem Pippibecher war ein bißchen heavy, aber nicht schlimm. War doch nur Spaß, echt. 82 war einfach zu ungeschickt. So ist es passiert. Ist doch alles nur ein Spiel, nicht wahr? Ich meine, sie kennen alle die Regeln und müssen sich dran halten.»
«Wie schätzen Sie sich selbst ein, Herr Eckert?»
«Mich? Wie schätz ich mich ein ... Ich bin ein gutmütiger Mensch. Total. Ein Schmusebär. Immer schon gewesen. Fragen Sie meine Ex. Und immer straight. Ich sag, was ich denk. Um den Brei rumlabern ist nicht mein Ding. Ordnung ist mir wichtig. Ich meine, wozu gibt es Regeln, nicht wahr? Sehen Sie, es ist doch wie im Fernsehen. Nehmen wir ‹*The Real Life*›. Da hat jede Figur ihre Funktion. Es gibt die Guten und die Bösen. Ich meine, da paßt auch typmäßig nicht jeder rein, verstehen Sie? Jeder muß seinen Platz finden. Sagen Sie, hätten Sie nicht Lust, heute abend mit mir noch ein bißchen ... okay, schon gut. Kleiner joke, sorry. War nicht so gemeint.»
«Und die Häftlinge? Wie schätzen Sie die ein, Herr Ekkert?»
«Die Häftlinge. Sie sind eigenartig. Ich sehe in ihre Augen – die Augen, wissen Sie, verraten einen – und denke: Paß auf, Eckibär. Sie sind irgendwie sperrig. Verstehen Sie? Sperrig. Ich weiß nicht. Sie können sich gut verstecken. 38 zum Beispiel, der ist mir viel zu cool. Oder 77. Was ist der,

Türke? Sie sehen verdammt gleich aus. Man muß auf der Hut sein. Immer bereit. Dafür wurden wir ja ausgewählt.»

«Und 82?»

«Ein armes Schwein. Er kann einem leid tun. Aber er hat es kapiert. Aber insgesamt kommen sie mir eher wie Kinder vor. Sie müssen eben noch viel dazulernen. Und wir bringen es ihnen bei.»

5

Es regnete während der ganzen Fahrt. Bei jedem entgegenkommenden Auto mußte sie die Augen zusammenkneifen, weil die Lichter in Tausenden von Tropfen vor ihr explodierten. Sie gähnte oft und merkte, daß sie betrunkener und müder war, als sie angenommen hatte, trotz der paar Stunden Schlaf. Dora nahm den Fuß vom Gas und drehte das Radio lauter. Die dunkelgraue Autobahn zog sich unendlich hin. Man fuhr, aber kam nie an. Die Luft vor Hendrikjes Atelier hatte nach Nacht und Regen gerochen, es war still gewesen und kühl. Sie konnte immer noch Hendrikjes Umarmung spüren, und jetzt hatte sie schon die deutsch-niederländische Grenze hinter sich. Sie stellte sich Dennis' Blick vor, wenn sie ihm von Tarek erzählen würde und von dieser Fahrt. Verständnisloser, erstaunter Blick. Armer, lieber Dennis.
Sie hatte ihren Flug umgebucht und sollte jetzt einen Tag später fliegen. Einen Tag Aufschub. Einfach ein paar Sachen zusammengepackt und los, mitten in der Nacht. Einen Tag Aufschub. Für was? Wovon? Sie gähnte wieder. Der Wagen lief ein wenig aus der Spur, hinter ihr blendete jemand auf. Sie fuhr noch langsamer, hielt sich an Rücklichter, die plötzlich aus der dämmerigen Regengischt vor ihr auftauchten und wieder verschwanden. Sie wechselte ständig die Radiosender, auf der Suche nach einem Lied, das man laut mitsingen konnte, und überlegte, ob sie an einem Rastplatz halten und noch ein oder zwei Stunden schlafen sollte. Aber jedesmal, wenn ein Rastplatz kam, fuhr sie vorbei, weil sie zu lange überlegte. So stand sie nach fast vier Stunden Fahrt vor Tareks Haustür, die sich nicht öffnete, sooft sie auch klingelte.

■ «Das ist lächerlich! Wir nehmen hier freiwillig an einem Experiment teil. Das bedeutet nicht, daß wir uns so behandeln lassen müssen. Das Bett ist perfekt so! Eh, was soll das! Hau ab! Hände weg von den Sachen! Finger weg, du Wichser! Aaahh!»
Geschrei und Tumult aus Zelle 4 beim Bettenappell nach dem Wecken. Ein Körper krachte so schwer gegen die Seitenwand, daß sie vibrierte. Jemand brüllte. Unverkennbar Eckert. Der Häftling schrie zurück, vermutlich Nummer 11, der hohen, splitternden Stimme nach.
«Na, los, du Wichser! Schlag zu! Arschloch! Flachwichser! Du wanderst in den Knast! Aber den echten! ... Alles auf Video, hier, du Wichser!»
Die Stimme von Nummer 11, dem Komiteesprecher, überschlug sich. Tarek hörte die beiden keuchen, hörte, wie eine Pritsche nebenan krachte, und dann wieder undeutlich gurgelnde Stimmen. Ein Wärter stürmte aus Zelle 2 über den Flur. Der dritte, der Tareks Bett gerade kontrollierte, stürzte ihm nach. Tarek wechselte einen schnellen Blick mit 38, sprang von seiner Pritsche und trat ans Gitter, um besser sehen zu können.
Nummer 11 kroch aus der offenen Zelle, trat nach hinten aus, schlug wie rasend um sich und versuchte auf die Beine zu kommen. Er schaffte es fast bis in den Korridor, aber die Wärter warfen sich wieder auf ihn.
«Die Arme! Haltet seine Arme! Und die Beine! Achtet auf die Beine!»
Sie versuchten seine Arme und Beine in den Griff zu bekommen, was aber nicht gelang. Ein Knie schlug einem Wärter die Spiegelbrille aus dem Gesicht. Sofort johlten die Häftlinge an den Gittern. Fast panisch tastete der Wär-

ter nach seiner Brille und setzte sie wieder auf. Dabei ließ er die Beine des Häftlings los, der für einen Moment frei kam und sofort versuchte, sich unter den Körper herauszuwinden. Tarek sah Blut an der Nase des Wärters. Seine Zellengenossen sahen tatenlos zu, zuckten zwar unentschlossen, rührten sich aber nicht. Tarek wußte schon, warum. Nicht nur aus Angst. Er merkte es an sich. Die Enge der Zellen schränkte die Bewegungen ein, lastete wie ein schweres Kostüm auf dem ganzen Körper. Bewegung wie in Öl. Tarek versuchte sich zu beruhigen. Nur ein Experiment.

Tarek sah, wie Eckert halb versteckt einmal kurz und scharf den Knüppel durchzog. Gleichzeitig stöhnte 11 auf, als ob Luft aus ihm entwiche, und krümmte sich. Jemand nebenan schrie vor Protest, aber die Wärter beachteten es nicht. Alles nur ein Experiment.

«Jetzt die Beine! Macht schon! Packt den verdammten Bastard!»

Alles nicht so einfach. Nummer 11 war kräftig, beweglich, schien wegstecken zu können, entwand sich wieder und hörte nicht auf, die Wärter zu beschimpfen, bespuckte sie sogar.

«Arschlöcher! Flachwichser! Alles auf Video, ihr Wichser! Alles auf Vide... Aua! Bleib mir von der Wäsche, du Sau! Mensch, helft mir doch! Hilfe! *Hilfe!*»

Keiner kam. Die Wärter drückten ihm die Knie ins Kreuz, verdrehten ihm die Arme hinter dem Rücken, ketteten sie zusammen, schleiften Nummer 11 zurück in die Zelle und warfen ihn auf seine Pritsche, wo er mit Handschellen an Händen und Füßen am Stahlrohr festgekettet wurde. Nummer 11 tobte, bäumte sich auf, daß die Pritsche wippte

und knirschte, aber mehr war nicht mehr drin. Er kam nicht mehr hoch.
«Was war denn los mit dem?» keuchte einer der Wärter.
«Sein Bett war nicht vorschriftsmäßig gemacht», sagte Ekkert. «Ich hab's ihm aufgemischt, damit er's lernt, da ist der Bastard auf mich losgegangen ... Eh, was gibt's da zu glotzen! Weg von den Gittern! Bosch, treib sie zurück!»
Zum erstenmal hörte Tarek, wie der Wärter mit der Entenstatur hieß. Und gleichzeitig erinnerte er sich an die frühe Tour zur Universität an dem Tag, an dem er Dora getroffen hatte.
Bosch näherte sich langsam mit seinem Stock den Gittern. Die Häftlinge wichen zurück. Tarek sah aber noch, wie Ekkert noch einmal in Zelle 2 ging, und hörte dann, wie er kräftig vor die Pritsche trat.
Nummer 11 hörte nicht auf zu schreien. Tarek spürte die Erschütterungen des Bodens und der Trennwand, wenn er sich auf seiner Pritsche aufbäumte. Nach einiger Zeit holten sie ihn aus der Zelle und führten ihn ab. Nur Bosch blieb zurück, postierte sich wieder am Ausgang und rührte sich nicht.
Nummer 11 kehrte nicht zurück.
In den Zellen wurde es still. Gespräche nur noch im Flüsterton, undeutliches Gemurmel. Tarek lehnte an der Wand, so angespannt und nervös, daß er zitterte. Wie nach zuviel Kaffee. Dazu die Kälte. Tarek legte sich die Decke um die Schultern, horchte auf Gesprächsfetzen, stand nur herum und wurde müde, obwohl es noch nicht Mittag war. Frösteln. Eigenartiges, taubes Körpergefühl wie kurz vor einer Erkältung. Trotzdem anders. Schwindelgefühl, wenn man die Augen schloß, um die Helligkeit loszuwerden, und sie

dann wieder öffnete. Magen aus Stein. Puls und Herzrasen. Beine wie Gelee. Also anlehnen. Vielleicht hinsetzen. Tarek rutschte an der Wand hinunter in die Knie, blieb so hocken. Das Gefühl, ganz aus Stein zu sein, ganz hart. Er versuchte, sich den Zustand einzuprägen, ihn zu beschreiben, oft half das, aber er merkte, daß er es hätte aufschreiben müssen, um die Gedanken festzuhalten. Die fehlende Konzentration beunruhigte ihn. Er schluckte, obwohl es nichts zu schlukken gab. Widerstand im Hals. Wenigstens half es für kurz, die Augen zu schließen und nur noch flach zu atmen. Hielt alles auf Abstand so, das Licht, die Zelle, sogar den Geruch der beiden anderen, die Enge. Der Raum hinter den geschlossenen Augen war unendlich groß. Seltsame Ruhe.
Wenn er durch die geschlossenen Lider blinzelte, sah er 38 vor sich auf der Pritsche. Viel angespannter und wacher jetzt. Auf der Hut. 69 stand wieder am Gitter. Zwei Wärter gingen im Flur auf und ab, reagierten nicht auf Fragen. Einer machte sich Notizen.
Es hatte sich etwas verändert seit dem fehlgeschlagenen Versuch, sich zu organisieren. Tarek merkte es an den anderen Häftlingen, als man sie zum Hofgang führte. Diesmal kein Protest. Niemand beeilte sich, als sie aus den Zellen geholt wurden, aber auch niemand wehrte oder beschwerte sich. Nicht einmal Nummer 40, der sie alle um einen Kopf überragte und so kräftig wirkte, daß er es gut mit zweien hätte aufnehmen können. Aber auch er verhielt sich still, ließ sich antreiben, bewegte sich langsam wie alle. Wie Vieh, dachte Tarek, und er merkte, daß er sich ganz genauso verhielt. Gleichzeitig veränderten sich die Wachen. Sie wurden selbstsicherer, aber auch vorsichtiger, als erwarteten sie einen Sturm nach der Ruhe.

Zurück in den Zellen, gab man ihnen die angekündigte Arbeit. Jeder Häftling bekam einen Beutel mit elektrischen Widerständen, eine Codierungstabelle und eine Art Setzkasten aus Plastik. Sie mußten winzige Widerstände, die mit Farbstreifen codiert waren, ihrer ohmschen Stärke nach sortieren. Wer fertig war, bekam sofort einen neuen Beutel.

«So was müßtet ihr doch schaffen!» sagte einer der Wärter.

Wenn der Setzkasten voll war, wurde er entleert. Dabei stieß Eckert Tareks vollen Setzkasten um, so daß die Widerstände auf den Boden fielen. Tarek unterdrückte den Impuls aufzuspringen. Schweigend hob er die Widerstände auf, begann wieder neu. Eckert lachte.

Stupide Arbeit. Bald schmerzten die Augen. Der komplizierte Farbstrichcode war nicht das Problem, den kannte man bald. Aber die Widerstände waren so klein, daß man sie einzeln in die Hand nehmen und sehr genau hinsehen mußte.

38 machte langsam. Nahm sich Zeit für jeden Widerstand. Konzentriert, rhythmisch. Wie beim Essen schon. Tarek beobachtete ihn und machte es ihm nach. Anders 69. Schon wie er die Widerstände aus dem Beutel fischte. Sie verhakten sich, fielen zu Boden, die dünnen Drähtchen verbogen sich.

«Was meint ihr, was sie mit Nummer 11 machen?» fragte er plötzlich. «Ob sie ihn zusammenschlagen oder so?»

«Schwachsinn!» Tarek versuchte sich auf die Arbeit zu konzentrieren. Er mußte jetzt schon sehr oft blinzeln. Der Nacken schmerzte.

«Ich würd's ihnen zutrauen.»

«Schwachsinn. Du hast Nummer 11 doch gehört. Es ist nur ein Experiment. Für ihn ist Ende. Keine Kohle, aber auch kein Streß mehr.»
«Hoffentlich ist bald alles vorbei. So eine Kacke!»
«Ist erst der zweite Tag, Nummer 69. Wenn du raus willst, mach's wie Nummer 11. Siehst du ja, daß es klappt.»

■ Im obersten Stock, neben Tareks Wohnung, stand eine Tür offen, und eine stark blondierte Frau mittleren Alters, die dem Klingelschild nach Rößler hieß, blickte neugierig ins Treppenhaus. Dora entschuldigte sich und erklärte, warum sie bei ihr geklingelt hatte.
«Zu Fahd?» Die Nachbarin sprach schleppend, mit einer heiseren Stimme. «Den hat die Polizei geholt.»
«Die Polizei? Himmel, warum das denn?»
«Wegen mir jedenfalls nicht. Wer sind Sie denn? Eine Bekannte?»
«Die Schwester», sagte Dora schnell und bemühte sich, ihren Akzent nicht durchklingen zu lassen.
«Sehen Sie gar nicht nach aus. Was hat er denn angestellt, Ihr Bruder?»
«Ich ... ich weiß es nicht. Er rief an und bat mich zu kommen. Wann, sagten Sie, war die Polizei da?»
«Vorgestern früh. Ein Geschrei und Gerummse und Gebummse, und dann haben sie ihn aus der Wohnung gezerrt und abgeführt. Aber zur Sache befragt worden bin ich nicht.»
«Hat er vielleicht eine Nachricht hinterlassen?»
Die Frau in der Legging stand Dora nun genau gegenüber, ihr Blick war verschwommen, und Dora merkte sofort, was mit ihr los war.

«Dann sind Sie also Alina.»
«Nein, Dora. Dora Fahd.»
«Kommen Sie mal rein», sagte die Leopardenfrau und zog Dora in die Wohnung, die zugestellt war mit Kartons und Stapeln uralter Zeitungen. Es roch nach Zwiebeln. Ohne weiteren Kommentar führte sie Dora durch die Küche auf einen kleinen Balkon zum Hinterhof und zeigte auf ein Loch in der Wand, direkt unter der Dachrinne.
«Sehen Sie? Da fliegen immer Vögel rein und scheißen mir hier alles voll. Und ein Radau, nicht zum Aushalten. Was kann man da machen?»
«Wie bitte?»
«Was kann man dagegen tun?»
«Zuspachteln.»
«Können Sie das?»
«Was ist denn jetzt mit der Nachricht?»
«Es gibt keine Nachricht. Man erfährt hier ja nichts. Und so gut ist die Nachbarschaft mit Ihrem Bruder nun auch nicht.»
Dora wandte sich zum Gehen. «Dann haben Sie bestimmt auch keinen Zweitschlüssel für die Wohnung, stimmt's?»
«Und was ist jetzt mit dem Loch?»
«Ich könnte es ja versuchen. Aber erst müßte ich ein paar Sachen aus der Wohnung meines Bruders holen.»
Die Frau sah sie wieder prüfend an. «Natürlich habe ich keinen Schlüssel für die Wohnung drüben. Aber ich weiß, wo ihr Bruder einen versteckt hat. Im Briefkasten. Ich hab's zufällig entdeckt. Es geht mich ja nichts an, und ich hab es auch für mich behalten, wegen dem ganzen Volk, das hier aus und ein geht, wissen Sie, und ich schwöre bei meiner

Seele, daß ich nie spioniert habe. Also, spachteln Sie mir das Loch jetzt zu?»

■ «Eh, und wenn die ihn doch foltern oder so? Oder die isolieren ihn. Eh, die isolieren den. Scheiße. Eh, ich hab gedacht, lässige zwei Wochen, ne, so lässig abhängen, aber Scheiße, eh.»
Nummer 69 schwieg eine Weile, dann fing er wieder an, jammerte, fluchte leise vor sich hin. Tarek schloß die Augen, sah Farbstreifen.
«Ich mach's wie Nummer 11. Eh, ich mach das nicht mit, hier. Scheiß Knast. Scheiß Knastbullen.»
«Beruhig dich, 69», sagte Nummer 38.
Nummer 69 wirbelte herum. «Eh, Typ, du nervst, weißt du das? Beruhig dich, beruhig dich. Beruhig selbst, Nummer 38! Klugscheißer!»
Mit einem Satz war 38 von seiner Pritsche und drängte 69 an die Wand.
«Hör mir mal gut zu, Nummer 69!» zischte er. «Ich will, daß du dich beruhigst, ja? Du hast doch gesehen, was dann passiert. Experiment oder nicht, das da eben war real! Und das ist erst der zweite Tag. Also verdammt noch mal, dreh nicht durch!!»
Er ließ von ihm ab und setzte sich zurück auf seine Pritsche. Nummer 69 sagte nichts mehr, rührte sich auch nicht mehr. Tarek blickte zwischen beiden hin und her, zog die Augenbrauen hoch und schüttelte den Kopf. Für einen kurzen Augenblick hatte er gerade Angst gesehen. Bei beiden.
«He, was meint ihr, wann kriegen wir Papier? Wann lassen sie uns Briefe schreiben?»

■ Im Wachraum herrschte aufgeräumte Stimmung. Die Spätschicht traf mehr als eine Stunde zu früh ein und wurde mit großem Hallo begrüßt.
«Streber! Streber!» skandierte Eckert.
«Na, seid ihr denn auch schön fleißig?» rief Berus.
Sie lachten, schüttelten sich die Hände, klopften sich auf die Schultern, als arbeiteten sie schon Jahre zusammen. Einzig Bosch hielt sich zurück und bereitete die Mahlzeiten der Häftlinge für die Mikrowelle vor.
«Glaubt nicht, daß wir früher Schluß machen!» rief Eckert. «Dienst ist Dienst, und Schnaps ist Schnaps!»
«Vielleicht kann man euch ja ein bißchen unter die Arme greifen.»
«Aber nicht von hinten!»
Wieder Lachen. Tode und Renzel nahmen sich Kaffee. Holger Berus setzte sich zu Eckert, der gerade den Schichtbericht schrieb.
«Gute Arbeit, übrigens mit dieser Verschwörung gestern. Ich hab's im Schichtbericht gelesen. Die ticken voll aus, was?»
«Null Chance», sagte Berus. «Läuft's denn bei euch?»
«Gut läuft's. Öde, aber relaxt. Heute morgen ist Nummer 11 ausgerastet, aber der Chef hat ihn aus dem Experiment rausgenommen, und jetzt ist wieder Ruhe.»
«Sauber. Und die anderen *Dummies*?»
«Habt ihr gehört? *Dummies!* Das ist gut! Crash-Test-Dummies!» Eckert gefiel der Witz immer besser. «Genau so sehen sie aus! Voll die Crash-Test-Dummies! Und wir lassen sie vor die Wand knallen!»
«Nicht wir», sagte Renzel. «Die da oben. Wir schnallen sie nur an.»

Eckert kriegte sich langsam wieder ein. «*Dummies!* Geil ... Nee, Berus, die Dummies sind ruhig. Manchmal muckt ein Dummy auf, aber wir kriegen sie schon alle ruhig. Sie sind stur, Mann. Man muß sie zu allem antreiben, die Gummiköppe, aber dann geht's. Sie kapieren langsam, wie der Hase läuft.»

«Und was macht unser spezieller Freund, Nummer 77? Schleimt er sich beim Hofgang immer noch an alle ran?»

Eckert verzog das Gesicht. «Der hat echt ein Problem. Ich glaub, der ist bald fällig für eine Sonderbehandlung.»

«Denk ich auch.»

Bosch näherte sich dem Tisch und mischte sich ein. «Solange 77 nicht gegen die Regeln verstößt, gibt es keinen Grund für irgendwelche ‹Sonderbehandlungen›. Es gibt Vorschriften.»

«Wie ist der denn drauf?» rief Renzel von der Kaffeemaschine herüber.

Eckert machte Berus mit den Augen Zeichen. «Bosch ist hier unsere Mutter Theresa der Schicht. Eh, Bosch, easy. Hier läuft alles nach Vorschrift. Wir haben für Ordnung zu sorgen. Es wurde ausdrücklich darauf hingewiesen, daß wir auf alles vorbereitet sein sollen. Richtig?»

«Richtig!» sagte Berus.

«Aber nicht mit solchen Methoden!» rief Bosch.

«Was denn bloß für Methoden?»

Volker Eckert lehnte sich zurück.

Werner Tode balancierte seinen übervollen Kaffeebecher vorsichtig zum Tisch. «Solange die da oben nichts sagen, ist alles in Ordnung.»

«Genau», sagte Berus. «So ist es und nicht anders.»

Bosch wollte noch etwas sagen, aber als er die Gesichter sei-

ner Kollegen sah, wandte er sich wieder den Mahlzeiten zu.
«Eh, Bosch!» rief ihm Eckert nach. «Das ist doch alles nur ein Spiel, hier! Immer locker im Schritt.» Zu Berus gewandt, fügte er hinzu: «Typisch Lehrer. Keinen Sinn für Fun.»
«Was gibt's denn heute Leckeres?» rief Renzel.
Obwohl Bosch protestierte, öffnete Eckert eine Portion für Renzel und ließ ihn probieren. Renzel verzog das Gesicht.
«Eßt ihr das etwa auch?»
«Sind wir krank? Nee, wir lassen was kommen.»
«Mein Jüngster steht auf so'n Zeug!» rief Tode.
«Wie alt ist 'n der?»
«Acht Monate!»
Der Witz kam an.
«Ja, Hosenscheißer mögen das!»
«Und werden die davon satt?»
«Nee, aber wir lassen sie dafür mehr trinken. Voller Wasserbauch muckt nicht so leicht auf.»
«Clever.»
«Und was mach ich jetzt mit der angebrochenen Portion?» rief Bosch dazwischen.
«Kein Problem!» rief Berus. Er zog geräuschvoll die Nase hoch und spuckte den Rotz in die Fleischsoße. Dann goß er etwas Kondensmilch dazu und rührte alles um.
«Menue Spezial für 77! Würzig und reich an Proteinen!»
Alle außer Bosch lachten. Er starrte Berus mit angewidertem Gesicht an und wandte sich wortlos ab.

■ Püree, wieder breiiges Fleisch in laffer, heller Soße, wieder verkochtes Gemüse. Schmeckte nach nichts. Alles kaum gewürzt. Alles gleich. Überhaupt zuwenig. Trotzdem der Druck im Magen, weil sie so schlingen mußten. Der Wärter, der Bosch hieß, machte Tarek Zeichen, eine Kopfbewegung auf das Essen und schüttelte leicht den Kopf. Tarek verglich sein Essen mit dem der anderen und entdeckte, daß seine Soße viel heller war. Er bemerkte jetzt auch, daß die anderen beiden Wärter ihn grinsend beobachteten. Mit einem plötzlichen Gefühl der Übelkeit dachte Tarek an alte Jugendherbergsstreiche, legte das Besteck weg und aß nicht weiter.

«Iß doch auf, 77! Ist reich an Proteinen!»

Nach zehn Minuten wurden die Tabletts eingesammelt, ob man fertig war oder nicht. Und dann wieder trinken. Trinken, trinken, trinken, trinken. Inzwischen drei Liter Wasser in fünf Minuten, danach die Flaschen über dem Kopf umdrehen. Tarek quälte sich ab, hatte schon nach einem Liter Schwierigkeiten beim Schlucken. Immer wieder rülpste jemand und wurde sofort ermahnt.

21 bekam einen Schokoriegel, weil er die meisten Widerstände geschafft hatte, und verschlang die Süßigkeit sofort, bevor ihn jemand um ein Stück bitten konnte. 69 starrte ihn fassungslos an.

«Was ist, 69? Hättest wohl gerne auch einen, was?»

Das Gesicht von Nummer 69 leuchtete auf. «Ja, Herr Strafvollzugsbeamter.»

«Für einen Schokoriegel würdest du jedem den Kopf wegpusten, was, Cowboy?»

Danach Appell vor den Zellen. Ein Wärter verkündete, daß die *Disziplinarkommission* die Haftzeit für Nummer 82, Nummer 15 und Nummer 77 um zwei Tage verlängert hatte. Das verwirrte Tarek, denn von irgendwelchen Kommissionen, die die Haftzeit verlängern konnten, hatte nichts im Vertrag gestanden. Oder doch? Tarek fragte jedoch nicht nach, da er merkte, daß die Wärter ihn belauerten, der eine vor allem, der Berus hieß. Nein, er würde nichts tun. Die Haut brannte noch von der Waschaktion. Nein, einfach ruhig bleiben, Tarek, entspannen, alles merken, Tarek. Alles nachher aufschreiben. Durchhalten, Tarek.

Nach dem Schichtwechsel blieb die Frühschicht länger. Nur Bosch fehlte. Es wurde kaum noch gesprochen. Gepreßt nur, leise, kurze Sätze, begleitet von knappen Kopfbewegungen. Die meisten standen herum. Nur Nummer 38 machte weiter Dehnübungen. Zog sein Programm durch. Tarek lehnte an der Wand und beobachtete die Häftlinge und die Wärter. Es war gut, so an der Wand zu lehnen und zu beobachten. Ein Zustand, den er mochte.
«Bewegt euch! Ihr braucht Bewegung!» scheuchte Berus sie auf. «Rumstehen ist schlecht! Nicht so faul! Macht es wie 38! Bewegt euch!»
Also schlurften sie ein bißchen herum, nur so, um die Wärter nicht zu reizen. Zwei Wärter hielten sich am Rand, der dritte wartete hinter der Tür.
Wie schnell alles zur Routine wurde. Aufstehen, Waschen, Durchzählen, Bettenmachen, Frühstück, Schichtwechsel, Durchzählen, Hofgang, Beschäftigung, Langeweile, Mittagessen, Schichtwechsel, Durchzählen, Langeweile, Hof-

gang, Langeweile, Abendessen, Langeweile, Schichtwechsel, Durchzählen, Licht aus, Schlafen in vorgeschriebener Haltung auf dem Rücken, Hände über der Decke, Alpträume.
Automatische Welt. Automatische, enge, grelle Welt. Alles durchorganisiert, alles vorprogrammiert, aber für alles zuwenig Zeit. Außer für die Langeweile. Schlafen nur nachts erlaubt. Sobald ein Wärter jemand tagsüber erwischte, weckte er ihn. Alles richtig machen, um die Wärter nicht zu reizen. Der Puls jagte sofort hoch, wenn sie einen herausriefen oder wenn irgend etwas nicht richtig lief und sich alle wieder auf den Boden werfen mußten. Das Glück war ein Schokoriegel. 69 sprach dauernd davon.
69 sah nicht gut aus. Kauerte in der hintersten Ecke, schwitzte und zitterte. Tarek gab Steinhoff ein Zeichen, als sie wieder in der Zelle waren, und setzte sich neben ihn.
«Alles in Ordnung, 69?»
Keine Antwort.
«He, Cowboy!»
«Mir ist kalt. Ich will hier raus.»
Nummer 38 löste sich von seiner Pritsche und lehnte sich an die Wand gegenüber. Tarek versuchte, Nummer 69 auf den Rücken zu klopfen, doch der wehrte ab.
«He, schon gut! Sag mal, Joe, was bist du? Ich meine, da draußen. Von Beruf.»
«Elektriker.»
«Elektriker. Schöner Beruf. Auch Starkstrom und so?»
«Ja.»
«Bestimmt gefährlich.»
Keine Antwort. Ein Blick zu Nummer 38. Der zuckte mit den Schultern.

«Was wirst du als erstes machen, wenn du wieder draußen bist, Joe? Wovon träumst du?»
Er antwortete, ohne zu zögern. «Pommes rot-weiß. Ich hol mir 'ne doppelte Pommes rot-weiß.»
«Korrekt! He, warum bist du überhaupt hier, Joe? Ich meine, wie bist du an das Experiment gekommen?»
Er schien es nicht gehört zu haben, doch als Tarek schon nachfragen wollte, begann er plötzlich zu reden.
«Hab mich bequatschen lassen von einem Kumpel. Drei Wochen Leerlauf zwischen zwei Baustellen, und er hat gemeint, das wär voll die coole Aktion. Zwei Wochen locker abhängen und noch gut Kohle machen. Na, hat er sich etwa beworben? Nee, hat er nicht! Nur ich! Ich bin wieder der Gearschte! Scheißspiel, echt.»
«Und was sagt deine Freundin? Hast du eine Freundin? Na klar, hast du eine, 69.»
«Aber immer. Die hält mich für bekloppt. Voll kein Wunder, eh! Scheiße. Weil ich mich immer bequatschen lasse und nachher immer der Gearschte bin.»
Nummer 69 zitterte stärker. Tarek zog seine Decke von seiner Pritsche und legte sie ihm um die Schultern.
«Soll ich dir sagen, wer wirklich bekloppt ist, Joe? Willst du's wissen?»
Nummer 69 nickte.
«Ich. Ich hab Alpträume, weil ich mal einen Toten in einem Erdloch gesehen habe. Ich bin Reporter, weißt du, und konnte nicht darüber schreiben. Schock und so. Also wollte ich wissen, wie es ist, wenn man eingesperrt ist, nur damit ich darüber schreiben kann. Ist das nicht oberbekloppt, Joe?»
«Megabekloppt.»

«Right. Und da draußen läuft die schärfste Frau rum, die ich je getroffen habe, und spuckt gerade auf meinen Namen, weil sie nichts mehr von mir hört und nicht weiß, wo ich bin. Ich sage dir, Joe, du bist noch ganz gut dran.»

■ Das erste, was ihr auffiel, als sie Tareks Wohnung betrat, war der Geruch. Wie ein Mensch roch, war wichtig für Dora. Tarek roch gut, seine Wohnung nicht. Feucht, muffig, nach schmutziger Wäsche und schwach nach einer unbestimmten Chemikalie. Ein schlechter Ort, entschied Dora enttäuscht. Die Unordnung störte sie nicht. Sie hatte so etwas erwartet. Vorsichtig, als betrete sie einen verbotenen Ort voller Fallen, bewegte sie sich durch den Flur, die beiden Zimmer, die kleine Küche, das winzige, muffige Bad. Behutsam stieg sie über kleine Haufen von Kleidungsstükken, Papierstapel, Bücher und Videokassetten, umkurvte Gläser, Teller und Flaschen und erschrak manchmal, wenn sie Geräusche vom Hausflur oder von der Straße hörte. Im Bad lief der Wasserhahn. Sie drehte ihn zu. Neben dem Bett lag eine zerbrochene, schöne alte Stehlampe. Im Wohnzimmer blinkte der Anrufbeantworter. Dora rührte ihn nicht an. Auf einem Tisch lagen Fotos herum. Dora blätterte sie durch, trotz des schlechten Gewissens, weil Hendrikje es getan hätte. Auf den Bildern Menschen, die sie nicht kannte, viele Frauen. Dora entdeckte ein Foto von Tarek mit seiner Familie, in einem Rahmen an der Wand. Es mußte seine Familie sein, denn sie sahen sich sehr ähnlich. Alle vier lachten. Tarek etwas weniger. Tarek sah sehr jung aus und sehr wild. Dora setzte sich und sah sich das Foto sehr lange an. Es erinnerte sie an ein Familienfoto mit ihren Eltern und Michael, das neben ihrem Bett stand. Ganz ähnlich. Sie versuchte den Ausdruck auf Tareks Gesicht zu lesen, suchte etwas, das sie überzeugen würde, es nicht zurückzustellen, die fremde Wohnung nicht zu verlassen und nie mehr wiederzukommen. Dann zog sie das Foto aus dem Rahmen, steckte es ein und verließ die Wohnung, um zur Polizei zu gehen.

■ «Wie fühlen Sie sich, 82?»
«Ich weiß nicht, Herr Direktor.»
«Versuchen Sie, es zu beschreiben.»
«Man fühlt wenig. Irgendwie wenig. Wie abgekühlt. Also, besoffen ist das falsche Wort, aber Nullinie. Runtergefahren auf Leerlauf. So vielleicht. Ich weiß nicht.»
«Wie kommen Sie mit Ihren Zellengenossen klar, 82?»
«Man geht sich aus dem Weg. Was nicht leicht ist. Ich spreche kaum mit jemandem. 21 ist arrogant. 53 ist ein Schwätzer. Quatscht die ganze Zeit, manchmal nur so für sich. Außerdem hat er heute mittag versucht, mir was vom Tablett zu klauen. Ich hab's aber noch gemerkt. Die anderen kenne ich nicht. Ich sprech sie auch nicht an. Man bleibt für sich.»
«Die Sache mit der Urinprobe – was haben Sie dabei empfunden?»
«Erst war ich wütend. Dann dachte ich, ich müßte heulen, weil, ich dachte, den Kittel mußt du jetzt noch zwei Wochen tragen. Und dann dachte ich, selber schuld. Ungeschickt, eben.»
«Was haben Sie in der Black Box empfunden? ... 82? Haben Sie mich verstanden?»
«Nichts. Man empfindet nichts. Druck auf den Ohren, irgendwas hat gerauscht.»

«Und die Wachen? Wie denken Sie über die Wachen?»
«Muß ich darauf antworten?»
«Natürlich nicht. Aber unser Gespräch bleibt vertraulich.»
«Das sind frustrierte, impotente Nazischweine.»
«Wie würden Sie sich selbst beschreiben, 82?»
«Eher mittelmäßig. Beißt sich durch. Kann nicht nein sagen. Nicht der mutigste. Klappe halten und durch. Fett schwimmt oben.»
«Hatten Sie sexuelle Phantasien, seit Sie hier sind?»
«Was?»
«Hatten Sie sexuelle ...»
«Nein. Ich kann mir das im Augenblick auch gar nicht vorstellen. Aber die Wärter, die müßten mal richtig rangenommen werden, das täte denen gut.»
«Was werden Sie tun, wenn Sie hier rauskommen, 82?»
«Ich weiß nicht. Es geht ja alles den Bach runter, in letzter Zeit.»
«Sie haben doch einen Kiosk, nicht wahr?»
«Ja, aber ... na ja, ich weiß nicht.»
«Ja, vielen Dank, Nummer 82.»
«Frau Doktor?»
«Ja?»
«... Ach, nichts. Nichts. Ich hab's vergessen.»
«Nun gut. Bitte füllen Sie noch diesen Fragebogen aus, ja? Dann können Sie schon wieder gehen.»

■ «Und was ist mit dir, Pilot? Warum bist du hier?» fragte Tarek überraschend.
«Ich wollte was erleben.»
Tarek sprang auf. «Nee! Komm mir nicht so, 38! Nummer

69 und ich können so dummes Gelaber jetzt gar nicht brauchen, was 69? Wir hocken hier so dicht aufeinander, daß wir uns schon am Schweißgeruch erkennen können, und wir haben noch eine satte Strecke vor uns. Also, 38: Warum bist du hier?»
Sie blickten sich scharf an, bis Nummer 38 sich ein wenig von der Wand löste.
«Ich wurde abkommandiert.»

■ Heiner Bosch lag mit geschlossenen Augen auf dem Sofa. Seine langen Beine hingen auf der einen Seite herab, und auf seinem flachen Bauch lag, Arme und Beine von sich gestreckt, seine fünf Monate alte Tochter. Er mochte das Gefühl, wenn sich ihr kleiner Körper mit jedem Atemzug hob und senkte, wenn er ihren kleinen Herzschlag spüren konnte und sie beide wie ein Wesen waren. Es machte ihn sehr ruhig.
Seine Frau hockte neben ihm und blies ihm sanft ins Gesicht. Bosch öffnete die Augen und sah sie an. Sagte nichts, sah sie nur an.
«Was ist los, Heiner?»
«Ich halte es da nicht mehr aus.»
«So schlimm?»
Er nickte. Sie stand seufzend auf und nahm das Kind von seinem Bauch. «Erzähl's mir beim Essen.»
Bosch war kein Erzähler. Er sprach wenig und langsam, auch jetzt, wo ihm doch soviel durch den Kopf ging. Aber wie sollte man es ausdrücken? Ein Gefühl drohender, großer Gefahr, das sich aus Kleinigkeiten zusammensetzte, jede für sich kaum erwähnenswert.
«Vielleicht bist du einfach zu empfindlich.»

Bosch sagte eine Weile nichts.
«Sie haben einem der Gefangenen ins Essen gespuckt.»
«Wie widerlich! Und hat er's gemerkt?»
«Es geht nicht darum, ob er's gemerkt hat. Es geht darum, daß sie es *einfach getan* haben, verstehst du? Sie sind gefährlich!»
«Nein. Das ist ein widerlicher Schülerstreich, die Versuchsleitung müßte das unterbinden, aber gefährlich? Warum hast du nichts gesagt?»
«Habe ich. Sie haben nur gelacht. Und die Gefangenen sehen wie *verdammt* aus. Sie leiden! Und ich bin mitverantwortlich!»
«Du bist zu empfindlich, Heiner. Sie haben es doch gewußt. Alle haben doch diesen Vertrag unterzeichnet. Und außerdem steht ihr doch unter Kontrolle.»
Bosch nickte, schüttelte den Kopf, wollte etwas sagen, konnte aber den Gedanken, der ihn bewegte, nicht in Worte fassen.
«Ich halte das nicht mehr aus.»
Seine Frau ergriff seine Hand, rieb sie warm und sprach auf ihn ein. «Du bist viel stärker, als du denkst, Heiner. Denk an die Schule. Du schaffst das!»
«Vielleicht werde ich den Versuch abbrechen.»
«Heiner! Wir haben das sooft besprochen! Wäre es nicht viel wichtiger, daß mal einer dabei ist, der anders ist?»
«Ich weiß nicht.»
«Du weißt, daß ich dich nie dränge, Heiner. Aber überleg dir das. Du weißt auch, wie wenig wir im Moment auf das Geld verzichten können. Es ist auch für dich wichtig. Halt durch. Bring es zu Ende! Für dich.»

■ «Hauptmann Steinhoff! Ich faß es nicht! Gibt's noch mehr von deiner Sorte, hier?»
«Nicht, daß ich wüßte. Aber möglich.»
Tarek war wieder hellwach. Was Steinhoff da erzählte!
«Also ist das hier gar kein richtiges Experiment, sondern nur so eine Art Übung für dich oder wer hier sonst noch von deinem Verein dabei ist?»
«Unwahrscheinlich, aber nicht auszuschließen. Man hat mir gesagt, daß es ein ganz normales psychologisches Experiment sei.»
«Und was bedeutet das für uns?»
«Ich schätze, daß sie noch eine Reihe von Streßsituationen simulieren werden.»
«Also sind wir nur Dekoration. Versuchskaninchen, für die man sich gar nicht interessiert?»
38 zuckte mit den Achseln.
«Ich will hier raus», jammerte 69 leise.
«Und was ist deine Aufgabe, Hauptmann?»
«Es geht immer darum, optimal durchzuhalten. Bei geringstmöglichem Widerstand. Und sich nicht manipulieren zu lassen. Weder von Wärtern noch von Mithäftlingen.»
Tarek machte Augen. «Ach, so ist das!»
«Ja, so ist das.»
«Also jeder hier ist dein Feind?»
«Im Prinzip.»
«Und warum hast du uns dann alles erzählt?»
«Ja, warum, eh?»
Steinhoff legte sich wieder hin. «War vielleicht ein Fehler.»
«Was würde passieren, also theoretisch, wenn du diese ‹Übung› nicht durchhältst?»

«Dazu müßte es erst mal eine richtige Übung sein. Das weiß ich gar nicht.»
«Und du kannst niemandem trauen.»
«Genau.»
«Eh, aber wir sind doch Zellenkumpel!» meldete sich Nummer 69.
Steinhoff schüttelte den Kopf. «Reiner Zufall. Ich sehe euch zum erstenmal. Zwei Männer in lächerlichen Kitteln und Badekappen. Weswegen sollte ich euch vertrauen?»
Tarek sprang auf und riß sich mit einer Bewegung die Badekappe vom Kopf. «Und jetzt?»
«Eh, das dürfen wir nicht!» rief Nummer 69.
«Scheiß ich drauf! Und jetzt? Jetzt siehst du mich! Das bin ich! Tarek Fahd, achtundzwanzig Jahre und ...»
Weiter kam er nicht. Eine Trillerpfeife gellte los. Fast gleichzeitig war ein Wärter bei ihnen, hämmerte mit seinem Stock gegen das Gitter und schrie ihn an.
«Kappe auf! Sofort die Kappe auf, 77!»
Berus und der dritte Wärter stürmten in den Flur, aber der erste beruhigte sie.
«Alles wieder okay! Keine Probleme! Alles wieder im Griff! 77 hat es nur am Kopf gejuckt!»
Berus kam ans Gitter. «Dich juckt wohl so manches, 77, was?»
Tarek nahm an, daß jetzt wieder irgend etwas passierte, aber Berus ließ ihn überraschenderweise in Ruhe. Er übernahm die Flurwache, behielt ihn im Auge und knackte manchmal mit seinem Nacken.
Tarek dachte nach und kam auf einen Gedanken. «He, Hauptmann! Aber was, wenn du Kooperation lernen sollst. Vielleicht ist das die Lösung deiner Aufgabe?»

«Wundert mich, daß du so ein Wort kennst, 77.»
«Könnte es sein oder nicht?»
38 zögerte. «... Möglich. Oder auch nicht.»
Tarek stöhnte. «Ich sage dir was, 38. Du steckst noch viel mehr in der Scheiße als wir.»

■ Am Nachmittag wurden sie in den Speiseraum geführt. Auf den Tischen, vor jedem Platz, lagen vier Briefbögen und ein dünner Filzstift mit weicher Fasermine.
«Schreibt leserlich! Und keinen Schweinkram!»
Tarek schrieb an seine Schwester. Natürlich würden die Wärter die Briefe lesen, also schrieb er kurz und deutlich. Nichts, in das sich irgendeine versteckte Botschaft hineindeuten ließe.
«Noch vier Minuten!»
Noch drei Blätter übrig. Tarek beobachtete die Wachen, die durch den Raum patrouillierten. Ohne hinzusehen, ließ er die übrigen Blätter auf seinen Schoß rutschen und faltete sie eilig so klein wie möglich zusammen. Als keiner der Wärter ihn sehen konnte, klemmte er sich das kleine Päckchen in den Ärmel. 38 bemerkte es, sagte aber nichts.
«Noch eine Minute! Kommt zum Ende!»
Sie mußten unbedingt noch einmal wegsehen. Papier ohne Stift war nutzlos. Guckt weg! *Guckt weg!* Tarek riskierte es, als die Wärter ihm den Rücken zuwandten. Mit einer schnellen Bewegung ließ er den Filzstift unter der Achsel verschwinden. Er schaffte es, gerade bevor der Wärter kam, um die Blätter einzusammeln und die Stifte nachzuzählen. Damit hatte Tarek noch ein Problem, an das er nicht gedacht hatte. Er mußte vertuschen, daß drei Blätter fehlten, und er hatte dazu nur noch einen Arm frei.

«Na, los!» sagte Berus. «Gebt mir eure Blätter!»

■ Der Raum mit den Monitoren war leer. Auf dem Tisch davor ein paar aufgeschlagene Psychologie-Lehrbücher, Zettel mit Notizen, Textmarker, eine angebrochene Tafel Schokolade, ein Plastikbecher mit einem Rest alten Kaffees. Auf dem PC seitlich vor dem Fenster lief ein Bildschirmschoner. Bunte Fische in einem Aquarium. Manchmal kam ein Hai und fraß einen.
Monitor 1 zeigte den Speiseraum. Häftling 38 schob gerade die Blätter seiner Nachbarn zusammen und hielt sie dem Wärter entgegen, der vor ihm stand.
«He, bißchen ordentlicher, 38!» Die Stimme des Wärters knarzte durch den eingebauten Monitorlautsprecher. *«Da kommt ja alles durcheinander!»*
«Entschuldigung, Herr Strafvollzugsbeamter. Ich dachte ...»
«Nicht denken, 38! Habt ihr alle eure Nummer und die Adresse auf das Blatt geschrieben?»
«Danke», murmelte Häftling 77 kaum hörbar.
«Wofür?» zischte Nummer 38 und stand auf.

■ Wärmere Luft war eingeflossen, es roch nach Frühling. Die Sonne kitzelte schon auf der Haut, und sobald sie nach einem Schauer wieder durchkam, trockneten die nassen Flächen auf dem Ziegelpflaster vor dem Institutsgebäude. Aus einem Birkenhain am Rande des Campus dampfte es, auf den Rasenflächen ringsum staksten Krähen in kleinen Verbänden auf der Suche nach Würmern herum. Auf einem Feldweg jenseits des weitläufigen Geländes führte eine Frau ihren Hund aus. Sie blieb stehen und blickte hin-

über zu der imposanten Plexiglaskuppel des botanischen Gartens und den nächstgelegenen Institutsgebäuden. Ein paar junge Leute standen dort herum, rauchten. Ein ziemlich schlaksiger Kerl patschte wie ein Kind durch die Pfützen. Hinter dem Gebäude wurde der Himmel wieder dunkel. Die Frau rief ihren Hund und beeilte sich.
Sie sah nicht mehr, wie drei Männer aus dem Gebäude kamen. Die drei Männer und die jungen Leute winkten einander knapp zu und riefen etwas. Dann eilten die drei Männer in Richtung Parkplatz.
«Dürfen wir eigentlich mit ihnen reden oder nicht?» fragte Lars, der mit nassen Füßen zurück zum Gebäude schlurfte.
Jutta zuckte mit den Achseln. «Besser sowenig wie möglich.»
«Müssen wir nicht rein?» fragte eine von den beiden Neuen, die neugierig auf das Labor war.
«Gemach, gemach!» winkte Lars ab. «Das ist Forschung hier und nicht die Börse. Erst mal frische Luft schnappen. Da unten passiert sowieso nicht viel. Eigentlich passiert gar nichts, was, Jutta?»

■ Das Bild von Monitor 2 belebte sich. Die Häftlinge wurden in einer Reihe zurück in ihre Zellen geführt. Die Wachen ließen sie eine Weile vor ihren Zellen strammstehen, die Hände hinter dem Kopf verschränkt, und schritten die Reihe ab. Nummer 12 mußte vortreten. Der Wärter Berus hielt ihm seinen Brief vor die Nase und las ihn laut vor. Die beiden anderen Wärter lachten. Nummer 12 machte eine schnelle Bewegung, um dem Wärter den Brief zu entreißen, aber Berus war schneller. Er schrie Nummer 12 an, drückte ihm den Stock auf die Brust und schob ihn zurück. Der Häftling machte noch eine schnelle Bewegung, aber sofort waren alle Wärter bei ihm. Berus ohrfeigte ihn. Die Wärter schrien. Die anderen Häftlinge warfen sich auf den Boden, rappelten sich wieder auf, standen stramm und warfen sich wieder auf den Boden.

■ «Gibt's denn irgendwas Besonderes zu beachten?» fragte der zweite Student, der zum erstenmal zur Aufsicht eingeteilt war. Die Aufsicht war der lästige Teil eines experimentellen Praktikums bei Professor Thon, das er für die Prüfungszulassung brauchte, und er hatte nicht die geringste Lust, irgend etwas Besonderes zu beachten.
Lars schüttelte den Kopf. «Du sitzt nur die ganze Zeit vor den Monitoren und schaust es dir an. Einmal am Tag kommt das Essen von dem Catering-Service. Alle drei Mahlzeiten. Ihr müßt nur den Lieferschein unterschreiben, das ist alles. Vor dem Schichtwechsel müssen sich die Wärter in die Liste eintragen, aber die wissen Bescheid. Am Schichtende bringt einer der Wärter die Urin- und Sputumproben hoch. Ihr müßt sie nur codieren und verpacken. Thoni nimmt sie mit, wenn er kommt. Drinnen hängt ein Zettel mit den wichtigsten Telefonnummern. Manchmal geht da unten ganz schön die Post ab, aber man gewöhnt sich dran. Das ist eben kein gewöhnliches Experiment. Aber wenn es so läuft wie bisher, stehen wir damit alle demnächst im *Science-Magazine*. Ich hab ein paar Spiele auf den PC kopiert, falls euch langweilig wird.»
«Und? Wart ihr schon mal unten?»
Lars schüttelte den Kopf. «Verboten. Prohibited Area. Die einzigen, die runterdürfen, sind Thoni, Jutta und ein Arzt,

falls was ist. Aber vom Bildschirm aus ist es viel besser. Wie Fernsehen.»

■ «Wo bist du jetzt?» fragte Hendrikje am anderen Ende der Leitung.
«In seiner Wohnung.» Dora preßte sich das drahtlose Telefon ans Ohr und stützte mit dem andern Arm ihren Ellbogen.
«Und wo ist *er* jetzt?»
«Ich weiß es nicht. Rikje, ich weiß es doch nicht! Ich war bei der Polizei, aber er ist dort nicht registriert, obwohl die Nachbarin behauptet, daß er verhaftet wurde. Aber bei der Polizei haben sie ihn nicht im System. Sagen sie. Der Beamte auf der Wache hat eine halbe Stunde herumtelefoniert, aber Tarek ist bestimmt nicht verhaftet worden. Sie sagen, daß Nachbarn manchmal alles mögliche sehen.»
Dora dachte an die glanzlosen Augen der Frau im Hausflur.
«Das kenne ich», sagte Hendrikje. «Und jetzt? Was wirst du jetzt tun?»
«Ich weiß nicht.»
«Aber ich. Hinterlaß ihm eine Nachricht und komm zurück.»
«Und wenn ihm etwas zugestoßen ist?»
«Er wird bei einer Frau sein. Hundert Prozent. Die Nachbarin hat sich geirrt. Außerdem – haben sie da nicht Karneval? Natürlich! Er ist zu einer Party abgeholt worden und liegt jetzt irgendwo und schläft seinen Rausch aus.»
«Ich weiß nicht, Rikje.»
«Oder möchtest du, daß ich dich abhole?» Es klang wie eine Drohung.

«Nein», sagte Dora schnell. «Du bist sehr lieb, aber ich möchte nicht, daß du kommst. Ich gehe morgen noch mal zur Polizei, und wenn er dann nicht auftaucht, komme ich zurück. Morgen. Spätestens übermorgen.»
«Morgen geht schon dein Flug!»
«Ich weiß. Ich fliege später. Sprich mit Dennis und sag, daß ich hier noch zu tun habe. Bitte, ja?»
Hendrikje am anderen Ende der Leitung schwieg. Dora hörte sie nur atmen.
«Bist du ganz sicher, daß du jetzt keinen Unsinn machst?»
«Es war deine Idee, Rikje!»
«Ich weiß, das beunruhigt mich ja so. Vielleicht war es wirklich blöd romantisch, dich diesem Typ hinterherzujagen. Ich wollte einfach nicht, daß du wegfliegst. Aber jetzt bekomme ich Angst. Bitte komm zurück, ja?»
«Ganz sicher, Rikje. Mach dir keine Sorgen, ja? Es ist schon in Ordnung. Ich will ihn jetzt nur finden, dann komme ich.»
Hendrikje schnaufte ungehalten aus. «Blöde Idee! Aber wie du willst. Melde dich nur zwischendurch.»
«Ganz bestimmt.»
Nachdem sie aufgelegt hatte, blieb Dora noch lange neben dem Telefon auf dem Boden hocken und dämmerte vor sich hin. Wie immer, wenn sie Entscheidungen treffen mußte. Die Welt wurde diffus, sobald Entscheidungen zu treffen waren, zersplitterte in Tausende von Möglichkeiten, Tausende Wege. Dora hatte immer genau gewußt, was sie *nicht* wollte. Ansonsten war es gut, im Leben mitzuschwimmen, keine großen Pläne zu machen, sondern die Wege, Hinweise, Rufe und kleinen Abzweigungen auszuprobieren, die sich links und rechts von ihr anboten. Entscheidungen

dagegen waren grob und butal, verletzten die Harmonie, konnten große Fehler bedeuten. Manchmal jedoch blieb keine Wahl.

■ «Herr Strafvollzugsbeamter!»
«Was gibt's, 77?»
«69, sehen Sie? Er hat irgendwas.»
Berus näherte sich mißtrauisch der Zelle. «Weg vom Gitter, 77!»
Tarek trat beiseite. Der Wärter trat einen vorsichtigen Schritt näher und sah sich den in Decken gehüllten 69 durch das Gitter an. Die Zelle spiegelte sich in seiner Brille.
«Was ist mit dir los, 69?»
«Mir ist kalt.»
«Bist du krank?»
«Nein, Herr Strafvollzugsbeamter! Mir ist nur kalt.»
«Ihm ist nur kalt! Und was redest du für einen Stuß, 77?»
«Man sieht doch, daß es ihm nicht gutgeht. Ich finde, der Arzt sollte ihn sich mal ansehen. Es gibt doch einen Arzt hier, oder?»
«Es geht ihm ausgezeichnet!» brüllte Berus Tarek an. «Braucht er einen Manager, der für ihn spricht, oder was? Du willst dich aufspielen, 77! Wofür hältst du dich, für die Stimme der Gerechten? Oder soll das ein Trick sein?»
«Nein, Herr Strafvollzugsbeamter.»
«Oder bist du ein verdammter Simulant, 69?»
«Nein, Herr Strafvollzugsbeamter!»
«Das ist auch gut so. Simulanten wandern nämlich in die Box! Willst du in die Box, 69?»

«Nein, Herr Strafvollzugsbeamter.»
«Aber einen Schokoriegel würdest du bestimmt nicht ablehnen, was, 69?»
«Ja ... ich meine nein, Herr Strafvollzugsbeamter.»
«Komm mal mit, 69!»
Berus schloß die Zelle auf und führte Nummer 69 aus dem Flur. Nach einer Weile brachte er ihn wieder zurück, unverändert bis auf einen kleinen Fleck am Mundwinkel.
«Bist du untersucht worden?» fragte Tarek.
«Nein.»
«Und was war dann?»
«Fragebögen.»
«Fragebögen!» wiederholte Tarek langsam. «Aus Schokolade, ja?»

■ An diesem Abend war Berus zum erstenmal seit längerer Zeit wieder verabredet. Nach dem Dienst hatte er die Nummer einer ehemaligen Kollegin bei der Fluggesellschaft herausgesucht, mit der er sich gut verstanden hatte. Sie war eine zierliche Person mit sanften Augen und trokkenen Händen und hieß Jessica, aber der Name machte ihm weiter nichts aus. Nach zwei Anläufen fand Berus genug Mut, sie anzurufen. Sie war gerade nach Hause gekommen und hatte noch nichts vor. Kino? Ja, gerne. Oder lieber essen gehen? Warum nicht beides? Sie lachte am anderen Ende. Berus lachte auch und entschied sich für Essen.
Im Restaurant erzählte Jessica in allen Einzelheiten den neuesten Flughafenklatsch. Berus lachte.
«So ein Kinderquatsch! Die nehmen sich doch alle viel zu wichtig! Ich bin froh, daß ich weg bin.»
«Du hast es völlig richtig gemacht!» sagte Jessica und be-

rührte flüchtig seine Hand auf dem Tisch. «Aber was machst du denn jetzt?»
«Ich arbeite an einem Forschungsprojekt der Universität.» Er machte eine unbestimmte Bewegung mit der Gabel. «Als so eine Art Supervisor bei einem psychologischen Experiment.»
Sie machte Augen.
«Wir untersuchen die Auswirkungen von Gruppenstreß bei Häftlingen», erklärte Berus. «Ich muß die Versuchspersonen beaufsichtigen, damit alles ordnungsgemäß abläuft.»
«Hört sich spannend an.»
«Ist es auch. Man hat Verantwortung, man lernt eine Menge über sich, und die Bezahlung stimmt.»
«Braucht man dafür nicht eine Ausbildung?»
«Es gab einen ziemlich taffen Test. Da sind die meisten schon durchs Raster gefallen. Wir anderen haben ein kurzes Einführungsprogramm bekommen, und das war's.»
«Na ja, fast wie bei uns.»
«So ähnlich. Aber das ist jetzt Forschung.»
«Und wenn das Projekt vorbei ist?»
«Suche ich mir was anderes in der Richtung. Ich hab ein paar Pläne. Aber ist gar nicht gesagt, daß das Experiment so bald aufhört.»
Berus aß vegetarisch, mehr aus Gewohnheit als aus Prinzip. Zwischendurch riskierte er einen Blick auf Jessicas Brüste, die für ihre Statur sehr üppig waren und sich beim Sprechen bewegten. Sie bemerkte es.
«Und?» fragte sie. «Wie schmeckt's?»
«Gut», nuschelte er.
«Also, ich hätte nicht gedacht, daß du mal anrufst», sagte

sie zwischen zwei Bissen. «Du kommst mir irgendwie verändert vor.»
«Wie denn?»
«Na, verändert. Die Stimme. Verändert. Macht wahrscheinlich der neue Job.»
Später, als sie aus dem Restaurant traten, wandte sie sich mit einer schnellen Bewegung zu ihm um, drängte sich an ihn und küßte ihn.
«Kleiner Dank fürs Essen.»
Er fühlte die Bewegung ihrer Brüste, und fast automatisch berührte er sie, hielt sie fest. Sie gluckste leise und küßte ihn wieder.
«Komm, bring mich nach Hause, ja?»

■ *ich habe papier. papier gleich regelverstoß. papier gleich freiheit. papier gleich arschlecken. berus kann mich mal. ich werde das alles aushalten, weil ich es aufschreiben kann.*
Tarek schüttelte seine Hand aus und krümmte sich auf dem Bett. Es war nicht leicht, ohne Licht zu schreiben. Das Papier kaum zu sehen. Tarek mußte es dicht vor die Augen halten, um klein und leserlich genug schreiben zu können.
«Was machst du da, Nummer 77?»
«Nichts. Fragebögen.»
«Du verstößt gegen die Regeln, Nummer 77!»
«Ich scheiß auf die Regeln, Nummer 69! Halt die Klappe oder sag mir, was Berus von dir wollte! Wem sollst du den Kopf wegpusten für deinen Schokoriegel?»
«Was für'n Schokoriegel?»
«Vergiß es. Dann hast du eben Scheiße am Mund gehabt. Eh, 38, schläfst du schon?»

«Ja.»
«Du bist doch der Experte hier. Sag mir, warum funktioniert das so gut?»
«Funktioniert *was* so gut?»
«Warum spielen alle das Spiel mit? Ist doch nur ein Experiment!»
Eine Weile hörte man nichts. Nur Atemgeräusche. Aber dann: «Das ist doch ein altes Spiel, Nummer 77. Jede Armee der Welt kennt es. Wenn du Menschen dazu bringen willst, etwas zu tun, was sie gar nicht tun wollen, also töten oder getötet werden oder sich auf engstem Raum einsperren lassen, dann gibt es nur eine Methode: totaler Drill. Vollständige Zerstörung der Individualität. Die Wärter hier gehen noch sehr plump vor im Vergleich zu echtem Kasernenhofdrill. Aber trotzdem funktioniert es, wie du siehst. Auch bei dir.»
«Falsch, Nummer 38. Nicht bei mir. Ich gehör' nicht dazu, ich guck nur zu und schreib es auf.»
«Seid endlich still!»
«Du bist der größte Schwachmat, der mir je begegnet ist, 77. Du funktionierst genauso wie wir. Weil wir alle wissen, daß wir Gefangene sind. Weil wir wissen, wer das Sagen hat. Du hältst das alles hier für eine Simulation, Nummer 77, aber genau das ist dein Fehler. Wenn du im Flugsimulator sitzt und denkst, hey, ist ja alles nur eine Simulation, hast du schon verloren. Du wirst sorgloser, unkonzentrierter, und beim ersten *emergency* – zack – bist du weg vom Fenster. Das ist ein Naturgesetz. Beim Fliegen lernst du das schnell: Es gibt keine Übung. Es gibt nur den Ernstfall.»
«Du laberst vielleicht eine Scheiße, 38. Ich bin frei. Wenn ich gehen will, dann geh ich.»

«Versuch's doch.»
«Mach ich, du wirst lachen. Gleich morgen.»
«Schnauze endlich, ihr Kameradenschweine!»
«Oh, sieh an! Ein Wortbeitrag von Nummer 69. He, noch mal langsam zum Mitschreiben bitte, Schokopudding.»
In diesem Augenblick, völlig ohne Vorwarnung, sprang 69 von der obersten Pritsche und drosch auf Tarek ein. Es ging so schnell, daß Tarek es kaum begriff. Die Schläge kamen hart und schnell hintereinander. 69 schien Erfahrung zu haben. Er schlug zu, ohne darauf zu achten, welche Körperteile er traf, schlug einfach zu, schlug zu und keuchte.
«Du dreckiges Kameradenschwein! Ich krieg deinetwegen nur Ärger! Noch mal zum Mitschreiben? Kannst du haben! ... Hier! ... Dreckskanake! ... Drecksau!»
Tarek stöhnte unter den Schlägen, konnte nicht schreien, weil er schon nach den ersten Schlägen nicht mehr genug Luft bekam. Also nur noch zusammenkauern, den Kopf einziehen, aushalten. Wie alles hier.
Nummer 38 sprang von der mittleren Pritsche und riß 69 zurück, daß er heftig gegen die Wand krachte und aufschrie. Gleichzeitig ging das Licht an.

6

Der Interviewraum sah aus wie alle anderen Räume. Die gleichen Kunststoffwände mit ihrem Plastikgeruch, der gleiche Boden, der beim Auftreten hohl nachhallte, auf dem die Gummilatschen quietschten und die Stiefel der Wachen knallten. Wie immer alles hell erleuchtet. Ein Raum ohne Schatten, wie alles in dieser Welt. In der Mitte des Raumes ein Tisch mit drei identischen Stühlen. Auf einem der Stühle saß Tarek und wartete.

Die Tür öffnete sich, und Professor Thon und die Assistentin, die Jutta hieß, traten ein. Hinter ihnen schloß die Wache gleich wieder die Tür. Tarek erhob sich, um die beiden zu begrüßen, doch sie gingen einfach um den Tisch herum und nahmen auf der anderen Seite Platz. Die Assistentin stellte ein kleines Diktiergerät auf den Tisch und schaltete es ein.

«Guten Morgen, Nummer 77», begann Thon. «Sie wollten mich sprechen?»

Tarek setzte sich. «Es geht um 69.»

«Reden Sie mich bitte mit Herr Direktor an, Nummer 77. Ich habe schon gehört, daß es in der Nachtschicht zu einer Auseinandersetzung zwischen Ihnen beiden kam. Brauchen Sie einen Arzt?»

«Mir geht's prima, Herr Direktor», log Tarek. Er war übersät mit blauen Flecken, seine Rippen schmerzten wie bei einem Muskelkater, sein Arm fühlte sich taub an, und er hatte in der Nacht in Abständen nur für Minuten geschlafen. Es ging ihm überhaupt nicht prima.

«Alles roger! Bis auf den fehlenden Schlaf. Die Nacht war nicht so toll.»

Tarek versuchte sich wieder an die Sätze zu erinnern, die er sich zurechtgelegt hatte. Schwierig. Sonst brauchte er so was nicht, reden war nie ein Problem. Aber die Situation war anders. Gedanken wie Glibber. Seltsames Lampenfieber.

«Nachdem 69 seinen kleinen Anfall hatte, hat uns die Nachtschicht Liegestützen machen lassen, bis uns die Arme weggeknickt sind. Anschließend haben sie die ganze Nacht das Licht immer wieder aus- und eingeschaltet. An, aus, an, aus, an, aus.»

«Wollen Sie sich über die Wärter beschweren, 77?»

«Die Wärter? Sowieso. Ach, Scheiße, nein ...»

«Wollen Sie in eine andere Zelle verlegt werden?»

«Hören Sie mir doch zu! 69 geht es nicht gut. Ich habe gestern schon darauf hingewiesen.»

«Wie ich höre, sieht 69 das aber anders.»

«Nein, nicht mehr. Er hat vor dem Durchzählen geäußert, daß er entlassen werden will. Er ist fertig, am Ende, er kann nicht mehr. Und er ist nicht der einzige, Herr Direktor!»

«Es ist erst der dritte Tag. Ich gebe zu, die Situation erzeugt einen enormen Streß, aber darauf wurden Sie ja vorbereitet.»

Tarek stöhnte und warf den Kopf zurück. «Reden Sie mit 69. Bitte!»

«Natürlich. Gleich nach Ihnen.» Thon lächelte ihn unverbindlich an. Tarek blieb sitzen, atmete schwer und rieb sich die Hände am Kittel ab.

«Ist noch was, Nummer 77?»

«Ja. Ich möchte ebenfalls entlassen werden. Die Bezahlung ist mir egal. Ich breche ab.»

«Sie haben einen Vertrag unterschrieben, Nummer 77.»

«Ist mir egal. Ich bin freiwillig hier. Sie können mich nicht festhalten.»
Thon überlegte und blickte Tarek dabei genau an.
«Doch», sagte er langsam und sehr deutlich. «Laut Paragraph 3 des Vertrages können wir das.»
Tarek sah eine Irritation bei Jutta. Sie rückte auf ihrem Stuhl herum und wollte etwas sagen, doch Thon ignorierte sie.
«Sie sind schließlich verhaftet worden. Ein Gefängnis kann man nicht nach Belieben verlassen.»
Tarek rückte mit seinem Stuhl nah an den Tisch heran, beugte sich vor und sprach schnell und hastig die Sätze, die er sich sorgfältig überlegt hatte.
«Hören Sie mir zu, Dr. Frankenstein. Ich. Will. Hier. Raus. Ich bin Journalist. Ich werde über all das hier schreiben, das ganze Experiment, die ganze Gehirnwäsche, und wenn Sie mich weiter festhalten, dann trete ich eine Medienkampagne gegen Sie los, daß man Sie nur noch in der eigenen Nase forschen läßt!»
Er lehnte sich erschöpft wieder zurück, als sei alles gesagt.
Thon wandte sich seiner Assistentin zu und wechselte einen raschen Blick mit ihr. Sie verzog keine Miene.
«Sie können jetzt gehen, 77», sagte Thon. «Wir werden Ihnen dann die Entscheidung des Direktoriums mitteilen.»
Tarek verstand nicht. «Sie meinen, da gäbe es noch irgend etwas zu entscheiden?»
Thon hob den Arm, und augenblicklich öffnete die Wache die Tür.
«77 kann wieder zurück in die Zelle gebracht werden!» rief Thon.

■ Dora hatte einen Stuhl unter die Klinke geklemmt, für alle Fälle, und in Tareks Bett geschlafen. Das Bettzeug war fleckig, aber es machte ihr nichts aus. Sie hatte von Tarek geträumt, als ein Geräusch sie weckte. Ein paar Sekunden verhielt sie sich ganz still, hielt den Atem an, wartete, horchte, bis die Schritte sich entfernten und sie sicher war, daß sich außer ihr niemand in der Wohnung bewegte.
Die seltsam klare Stimmung des letzten Tages hielt noch an. Dora entdeckte die Lederjacke, die Tarek an dem Abend getragen hatte, als sie sich kennenlernten. Sie paßte ihr sogar fast, also behielt sie sie an. In den Taschen nur Erdnußkrümel und Tankquittungen. Dora schüttelte die Taschen aus, zog die Walther ihres Vaters, mit der sie und Michael früher heimlich in Baggerlöchern geschossen hatten, aus der Reisetasche, überprüfte sie und steckte sie ein. Sie paßte ganz gut in die Jackentasche. Doras Vater hatte die alte Waffe nicht mit nach Kanada nehmen wollen, als er sich entschlossen hatte, Holland für immer zu verlassen, aber Dora hatte sie aus Sentimentalität doch wieder eingepackt. Die Waffe war gesichert, das Magazin lag irgendwo in der Handtasche. Ein alter, vertrauter Gegenstand mit geringem Durchschlag und nicht sehr genau. Ein Talisman, der sie mit Michael verband und den sie seit einem Jahr immer bei sich trug, wenn sie nach Deutschland fuhr.
Sie verließ die Wohnung sehr schnell, suchte einen Taxistand und zeigte den drei wartenden Fahrern das Foto, das Tarek mit seiner Familie zeigte. Aber nur einer erkannte ihn flüchtig wieder. Der Mann gab ihr den Tip, es gegen Mittag in der Taxifahrerkantine zu versuchen, und schrieb ihr die Adresse auf.

■ Irgend etwas lag in der Luft. Die Anspannung war fast körperlich zu spüren. Der Hofgang fiel aus. Ohne Ansage. Sie holten sie einfach nicht aus den Zellen. Keiner der Häftlinge beschwerte sich, nur manchmal waren gedämpfte Flüche zu hören.
Sie hatten die Heizung aufgedreht. Es wurde wärmer, angenehm genug, daß man keine Decke mehr brauchte, doch die Temperatur stieg weiter an. Es wurde immer wärmer. Noch wärmer, bis sich nasse Flecken vorne und hinten auf den Kitteln bildeten. Den Wachen schien es nichts auszumachen.
Sie holten die Nummer 69 zum Interview ab. Er ging mit, als ginge er zum letztenmal irgendwohin. Nach kurzer Zeit jedoch brachten sie ihn wieder zurück.
«Na, wie war's? Was sagt er?»
Nummer 69 zuckte mit den Schultern. Sagte nichts. Saß zusammengesunken auf der Pritsche, blickte auf, wenn ein Wärter an der Zelle vorbeikam. Saß einfach auf der Pritsche, irgendwo in Gedanken, irgendwo, wo es schöner war.
«Sie werden meinen Antrag prüfen.»
«Was?»
«Sie haben gesagt, sie werden meinen Entlassungsantrag prüfen.»

■ Gegen halb zwölf fuhr sie hin. Sie fand die Kantine nicht gleich, bis sie einem Taxi durch eine Hofeinfahrt folgte. Von außen sah sie aus wie eine alte Werkzeughalle, trotzdem war es eine gewöhnliche Kantine. Eine Edelstahltheke, Plastiktische, Plastikstühle, ein paar Reproduktionen an den Wänden, ein paar Blumenkübel in der Ecke. Alles sehr sauber. Hinter der Essensausgabe eine Schwingtür zur

Küche. Zwiebelbraten stand als Tagesgericht auf der Tafel. Er roch auch so. Luftschlangen an den Lampen. Aus Lautsprechern plärrten Karnevalsschlager. Es war noch nicht viel los. Ein paar Fahrer saßen in Grüppchen zusammen. Niemand beachtete sie, als sie eintrat.

«Entschuldigen Sie, ich suche diesen Mann.» Dora sprach den Typ an, der die Beilagenbehälter auffüllte.

«Wat bist du, dat F.B.I.?» Der Koch lachte.

«Er heißt Tarek Fahd. Er ist Taxifahrer.»

«Hier jibbet keine Taxifahrer, Mädschen. Hier jibbet nur Steptänzer!» Der Koch mit dem rheinischen Singsang schüttete sich aus vor Lachen. «Also, wat meinste, wode hier bis, Mädschen?» sagte er, als er sich wieder gefangen hatte, und nahm ihr das Foto ab. «Welscher isset denn?»

«Der ganz außen.»

«Der Außenverteidijer, wat? Ja, laß ma, isch seh schon. Wat willste denn von dem?»

«Ich muß ihn sprechen.»

Der Koch sah sie bedauernd an und gab ihr das Foto zurück.

«Mädschen! Mach disch doch nit unglücklisch.»

«Was meinen Sie?»

Jemand nahm ihr das Foto von hinten aus der Hand.

«Einen Scheiß meint er.»

Vor ihr stand ein untersetzter Mann in einer speckigen Jeansjacke und grinste sie an. Er hatte neben ihr an der Essensausgabe gestanden. Er trug Jeans mit einem indianischen Folkloregürtel, Turnschuhe, ein kariertes Baumwollhemd, das er am Kragen mit Lederbändchen gebunden hatte wie ein Country-Fan. Er war kräftig, hatte kleine Augen mit Krähenfüßen, war nicht rasiert und roch trotzdem intensiv nach Tabak-Aftershave.

«Chris Dresemann», stellte er sich vor und gab ihr das Foto zurück. «Aber alle nennen mich Drese.»
«Kennen Sie Tarek?»
«Sicher. Hab ihn gleich erkannt, als du das Foto rumgezeigt hast. Wir sind so.» Er verhakte die Zeigefinger.
«Ist das seine Familie, daneben?»
«Schätzungsweise. Ich kenn die nicht. Was willst du denn von Tarek?»
Sie zuckte verlegen mit den Achseln. Er nickte.
«Keine Ahnung, was die Frauen an dem Kanaken immer finden. 'tschuldigung, war nicht so gemeint. Schon was bestellt? Komm, iß was. Tarek ist nicht da. Hat sich seit zwei Tagen nicht gemeldet, keine Ahnung, wo der wieder steckt. Hab mir schon Sorgen gemacht. Der Grieche auch, das ist der Chef. Und jetzt du.»
Drese drückte Dora ein Tablett in die Hand und lotste sie zu einem freien Tisch. Er stand wieder auf und besorgte Besteck und zwei Gläser Cola.
«So, jetzt aber! Hau rein. Mahlzeit.»

■ Der Antrag wurde abgelehnt. Kurz vor dem Mittagessen teilte Bosch es ihnen mit.
«Laut Beschluß der Anstaltsleitung sind sämtliche Anträge auf Haftverschonung abgelehnt worden. Folgende Häftlinge wurden von der Disziplinarkommission wegen wiederholter Regelverstöße und Fehlverhalten zu einer Haftverlängerung von drei Tagen verurteilt: Nummer 11. Nummer 74. Nummer 77. Nummer 40.»
«Was heißt das?» schrie Tarek und rüttelte am Gitter. «Das ist doch nicht wahr! Das glaub ich nicht! Das ist doch alles nicht wahr!»

«Ruhe, 77!»
«Das ... Aua!»
38 stand hinter ihm und quetschte ihm mit beiden Händen brutal das Schlüsselbein zusammen.
«Sei still!» zischte er. «Verdammt, halt's Maul!»
Tarek entwand sich dem schmerzhaften Griff. «Aua! Ja, Mann, ist ja schon gut, laß los!»
«Hast du's immer noch nicht kapiert?» fuhr ihn Steinhoff an. «Das ist keine Simulation! *Das ist keine Simulation!*»

■ Drese schlang fast, ohne zu kauen. Er spürte Doras Blick und grinste sie an.
«Was bist du? Französin?»
«Holländerin?»
«Niedlicher Akzent.»
«Hat Tarek nicht gesagt, wo er hin ist?»
«Sagt er nie. Mußt du doch kennen.» Er blickte sie an, legte Messer und Gabel weg und wischte sich den Mund ab. «Du ißt ja gar nicht.»
Sie nahm einen Bissen, und Drese nickte zufrieden. «Sind Sie ein Freund von Tarek?»
«Freund? Weiß nicht. Kollege, eher. Tarek hat kaum Freunde. Er hat mir den Taxijob bei dem Griechen besorgt, als er aus der Redaktion rausgeflogen war.»
«Was denn für eine Redaktion?»
Drese blickte sie mißtrauisch an. «Nee, so läuft das nicht!» Er wurde lauter. «Jetzt mal Butter bei die Fische. Wer bist du? Was willst du?»
Sie seufzte. «Ich kenne Tarek seit ein paar Tagen. Wir haben miteinander ... na ja, und jetzt ist er verschwunden.»
«... Und bumst längst die nächste. 'tschuldigung.»

«Ist er so?»
«Ich sag nichts! Ich halt mich raus!»
Dora stocherte in ihrem Essen. «Seine Nachbarin sagt, er sei verhaftet worden.»
Augenblicklich veränderte sich Dreses Haltung. Er bewegte sich nicht sehr, aber Dora spürte, wie sich sein ganzer Körper anspannte. Die Pupillen wurden klein, Drese beugte sich ein wenig vor und nahm die Hände unter den Tisch.
«Wie verhaftet?» Er sprach plötzlich leiser.
«Sie sagt verhaftet. Aber ich war bei der Polizei, und die behaupten nein. Aber weg ist er trotzdem. Merkwürdig, oder?»
«War die Wohnung durchwühlt?»
«Ich weiß nicht. Sie ist unaufgeräumt, man würde keinen Unterschied merken.»
Drese dachte nach, was ihn offensichtlich anstrengte. Kleine Schweißperlen bildeten sich auf seiner Stirn. «Frag Ziegler. Seinen Ex-Chef bei der Abendpost. Wenn Tarek abtaucht, dann hängt meistens Ziegler mit drin.»
«Ich denke, er ist rausgeflogen.»
Drese zuckte mit den Schultern. «Ich würd's bei Ziegler versuchen. Und ruf mich nachher an.»

■ Im Verlauf der Spätschicht wurde es wieder kühler, und zwei Häftlinge mußten hinausgebracht werden. Der eine war Nummer 53. Er hatte den letzten Tag apathisch in seiner Zelle verbracht, nachdem er aus der Black Box gekommen war, ohne mit irgendwem zu sprechen, und zertrümmerte in einem eruptiven Wutanfall plötzlich die ganze Zelle. Er schrie, trat und schlug um sich. Die Verletzungen, die er sich dabei zufügte, schien er nicht zu spüren. Seine

Zellengenossen flüchteten ans Gitter und riefen um Hilfe. Die Wärter warteten jedoch ab, bis Nummer 53 zusammenbrach und sich heulend und wimmernd auf dem Boden krümmte. Er leistete keinen Widerstand mehr, als sie ihn zu dritt über den glatten Boden aus der Zelle schleiften.
Der zweite, wenig später, war Nummer 69. Er hatte sich seit dem Mittagessen nicht mehr gerührt. Als Tarek nach ihm sehen wollte, bemerkte er es. Das Gesicht von Nummer 69 war stark gerötet und dick angeschwollen. Eine Flechte rötlicher Pusteln bedeckte das Gesicht, zog sich über die Hände, die Arme hinauf und von den Füßen über beide Beine. Nummer 69 war kaum ansprechbar. Flüsterte nur leise vor sich hin. Tarek schlug sofort Alarm. Die Wachen kamen und trugen Nummer 69 mit Gummihandschuhen hinaus.
Für 53 und 69 war der Versuch beendet.
Für die anderen neun nicht.

■ Dora fand das Verlagshaus der *Abendpost* auf Anhieb, doch Ziegler hatte angeblich einen Außentermin. Dora ließ sich in einen roten Ledersessel fallen und wartete. Das Mädchen hinter dem Empfangsschalter kaute Kaugummi und warf ihr Blicke zu.
«Möchten Sie 'n Kaffee oder so?»
Es klang nicht wie eine Einladung.
«Danke, nein. Ich warte einfach, wenn ich darf.»
«Bitte.»
Eine Menge Leute, die meisten sehr jung, kamen oder gingen. Jeder wandte sich nach Dora um, aber keiner sprach sie an. Gegen Nachmittag schickte sie das Mädchen unerwartet hoch.

«Herr Ziegler erwartet Sie.»
Fünfter Stock. Ein Büro voller Papier. Zwei Telefone, die unablässig klingelten. Dazwischen ein bulliger Kahlschädel mit halboffenem Hemd, der wütend auf die Tastatur einhackte. Rechts neben dem Schreibtisch entdeckte Dora eine Whiskeyflasche.
«Was wollen Sie von Tarek?» bellte sie der Kahlschädel an, noch bevor sie ganz in der Tür stand.
«Ich suche ihn.»
«Pech. Ich weiß auch nicht, wo er ist. Schönen Tag noch.»
«Herr Drese hat gesagt, Sie könnten mir vielleicht weiterhelfen.»
«Kenne keinen Drese. Und ‹vielleicht› kann genausogut heißen ‹vielleicht nicht›.»
Ziegler arbeitete verbissen weiter. Dora blieb einfach in der Tür stehen.
«Bitte!»
Der Kahlschädel schien das Wort zum erstenmal seit Jahren wieder zu hören, denn für eine Sekunde unterbrach er die Hackerei und blickte sie an.
«Setzen Sie sich!» bellte er. «Na, los! He, Sie sind doch die Kleine von dem Fest! Genau! Ich vergesse kein Gesicht! Aber Sie haben trotzdem Pech. Ich habe seit diesem Abend nichts mehr von ihm gehört. Nichts gesehen, nichts gehört, sorry.»
«Aber er hat doch für Sie gearbeitet, oder?»
«Bis er mich mit diesem Foto verarscht hat, ja. Behält der Kerl eine Mega-Story einfach für sich. Logisch, daß ich ihn rauswerfe, oder? Was ist? Schickt er Sie etwa?»
Dora schüttelte den Kopf und erzählte, was sie von der Nachbarin wußte. Ziegler zeigte sich verwundert, aller-

dings mehr darüber, daß die Polizei nichts wußte, als über Tareks Verhaftung. Es schien zu Tarek zu passen.

«Und Sie wissen wirklich nicht, wo ...», wiederholte Dora.

Ziegler kniff die Augen zusammen und blitzte sie an.

«Hör mal, Mädchen, normalerweise stell ich die Fragen. Du kommst hier reingeschneit und löcherst mich nach Tarek. Was wird das hier, ein Verhör? Eine Schicksalsstory für Tarek? Ich hab nicht den leisesten Schimmer, wo der Kerl steckt. Aber weil du so einen niedlichen Akzent hast, werde ich mich mal umhören. Dann tust du mir aber auch einen Gefallen und überredest ihn, wieder für mich zu schreiben. Er war eine der besten Schmeißfliegen, die es gibt, und wenn Ziegler so was sagt, dann heißt das was. Sag ihm, die Sache mit dem Foto ist vergessen. Und jetzt danke für das Interview, tschüs, die Welt dreht sich weiter.»

«Was war das denn für ein Foto?»

«Er weiß schon Bescheid.» Ziegler winkte ab und hackte weiter auf seine Tastatur ein. Dora stand auf. Als sie in der Tür stand, pfiff Ziegler sie jedoch noch einmal zurück.

«Kennst du seine Schwester?»

«Nein.»

«Dacht ich's mir doch, daß du bloß eine Anfängerin bist. Hier, komm, ich geb dir die Adresse, weil du vorhin so artig Bitte gesagt hast. Wenn jemand was über ihn weiß, dann die.»

■ Spätnachmittags, nach den letzten Vorlesungen, wirkte der Campus wie ausgestorben. Die klotzigen, bunkerhaften Gebäude wirkten größer im späten Licht, schienen bedrohlich aufeinander zuzurücken. In der letzten Woche war eine Studentin im Bereich der biologischen Fakultät vergewal-

tigt worden. In der Woche davor hatte sich ein Student aus dem elften Stock der Vorklinik gestürzt. Er war der zweite in diesem Jahr, und es war erst Februar.
Im vierten Stock des Psychologischen Instituts wurde noch gearbeitet. Aus dem Computerraum drangen das Summen der Lüfter und das Klackern der Tastaturen. Im «Kleinhirn» von Professor Thon gab es eine Besprechung.
«Und wie läuft es?» fragte Jürgen von Seth, während er seinen Mantel ablegte.
Thon wechselte einen kurzen Blick mit seiner Assistentin, bevor er antwortete.
«Eigentlich erwartungsgemäß. Bis auf einige unvorhergesehene Komplikationen.»
«Komplikationen welcher Art?»
«Ich will so beginnen: Die Auswertung der ersten Beobachtungen und Meßdaten brachte außerordentlich spannende vorläufige Ergebnisse. Unsere Versuchspersonen haben sich in kürzester Zeit der Situation angepaßt. Die Wärter verhalten sich durchweg aktiv, dominant, autoritär, kontrollierend. Die Gefangenen dagegen passiv, gehorsam, abhängig, hilflos. Es gibt Unterschiede, aber das ist bisher die Haupttendenz.»
Jutta Grimm nutzte die kleine Pause, die Thon machte, und sprach weiter.
«Zu Beginn des Versuchs gab es noch Widerstand bei den Gefangenen. Seitdem der von den Wärtern gebrochen wurde, scheinen alle VP der Gefangenengruppe sich tatsächlich wie Gefangene zu fühlen. Die Interviews, die wir geführt haben, bestätigen das. Es ging erstaunlich schnell. Wir hatten nicht damit gerechnet. Die Messungen von Adrenalin und Noradrenalin im Urin und der Cortison-

gehalt im Speichel weisen auf einen drastischen Streßanstieg bei den VP der Gefangenengruppe hin. Bei den Wärtern ist es signifikant weniger. Überraschenderweise fällt die Selbstbewertung der VP in beiden Gruppen durchweg negativer aus als vor dem Experiment.»
«Interessant ist auch das Verhalten unserer aufsichtführenden Studenten», ergänzte Thon. «Bei den ersten Konflikten zwischen Wärtern und Häftlingen wollten sie noch eingreifen, aber nachdem ich ihnen gesagt habe, das Experiment verlange, daß sie sich möglichst neutral verhielten, schauen sie nur zu. Wir sollten überlegen, ob wir in Zukunft eine entsprechende dritte Experimentalgruppe einführen.»
Von Seth nickte. «Sehr gut. Aber wo liegen die Komplikationen?»
«Wir haben drei VP aus der Gefangenengruppe entlassen müssen», fuhr Thon fort. «Zwei zeigten schon früh depressive Tendenzen. Schreianfälle, Angstzustände, Teilnahmslosigkeit und so weiter. Die erste VP nach einem Tag, die zweite am nächsten Tag. Bei einer dritten VP haben wir einen Test gemacht. Er bat um Entlassung. Er war sogar bereit, auf die Aufwandsentschädigung zu verzichten. Dieses Gesuch haben wir in unserer Scheinfunktion als Anstaltsdirektorium abgelehnt. Nur ein Test. Wir wollten sehen, wie er sich verhält. Es war interessant: Rebelliert er oder fügt er sich? Es kam aber ganz anders. Die VP entwickelte kurz darauf einen psychosomatischen Hautausschlag. Wir mußten ihn in ein Krankenhaus einweisen lassen.»
Von Seth zog die Augenbrauen leicht nach oben.
«Eine VP aus der Wärtergruppe hat in einem vertraulichen Gespräch darum gebeten, ebenfalls aus dem Experiment

entlassen zu werden», sprach Thon weiter. «Aber Jutta konnte ihn zum Glück umstimmen. Ein Häftling hat sich als Journalist ausgegeben und mit einer negativen Pressekampagne gedroht, falls wir ihn nicht entlassen. Sehr originell.»

«Und falls er echt ist?»

«Egal. Ich lasse mir nicht drohen. Außerdem ist es besser, wenn er sich erst nach dem Experiment öffentlich ausläßt.»

Von Seth nickte. «Und wie macht sich unser Mann?»

«Er wirkt ruhig und beherrscht. Leichter Anstieg bei Adrenalin und Cortison, aber nicht so drastisch wie bei den anderen.»

«Sehr gut. Ich verstehe nicht, wo die Komplikationen liegen. Als ich kam, dachte ich, Sie wollten das Experiment abbrechen.»

«Das haben wir tatsächlich diskutiert», sagte Jutta Grimm.

Thon nickte. «Der Streß für die VP ist größer, als wir erwartet hätten. Drei Ausfälle gleich zu Beginn, und die Situation im Labor wird zunehmend angespannter. Wir haben die Häufigkeit und die Intensität autoritären Verhaltens bei den Wärtern gezählt und einen drastischen Anstieg festgestellt. Wenn das so weitergeht, könnte diese eine psychosomatische Reaktion erst der Anfang sein. Ich persönlich bin der Meinung, daß die gesundheitlichen Risiken für die VP im Augenblick nicht abschätzbar sind und daß das Experiment zumindest unterbrochen werden sollte, damit wir noch einmal am Versuchsplan arbeiten können. Vielleicht haben wir unbeabsichtigt irgendwo eine Variable eingeführt, die völlig andere Effekte erzeugt.»

«Im Gegenteil!» rief von Seth. «Das Verhalten der Ver-

suchspersonen beider Gruppen entspricht völlig den Berichten von Soldaten, die Haftsituationen erlebt haben. Bist du ebenfalls der Meinung, daß das Experiment abgebrochen werden sollte, Claus?»
Thon zögerte. «Nein», sagte er schließlich. «Wir haben nur darüber diskutiert. Erstens denke ich, daß wir jetzt einen Streßanstieg erleben, der aber bald ein Plateau erreicht haben und nicht weiter ansteigen wird. Ich nenne das die Phase der Instabilität, wie man sie aus der Thermodynamik und von selbstorganisierenden Systemen kennt. Man fügt einem System Energie zu und bringt es damit aus dem Gleichgewicht. Am Punkt der höchsten Instabilität dann, wenn also der Fels gewissermaßen auf der Spitze des Gipfels wackelt, genügt eine minimale Störung, und das System schlägt um in einen neuen stabilen Zustand. Der Fels rollt den Berg also auf irgendeiner Seite hinunter und bleibt dann im Tal liegen. Ich nenne das das ‹Sisyphos-Prinzip› selbstorganisierender Systeme.
Kybernetisch gesehen ist das Gehirn eine ‹Black Box›, ein geschlossenes System, dessen Funktionsweise man nur analysieren kann, wenn man es von außen stört und aus dem Gleichgewicht bringt. Allein die Reaktion auf die Störung erlaubt Rückschlüsse auf die Funktionsweise des Systems. So gesehen, wenn auch sehr drastisch, erfüllt das Experiment bisher meine Erwartungen. Gleichwohl verstehe ich die Bedenken, die Frau Dr. Grimm äußert. Es war schließlich schwer genug, die Ethikkommission zu überzeugen, daß wir hier nicht Frankenstein spielen oder so. Auf der anderen Seite wiederum hängen an diesem Projekt nicht unerhebliche Fördergelder, Forschungsstipendien, Mitarbeiterstellen, Dissertationen und Diplomarbeiten. Dazu der

Zeitdruck durch die konkurrierenden Gruppen. Kurzum: Ich bin gegen einen Abbruch zu diesem Zeitpunkt. Ich denke auch, daß wir sogar noch ein bißchen Spielraum haben, um zu testen, wie hoch die Gehorsamsbereitschaft bei einigen VP ist.»
Jutta Grimm legte den Kopf in den Nacken, schloß die Augen und schüttelte leicht den Kopf.
«Es freut mich, daß du so denkst, Claus», sagte von Seth. «Ich stimme dir völlig zu. Ich teile sogar Ihre Bedenken, Frau Doktor …»
«Grimm!»
Von Seth lächelte sie an. «Ich teile Ihre Bedenken durchaus, Frau Dr. Grimm. Schließlich haben wir auch einen unserer Leute da unten. Aber ein Abbruch des Versuchs steht für uns ebenfalls nicht zur Diskussion.»
«Sollte die Situation jedoch weiter eskalieren …», wandte Thon ein.
«… werden wir alles noch einmal genau analysieren und dann zu einer Entscheidung kommen, natürlich», setzte von Seth den Satz fort. «Bis dahin machen wir weiter.»

■ Dora probierte es ein paarmal unter der Nummer, die Ziegler ihr gegeben hatte, aber immer meldete sich nur ein Anrufbeantworter mit einer Männerstimme, und Dora konnte sich nicht entschließen, eine Nachricht aufzusprechen.
Tareks Wohnung erschien ihr inzwischen weniger feindlich als zu Anfang. Der muffige Geruch hatte sich verzogen, seitdem sie am Morgen die Fenster weit geöffnet hatte. Mit dem Tageslicht verschwand aber auch ihre Sicherheit, die sie noch am Vormittag spürte. Die Suche nach Tarek er-

schien ihr plötzlich absurd. Was trieb sie eigentlich? War es mehr als eine romantische Zwangshandlung?
Hendrikje rief an. «Was hast du erreicht?»
«Nichts.»
«Wie fühlst du dich?»
«Schlapp. Müde. Hilflos. Total durcheinander.»
«Du bist verliebt. Wann kommst du?»
«Bald, Rikje. Bald.»
«Und Dennis?»
«Denk dir was aus, ja? Bitte!»
Immer noch meldete sich niemand unter der Nummer von Tareks Schwester. Dora saß in der winzigen Küche und trank Tareks türkischen Mokka. Sie spülte ab, ging durch die Wohnung. Um sich zu beschäftigen, schob sie die Kleidungsstücke auf dem Boden zu einem Haufen zusammen, räumte Flaschen und Verpackungen weg. Mehr, um freie Bahn zu haben, als aus Ordnungsliebe. Dann begann sie mit der Suche. Solange sie Tarek nicht persönlich finden konnte, wollte sie ihm wenigstens in seinen Kleidungsstükken nahe sein, in seinen Büchern, im Rasierwasser, in den Absendern der Postkarten, die an den Küchenschränken klebten, den Kopien seiner Artikel, in den Aktenordnern, in den Fotos, die herumlagen oder die er in hohen Kartons verwahrte.
Einmal dachte sie an Michael und verglich ihn mit Tarek. So wenig Ähnlichkeit. Und doch ... Sie schüttelte unwillig den Kopf. Tränen kamen. Tränen kamen immer, wie sie wollten. Um nicht loszuheulen, rief sie wieder die Nummer an.
«Ja?» sagte eine Männerstimme, außer Atem nach dem dritten Freiton.

■ Die Zeit war eine Wüste aus Enge, Schweißgeruch und Langeweile. Unterbrochen nur von kurzen Stürmen aus Geschrei und Panik. Plötzlich waren sie wieder da. Stürmten in den Flur, schrien Kommandos, schlugen mit den Stöcken an die Gitter.

«Raus! Alle raus! Antreten!»

Sofort raste der Puls. Nur schnell. Nur nicht der letzte sein. Der letzte bekam es immer ab. Sie drängten aus den Zellen, rempelten sich an, traten sich auf die Füße, stießen sich zur Seite, wenn kein Platz war.

«Durchzählen!»

«Eins! ... Zwei! ... Drei! ... Vier! ... Fünf! ... Sechs! ... Sieben! ... Acht! ... Neun! ... Zehn! ... Elf! ... Zwölf!»

«Irgendwelche Krankmeldungen?»

Einfach stehenbleiben, Blick senken, keinen Wärter anblikken, nur den Boden, flach atmen.

«Bist du krank, Nummer 86?»

«Nein, Herr Strafvollzugsbeamter!»

«Was ist mit dir, 77, bist du krank?»

«Nein, Herr Strafvollzugsbeamter!»

Berus kam wieder nah an ihn heran und tippte ihm an den Kopf. «Aber dich juckt's am Kopf, nicht wahr?»

«Schon in Ordnung, Herr Strafvollzugsbeamter.»

«Warum so schüchtern, 77? Dabei hab ich dir doch extra etwas mitgebracht!»

Berus zog einen Bartschneider aus der Tasche und hielt ihn Tarek dicht unter die Nase. Das Gerät summte los. Sie dängten Tarek auf einen Stuhl, den ein Wärter hereintrug. Tarek wehrte sich, doch die beiden anderen Wärter hielten ihn eisern fest.

«Ganz ruhig, Nummer 77!» Berus riß ihm die Gummi-

kappe vom Kopf. «Ganz ruhig, oder du wanderst in die Box!»
Die anderen Häftlinge standen in einer Reihe und sahen zu, wie Tareks Haar in dicken schwarzen Büscheln zu Boden fiel.
«Du bist schlau, Nummer 77, nicht wahr?»
Tarek sagte nichts.
«Doch, du hältst dich für oberschlau! Du denkst, daß du hier machen kannst, was du willst! Aber hier ist jeder gleich, verstehst du? Hier gibt es keine Schlauen und keine Dummen, verstehst du? Hier gibt es nur Wärter und Häftlinge. Und was bist du, 77?»
«Ein Häftling, Herr Strafvollzugsbeamter.»
«Genau! Ein Häftling. Und das aus gutem Grund! Warum bist du hier, 77?»
«Weil ich mich freiwillig gemeldet habe, Herr Strafvollzugsbeamter.»
«Falsch, 77! Weil du verurteilt worden bist! Ihr seid alle verurteilt worden! Wofür bist du verurteilt worden, 77?»
Tarek zuckte mit den Wangenmuskeln. «Rauschgift, Diebstahl, Körperverletzung.»
«Und das sieht man dir an, 77. Typischer Dieb. Und warum bist du hier, 82? ... He, 82!»
«Ich weiß nicht mehr.»
«Er weiß es nicht mehr! Ihr solltet es aber wissen! Denk nach, 82!»
«Ich glaube, schwerer Einbruch.»
«Und du, 38?»
«Betrug, Herr Strafvollzugsbeamter!»
Berus verzog angewidert das Gesicht und schüttelte den Kopf. Er trat einen Schritt zurück und betrachtete sein

Werk. Tareks Kopf war fast kahl. Den Rest erledigte Berus mit dem elektrischen Rasierer, den sie morgens benutzen mußten.
«Ihr seid alle hier, weil ihr straffällig geworden seid! 14 Tage sind für euch noch geschenkt. Und wenn einen von euch was juckt, dann helfen wir euch genauso schnell wie 77!»
Berus patschte Tarek auf die kahle weiche Kopfhaut, die an einigen Stellen rötlich glühte, und setzte ihm wieder die Gummikappe auf.
«So, 77, jetzt juckt nichts mehr! ... Wegtreten!»

■ Dora fuhr mit dem Fahrstuhl in den dritten Stock und trat dann durch die Glastür mit der Aufschrift ‹Neurologie II›. Der blankgebohnerte Flur war verlassen und dunkel, nur erleuchtet von zwei gedämpften Notlampen und dem Licht aus dem offenen Stationszimmer. Dora klopfte zaghaft an und steckte den Kopf in den Raum.
Drei Frauen in Krankenhauskleidung saßen zusammen und tranken Tee. Auf das Klopfen hin erhob sich eine von ihnen und kam Dora entgegen. Dora erkannte sie gleich von dem Foto.
«Frau Fahd?» begann Dora zögernd. «Ich will nicht stören, aber Ihr Mann sagte mir am Telefon, daß ich Sie hier finden würde.»
«Ich weiß, er hat eben angerufen», sagte Tareks Schwester und bat sie herein. «Sie suchen Tarek, stimmt's?»
Dora nickte. Auf ein verstohlenes Zeichen von Tareks Schwester standen die anderen beiden Frauen auf und verließen den Raum.
«Möchten Sie Tee?»

«Schrecklich gern.»
Tareks Schwester beobachtete sie, als sich Dora einschenkte. Dora begann sich unwohl zu fühlen.
«Nehmen Sie viel Zucker, er ist ziemlich stark.»
Dora süßte ihren Tee und rührte ihn um. Die Tasse klingelte leise. Das Geräusch füllte den ganzen Raum. Tareks Schwester seufzte. «Warum suchen Sie meinen Bruder?»
Dora zuckte verlegen mit den Achseln, wollte etwas sagen, doch Sina unterbrach sie.
«Ich heiße übrigens Sina.»
Dora lächelte unsicher und nickte. «Dora. Warum blicken Sie mich so an?»
Sina lächelte ebenfalls. «Weil Sie anders sind als die anderen Frauen, die sich manchmal nach ihm erkundigt haben. Keine kam je hierher auf die Station, und keine war so wie Sie.»
«Wie bin ich denn?»
«Weiß ich noch nicht. Anders. Sind Sie Fisch?»
Dora nickte.
«Dachte ich mir. Erzählen Sie mir, wie Sie Tarek kennengelernt haben, Dora.»
Es gab nicht viel zu erzählen. Dora erzählte von der Verlagsparty, sprach leise und hastig, stockte dann plötzlich, verzog den Mund auf die Weise, die Hendrikje immer aufregte, überlegte und sprach wieder weiter. Als sie fertig war, umklammerte sie ihre Tasse mit beiden Händen und trank den lauwarmen süßen Tee.
Sie schwiegen. Sina strich sich sorgfältig die Haare zurück. Dora machte die Geste unwillkürlich nach. Sie lächelten sich an.

«Ich weiß, wo Tarek ist», sagte Sina nach einer Weile. «Aber im Moment ist es nicht so einfach, ihn zu erreichen.» Sie erzählte ihr von dem Experiment. Dora verstand erst nicht genau, um was für ein Experiment es sich handelte, und fragte mehrmals nach, weil sie es auf ihre Schwächen im Deutschen schob.

«Nein, Sie haben es schon richtig verstanden», sagte Sina. «Eine Art Gefängnis.»

«Warum macht er so etwas?»

Sina fuhr mit der Hand durch die Luft. «Das weiß man bei Tarek nie. Vielleicht sollte ich Ihnen ein wenig über ihn erzählen. Möchten Sie?»

«Müssen Sie nicht arbeiten?»

Sina winkte ab. «Eine ruhige Nacht. Kennen Sie die Geschichte mit der Dunkelkammer?»

Dora schüttelte den Kopf.

«Unser Vater ist Fotograf. Stellen Sie sich einen coolen Mode- und Werbefotografen vor, gefürchtet für seinen Perfektionismus und seine Wutanfälle, das ist er. Als Tarek neun war, hat er ihn einen Tag lang in seine Dunkelkammer gesperrt. Einen ganzen Tag, verstehen Sie? Tarek hatte in der Kammer gespielt und dabei einen wertvollen Originalfilm versaut. Unser Vater hat getobt, Sie können es sich nicht vorstellen. Und dann hat er Tarek in die Dunkelkammer gesperrt und noch die Sicherungen für das Rotlicht rausgedreht. Einen Tag in diesem lichtlosen Loch. Einen ganzen Tag. Es stank da fürchterlich nach Entwickler und dem Zeug. Tarek hat sich in die Hosen gemacht und erbrochen vor Angst und Übelkeit. Er hat geschrien und an die Tür gehämmert, aber ich durfte ihm nicht helfen, ich hab mich auch nicht getraut, und meine Mutter war verreist. Er hat Tarek einfach schmoren lassen. Ich war sicher, Tarek müsse sterben.»

■ «Morgen ist es vorbei für dich», flüsterte Steinhoff in die Dunkelheit.
«Was meinst du damit?»
«Morgen kommst du raus. Ist doch klar, nach der Sache mit der Rasur. Wenn du Thon damit kommst, läßt er dich sofort gehen. Morgen bist du frei. 12 und 82 sind auch reif, so fertig, wie sie heute aussahen.»
«Wenn das so einfach wäre, warum bleibst du dann noch?»
«Weil die Übung es verlangt und weil es die beste Taktik ist. Sich ruhig verhalten, keine Energie vergeuden und auf Hilfe warten. Das ist immer die beste Taktik.»
«Blödsinn! Sie haben dich schon ganz schön weich gekocht bei deinem Verein. Wer abwartet, verschimmelt eher, als daß ihm jemand hilft. Tu was, dann passiert auch was.»
«Nur, daß ich vorher nachdenke, im Gegensatz zu dir. Und ich entscheide mich für das vernünftigste Verhalten: stillhalten und abwarten.»
«Nein, es wäre einfach peinlich für dich, wenn du abbrechen würdest. Ist doch so, oder?»
Steinhoff schwieg. Tarek zog die Gummikappe ab und kratzte sich am Kopf. Die Kopfhaut hatte sich entzündet und juckte überall.
«Dabei hab ich dich für clever gehalten, 38. Hast du noch nie was gemacht, was gegen alle Anweisungen verstieß? Irgendeine bescheuerte kleine Revolution, mit der du dir deinen eigenen Willen bewiesen hast?»
Steinhoff schwieg eine Weile.

«Doch», sagte er schließlich. «Einmal mit sechzehn, als ich meine ersten drei Alleinflüge mit einem Segelflugzeug machen sollte. Mein Fluglehrer war so ein alter Knacker, den sie im Krieg zweimal überm Kanal abgeschossen hatten. Tausende von Flugstunden. Einer, der alles erlebt hatte. Absolute Autorität. Noch heute denke ich in kritischen Situationen weniger an die Gefahr als an seinen Anschiß, falls ich Mist bauen sollte. Beim ersten Alleinflug dann dachte ich nur daran, bloß alles richtig zu machen! Beim zweiten Flug dann gab er über Funk durch, ich solle Linkskreise fliegen. Und ich habe Rechtskreise gedreht. Schöne, runde Rechtskreise. Nach der Landung dann der Anschiß. Wau! Was für ein Anschiß! Links und Rechts zu verwechseln kann ein tödlicher Fehler sein. ‹Warum hast du das getan, Junge?› schrie er mich an. Und ich, sechzehn, weißt du, total grün, die Hosen voll, nur: ‹Weil ich es wollte.› In diesem einen Augenblick da oben hatte ich nämlich was kapiert. Daß *ich* der Pilot bin, kein anderer, nur ich! Daß *ich* jetzt, zum erstenmal, allein die Entscheidungen für mein Leben treffe. Das hat er verstanden und mich weiterfliegen lassen.»

«Bravo, 38. Leider hat es nichts genutzt. Du denkst, es reicht, daß du dich einmal getraut hast. Aber kaum gibt einer die Kommandos – zack –, stehst du stramm. Du bist ein Automat, 38.»

«Falsch. *Ich* entscheide, was ich tue. Ich tue, was ich will, strammstehen oder nicht, kapiert?»

«Laber, laber!»

«Was regst du dich auf? Du bist morgen draußen, Pickelglatze.»

«Ich werde nicht gehen.»

«Wie bitte?» Steinhoff beugte sich über den Rand seiner Pritsche. «Das wäre echt saudämlich.»
«Vielleicht. Berus will mich fertigmachen. Einen trifft es ja immer. Ich bin sicher, daß 69 einen Schokoriegel von Berus bekommen hat, damit er mir ein paar verpaßt. Ich will hier raus, aber ich will mit dem Gefühl hier rausspazieren, daß mich keiner kleingekriegt hat, verstehst du?»
«Nein. Es ist idiotisch.»
«Du sagst es. So idiotisch wie Rechtskreise. Ich muß das tun. Ich muß das hier durchstehen. Gegen Berus, gegen das ganze System. Wir kleben hier wie Fliegen in einem Spinnennetz aus Apathie, Dumpfheit und Angst. Wir müssen uns bewegen. Wenn wir uns nicht bewegen, sind wir tot.»
«Du bist ein Idiot, 77. Kapierst du nicht? So funktioniert die Welt. Der Zufall teilt dich ein, Wärter und Gefangener, und dann läuft das Programm ab, du kannst gar nichts machen. Ich bin ein Automat? Okay! Ich sage dir: Wir sind alle Automaten.»
«Falsch, 38. Nicht, wenn wir Rechtskreise fliegen können. Und nicht, wenn wir morgen Besuch kriegen.»

7

Drese erschien sehr früh, klingelte Sturm, bis Dora öffnete. Ohne eine Aufforderung abzuwarten, trat er an ihr vorbei in die Wohnung.

«Wolltest du nicht anrufen?» Drese schlenderte durch die Wohnung, warf einen neugierigen Blick in alle Zimmer. Dora schloß die Wohnungstür und folgte ihm.

«Hast du hier aufgeräumt, oder war er das?»

«Ich.»

Er nickte, als sei das die richtige Antwort. «Tarek ist ein Chaot. Null Organisation. Fängt immer alles an, macht nix zu Ende. Kein Ziel. Er ist einfach zu weich.»

Drese stopfte die Hände in seine Jackentaschen, als ob ihm kalt wäre, drehte sich plötzlich um, lehnte sich an einen Türrahmen, fächerte seine Jacke mit den Armen auf und zu.

«Ich hab ihm gesagt: Eh, Tarek, hab ich gesagt, du bist zu weich. Du mußt egoistischer werden.»

«Er kam mir egoistisch genug vor.»

Drese löste sich von der Tür und stand mit einem Schritt nah vor Dora. «Also? Hast du was erfahren von Ziegler?»

Sie erzählte es ihm. Ihr Gespräch mit Sina erwähnte sie nicht, aber sie berichtete, wo Tarek im Augenblick war. Drese zuckte ständig mit den Wangenmuskeln.

«Warum macht der so was Bescheuertes?» murmelte er. «Spinnt der? Läßt sich freiwillig einsperren. Wer läßt sich schon freiwillig einsperren?»

«Tarek.»

«Ja, genau, eh. Kein anderer, nur Tarek.» Er zog einen Kaugummi aus der Jackentasche. «Auch einen?»

Dora schüttelte den Kopf.

«Ohne Zucker!»

«Nein, danke.»
«Hast du Kaffee da? Kaffee käm gut. Schwarz! ... Warum macht er so was?»
Dora brachte ihm einen Becher Kaffee. «Warum ist Tarek rausgeflogen?»
Drese pustete konzentriert in seinen Kaffee. Eine kleine Ader an seiner Stirn trat hervor. «Alte Geschichten. Er war an einer Sache dran, aber er hat nichts darüber erzählt. Tut er nie. Null Ahnung, was da war. Ziegler ist eine Sau. Hat er was über mich ...?»
Dora schüttelte den Kopf.
«Doch, bestimmt hat er. Aber er lügt. Ich bin nicht der Arsch vom Dienst, klar? Nicht für ihn und nicht für Tarek.»
Dora wollte noch etwas fragen, doch in diesem Moment klingelte ihr Handy. Sie nahm ab, sagte nicht viel, hörte nur zu und unterbrach ihre Gesprächspartnerin dann plötzlich. «Lassen Sie! Ich komme sofort vorbei.»
«Tarek?» fragte Drese, als Dora das Handy in ihre Tasche steckte und Tareks Lederjacke anzog.
«Nein, eine Freundin. Ich muß jedenfalls los.»
Drese beeilte sich kein bißchen mit seinem Kaffee. «Und wohin? Ich kann dich bringen.»
«Danke, nicht nötig. Ich muß wirklich los!»
Drese stellte den Kaffeebecher langsam ab und nickte. «Logisch.»
Als Dora sich draußen sehr eilig verabschieden und zu ihrem Wagen laufen wollte, hielt Drese sie noch einmal zurück.
«Rufst du mich an?»
«Ja.»

Er hielt sie noch immer fest. «Vertraust du mir eigentlich?»
«Bitte, es ist wirklich dringend!»
«Vertraust du mir?»
«Ja!»
Drese nickte ernst. «Vertrauen ist nämlich wichtig. Vertrauen und Freunde. Freunde, denen man vertrauen kann, sind wichtig. Vor allem, wenn man Hilfe braucht. Verstehst du?»

■ *die ganze nacht das licht an. schlafen nur eingekauert möglich, mit dem gesicht zur wand, den arm über den kopf gelegt, bis die verspannungen einen wecken. wenn schlaf endlich kommt, dann nur minutenweise, voller alpträume, erinnere mich aber an keinen. versuche an dora zu denken, aber schwierig. kein gedanke zu fassen, kein bild klar. denke ans vögeln, kriege aber keinen hoch. nicht mal mehr das. armer tarek. ob sina den brief bekommen hat? wach geworden von schweißausbrüchen, obwohl sie die temperatur wieder heruntergeregelt hatten. dazu der hunger, dazu der aufgeblähte bauch und die volle blase. der kopf juckt wie sau. habe mich blutig gekratzt. scheiß kälte auch. da waren es nur noch acht ... nach dem frühstück holten sie 12 aus der zelle, wie 38 vorhergesagt hatte, und führten ihn hinaus. rothaariger, hagerer typ. hatte den ganzen letzten tag nur noch eingekauert und unansprechbar auf seiner pritsche verbracht, ohne regung. 82 jedoch mußte bleiben. der dicke büdchenbesitzer sieht nicht gut aus, aber wer sieht schon noch gut aus? wenn wir zum durchzählen antreten, wankt die reihe. wir stinken. zu wenig zeit zum waschen. überhaupt muß alles immer schneller gehen.*

sie machen überstunden. in jeder schicht jetzt immer mehr als drei wachen anwesend. trotzdem werden sie immer nervöser. eckert von der frühschicht hat sich einen neuen spaß ausgedacht. legte einen schokoriegel vor die black box, dann mußten sich 21 und 40 auf den boden legen, hände auf den rücken und um die wette zu dem schokoriegel robben. nennt uns jetzt ‹dummies›, ‹schwulis› oder ‹schwestern›. seitdem müssen wir zu allen mahlzeiten kriechen.
alle nervös wegen dem besuchstag, heute. 74 spricht jetzt beim hofgang unablässig davon, daß er irrtümlich in das experiment geraten sei. will heute mit dem direktor sprechen und die ‹panne› aufklären. panne, sagt er. wirkte sehr aufgekratzt und sogar zuversichtlich. andere sprachen über ihre ‹festnahme›. fühlen sich schon wirklich schuldig. der rest sagt gar nichts mehr, glotzt nur noch rum. ich auch. manchmal ein wortwechsel mit 38. kapiert nichts. ob sina heute kommt?
Tarek hockte auf der Pritsche, verdeckte das Papier hinter den aufgestützten Knien und las seine Aufzeichnungen. Immer wieder blickte er auf, ob einer der Wärter sich näherte. Zuwenig Papier für das, was er aufschreiben wollte, gleichzeitig vergaß er wichtigste Details, bevor er sie notieren konnte. Also schrieb er, was ihm einfiel. Nummer 38 stand am Gitter, verdeckte die Sicht auf Tarek und scharrte ungebeten mit dem Fuß, wenn der Wärter kam.

■ «Wie geht es Ihnen, 74?»
«Danke, es geht mir gut.»
«Das freut mich. Warum wollten Sie mich sprechen?»
«Um den Irrtum aufzuklären.»
«Welchen Irrtum?»

«Also, ich hatte mich parallel noch für ein anderes Experiment beworben, und dann habe ich versehentlich den falschen Vertrag zurückgesandt. Ich möchte entlassen werden.»
«Und das fällt Ihnen erst jetzt ein?»
«Ich dachte, der Irrtum wäre nicht so gravierend. Versuch ist Versuch, dachte ich, und Geld ist Geld, na ja. Aber das war ein Irrtum. Ich bin sicher auch nicht besonders geeignet für den Versuch und möchte ihn daher mit sofortiger Wirkung abbrechen.»
«Das würde bedeuten, daß Sie keinerlei Aufwandsentschädigung erhalten, 74.»
«Dessen bin ich mir bewußt.»
«Sagen Sie, wenn wir Ihnen nun die doppelte Aufwandsentschädigung bezahlen würden, würden Sie dann bleiben wollen?»
«Nein.»
«Wir wären unter Umständen bereit, Ihnen noch mehr zu bezahlen.»
«Danke, ich muß ablehnen.»
«Sie wissen, daß über Entlassungsgesuche die Anstaltskommission entscheidet, da habe ich leider nur begrenzt Einfluß, und Vertrag ist immerhin Vertrag, ob es nun ein Irrtum war oder nicht ... Nein, warten Sie. Wenn ich Ihnen nun aber ganz unbürokratisch anbieten würde, Ihre Haftzeit, sagen wir, erheblich zu verkürzen, wären Sie dann im Gegenzug bereit, uns einige Informationen über Ihre Mithäftlinge zu geben? Was so beim Hofgang geredet wird, was alle bewegt? Als Unterstützung unserer wissenschaftlichen Arbeit? Würden Sie das tun? ... Nummer 74?»
«... Ja.»

«Danke, 74. Füllen Sie bitte noch diesen Fragebogen aus, wir melden uns dann.»

■ Sina zeigte ihr sofort den Brief, den sie am Morgen erhalten hatte. Dora überflog ihn noch im Stehen, noch außer Atem vom Treppensteigen. Der Brief war nicht lang, aber gleich der erste Satz elektrisierte Dora.
«Sina, du mußt Dora finden! Nachname???, aber sie ist Holländerin und wohnte als Gast in Schloß Benrath. Keine Ahnung, wo sie jetzt ist, aber ihre Handynummer ist 0653-2186453. Sie muß erfahren, wo ich bin! Ganz wichtig!!!!!! Muß sie unbedingt sprechen!!!!!
Ansonsten geht es mir gut. Wie beim Bund, hier. Es gibt sogar eine Dunkelkammer. Übermorgen ist Besuchstag. Komm bitte und bring Kuchen mit. Dein T.»
Dora ließ das Blatt sinken, drehte es um, um zu sehen, ob es auf der Rückseite noch etwas zu lesen gab, und blickte Sina ratlos an. Tareks Schwester zuckte mit den Schultern.
«Genau das dachte ich auch. Immerhin glaube ich, daß ich die Anspielungen mit Bund, Dunkelkammer und Kuchen verstanden habe. Ich bin sicher, daß es ihm sehr schlechtgeht. Er hat Angst und möchte, daß man ihn herausholt.»
Sina nahm den Brief wieder an sich. «Ich habe in der Universität angerufen, aber sie geben keine Information über das Experiment heraus. Heute gibt es für Angehörige jedoch die Möglichkeit, die Versuchspersonen im Labor zu besuchen.»
«Werden Sie hingehen?»
Sina blickte Dora ernst an.
«Nein. *Sie* werden hingehen.»

■ «Was seid ihr doch für ein armseliger Haufen!»
Die gesamte Spätschicht und noch zwei von der Frühschicht standen breitbeinig an der Wand. Berus verrenkte seinen Nacken, bis es knackte, und musterte die Reihe der Häftlinge.
«Was seid ihr? Männer? Frauen? Seid ihr überhaupt Menschen? Ihr stinkt durch das ganze Gebäude, aber das macht euch nichts aus! Eure Kleidchen stehen vor Dreck, aber euch macht das nichts aus! Ihr freßt wie die Schweine, aber euch macht das nichts aus! Aber das schlimmste ist, ihr seid dumm! Und es macht euch nichts aus. Und wißt ihr, warum ihr dumm seid? Weil heute Besuchstag ist und weil ihr trotzdem nicht einmal versucht, euch wie menschliche Wesen zu benehmen!» Sein Ton wurde schärfer. «Glaubt ihr *dummies* wirklich, daß wir euch in diesem Zustand Besuch gestatten werden? Für wie naiv haltet ihr uns?»
Er ging auf die Naßzelle zu und riß die Tür auf.
«Mir wird übel bei diesem Anblick! Ihr scheißt und pißt, wohin ihr wollt! Ihr wascht euch nicht richtig danach! Auch nicht vor dem Essen! Selbst Tiere sind sauberer! Ihr seid schlimmer als Tiere!»
Der Wärter bemerkte eine Reaktion bei Tarek.
«Willst du dazu etwas bemerken, Nummer 77?»
«Nein, Herr Strafvollzugsbeamter.»
«Doch, 77, ich sehe dir an, daß dir etwas auf der Zunge liegt. Also, nur raus mit der Sprache!»
«Wir haben nicht genug Zeit, Herr Strafvollzugsbeamter. Die Zeit zum Waschen ist zu knapp.»
Tarek konnte fast spüren, wie 38 neben ihm die Augen verdrehte. Er hatte es auch kaum ausgesprochen, da trat Berus vor und brüllte ihn an.

«Willst du es etwa auf uns abschieben, daß ihr unfähig seid, euch sauberzuhalten, 77? Soll das heißen, wir hindern euch an eurer Hygiene?»
«Ich meinte nur, daß ...»
«Du meinst, daß sich immer alles auf andere abschieben läßt. Das ging vielleicht in deinem armseligen Leben vorher, du verwöhntes Weichei! Aber jetzt geht das nicht mehr! Hier wischt Mutti dir nicht den Arsch ab! Das mußt du jetzt selber machen! Hast du das verstanden?»
«Ja, Herr Strafvollzugsbeamter.»
«Nein, ich glaube nicht, daß du das verstanden hast, 77. Aber damit du es endlich kapierst, damit du endlich was fürs Leben lernst, wirst *du* jetzt das Klo saubermachen. Und zwar mit *deinem* Kleidchen! Für die anderen gilt: Erstens: In einer Stunde werdet ihr noch einmal inspiziert. Das sollte wohl reichen, oder, 77? Wer da nicht tipptopp sauber, gewaschen und gestriegelt hier steht, kriegt keinen Besuch. Zweitens: Wer daran interessiert ist, daß seine Besuchszeit nicht vorzeitig endet, sollte sich gut überlegen, was er sagt. Beschwerden, Klagen oder unziemliche Äußerungen, bezogen auf das Gefängnis oder das Wachpersonal, haben den sofortigen Abbruch der Besuchszeit zur Folge und werden anschließend bestraft. Ist das klar?»
Niemand rührte sich.
«Ich fragte, ob das klar ist?» brüllte Berus.

Der Besuch war damit gelaufen. Tarek mußte in der Zelle warten, bis alle Häftlinge mit Waschen fertig waren. Als Tarek geholt wurde, bedeckte eine zentimeterdicke Pfütze aus blasiger Seifenlauge den Boden der Naßzelle und leckte in den Flur.

«Vollidiot!» zischte ihn 38 an, als er als letzter vom Waschen zurückkam.
Unter der Aufsicht von zwei Wachen zog Tarek wortlos seinen Kittel aus und begann damit das Wasser vom Boden aufzuwischen. Völlig nackt, nur in Gummilatschen und Gummikappe, kniete er in der engen Zelle, wischte und wrang seinen Kittel über der Toilette aus, während die Wärter sich amüsierten: Rotarsch, Nacktputze, Klomolch, Scheißefresser, Dummy vom Dienst.
Toilettendreck, der sich nicht löste, mußte er mit den Fingernägeln abkratzen. Er versuchte, flach zu atmen, um den unbändigen Brechreiz zu unterdrücken. Als schließlich alles sauber war, mußte er die ganze Zelle noch mit seinem Handtuch und seinem Bettlaken trockenwischen.
Berus inspizierte die Naßzelle mit einem knappen Blick und sagte: «Du stinkst, 77. So kannst du keinen Besuch empfangen.» Welche Überraschung.
«Was mache ich mit den Sachen?» fragte Tarek heiser und zeigte den fleckigen Kittel, das Handtuch und sein Laken, die so feucht waren, daß sie mindestens einen Tag zum Trocknen brauchen würden.
«Es sind *deine* Sachen, 77», sagte Berus kalt. «Sie gehören in *deine* Zelle. Zieh deinen Kittel an und geh zurück in deine Zelle.»

Alle außer Tarek bekamen überraschend frische Kittel, *Paradekleidchen* genannt. Tarek stand zitternd in seinen stinkend feuchten Lumpen am Gitter und sah zu, wie die anderen Häftlinge zur Inspektion antraten.
«Ich bring ihn um», flüsterte Tarek, als Steinhoff aus der Zelle geholt wurde. «Dafür ist das Schwein fällig.»

Die Wärter ließen sich Zeit für die Inspektion, ließen sich die Hände zeigen, die Füße, blickten hinter die Ohren und in den Mund.

«Nennt ihr das sauber?» rief Berus. «Ihr seid eine echte Enttäuschung! Aber was kann man von euch schon erwarten. Man sollte euch eigentlich den Besuch streichen. Aber für diesmal drücken wir beide Augen zu. Also, ihr wißt Bescheid. Beim geringsten Verstoß wird die Besuchszeit sofort beendet. Berührungen und Annahme von Gegenständen sind verboten! Durchzählen!»

Die Häftlinge wurden an den Fußmannschetten, die sie immer noch trugen, zusammengekettet und hinausgeführt. Tarek blieb als einziger zurück.

Er stand am Gitter, wartete, aber nichts passierte weiter. Er stand am Gitter, umkrampfte das kalte, schwarze Stahlrohr, hielt sich fest, bekam das Zittern nicht unter Kontrolle, kämpfte gegen den Brechreiz an, gegen die Tränen und gegen das mächtige Bedürfnis zu schreien, ein Schrei, der das entsetzliche Gewebe aus Enge, Ekel und Angst zerreißen würde, das ihn festhielt und ihm die Luft abschnürte.

Als er dachte, daß er es nicht mehr aushalten könne, als er schon Luft holte, um seine Kapitulation herauszuschreien, in einem Anfall, der ihn genau wie Nummer 11 endlich von allem befreien und ihn doch ein Leben lang verfolgen würde, kam Berus mit einer Wache zurück und schloß die Zelle auf. Er warf ihm einen frischen Kittel zu, blickte auf seine Uhr und sagte bloß: «Zwei Minuten, Nummer 77.»

Als Tarek drei Minuten später in den Speiseraum geführt würde, wo sich Häftlinge und ihre Besucher, getrennt durch perforierte Plexiglasscheiben, an langen Tischen gegenübersaßen, entdeckte er Dora vor seinem Platz.

■ «Ich verlange, daß der Versuch sofort abgebrochen wird!»
Claus P. Thon blickte erstaunt von seiner Lektüre auf, als Jutta Grimm in sein Büro platzte. Sie zitterte vor Aufregung. «Sie haben uns alle getäuscht!»
Thon legte die Zeitschrift weg. «Weder verstehe ich, was dieser Auftritt soll, liebe Jutta, noch verstehe ich, was Sie meinen. Würden Sie es mir bitte erklären.»
«Ich habe mir eben die letzten Videoaufzeichnungen angesehen. Es ist da unten zu aggressiven Übergriffen der Wärter gekommen, obwohl das ausdrücklich verboten ist! Aber niemand greift ein, auf Ihre ausdrückliche Anweisung. Das ist gegen die Vereinbarung mit den VP. Und wir haben mittlerweile zwei VP mit schweren akuten Depressionen.»
«Ja, das ist eine sehr bedauerliche und dramatische Entwicklung. Aber ich sehe keinen Grund, das Experiment abzubrechen, nur weil ...»
«Doch, genau darum!» unterbrach sie ihn. «Weil bei diesem Versuch Menschen ohne ihr Wissen manipuliert und extreme Aggressionen erzeugt werden.»
«Aber darum ging es uns doch immer! Um die Zusammenhänge von Aggression und Gehorsamsbereitschaft. Ich verstehe Ihre Aufregung wirklich nicht, Jutta. Sie waren von Anfang an an der Versuchsplanung beteiligt. Sie wußten, was auf uns und die VP zukommt.»
«Nein, nicht in diesem Ausmaß.»
«Sie unterschätzen die Menschen, Jutta. Ich habe die letzten Videoaufzeichnungen ebenfalls gesehen, und ich finde, daß Verhalten und physiologische Werte der VP zwar deutlich über dem Erwartungswert, aber noch immer innerhalb

des Normbereichs liegen. Sie werden sehen, die Situation wird sich bald stabilisieren.»

«Ja, wenn alle Häftlinge entweder komplett depressiv oder von den Wärtern mißhandelt worden sind. Wir müssen den Versuch abbrechen. Sofort!»

Thon lehnte sich zurück, blickte seine Assistentin an und war froh, daß er nie versucht hatte, mit ihr zu schlafen. «Nein. Auf keinen Fall, Jutta. An dem Versuch nehmen aufgeklärte, emotional stabile Bürger teil, die wissen, daß es sich um ein Experiment handelt.»

«Das bezweifle ich!» Die junge Psychologin versuchte sich zu beruhigen, um weitersprechen zu können. «Wir hatten klare Kriterien für die Versuchsdurchführung festgelegt. Die VP dürfen keinen Schaden erleiden. Die VP müssen über alles informiert werden. Die VP müssen den Versuch jederzeit abbrechen dürfen! Plötzlich gilt das nicht mehr. Dieser Paragraph 3 ist ohne mein Wissen hinzugefügt worden! Eine VP äußert den Wunsch, den Versuch abzubrechen, aber Sie ignorieren das einfach.»

«Denken Sie daran, daß es auch Ihr Versuch ist, Jutta. Sie wollen sich mit diesen Daten habilitieren. Es kann Ihnen doch nicht allen Ernstes an einem Abbruch gelegen sein! Denken Sie an Ihre wissenschaftliche Karriere.»

«Genau das tue ich! Und für meine Karriere sehe ich schwarz, falls dieses Experiment schiefgeht. Verteidigungsministerium hin oder her.»

«Setzen Sie sich, Jutta», sagte Thon eine Spur freundlicher. «Sie wissen, wie sehr wir unter Zeitdruck stehen. Im Juni ist schon das Symposium in Stanford.»

Jutta sagte nichts.

Thon seufzte. «Sie sind eine herausragende Wissenschaftlerin mit viel Temperament, und Sie werden noch eine große internationale Karriere machen. Aber dazu gehören auch gute Nerven ... Nein, lassen Sie mich ausreden. Ich respektiere Sie sehr, auch wenn ich Ihre Einschätzung der Situation nicht teile. Aber wir sind ein Team. Ich will Sie nicht verlieren, und ich will mich mit meinen Entscheidungen nicht über Ihren Kopf hinwegsetzen. Lassen Sie uns also eine Vereinbarung treffen. Ich werde morgen übers Wochenende zur Tagung experimentell arbeitender Psychologen nach Weimar fahren.»

Sie unterbrach ihn heftig. «Mitten im Experiment? Das geht doch nicht!»

Thon hob beschwichtigend die Hand. «Ich weiß, Jutta, es ist nicht der günstigste Zeitpunkt. Aber die Tagung ist wichtig. Ich will in jedem Fall unser Projekt mit den ersten Daten vorstellen. Montag bin ich zurück. Falls sich die Situation im Labor bis dahin nicht stabilisiert hat oder falls es zu einem weiteren Ausfall einer VP kommt, brechen wir den Versuch ab und planen neu. Was halten Sie von diesem Vorschlag?»

■ Keine Berührung möglich. Auf dem Tisch die über kopfhohe Plexiglasscheibe, perforiert in Höhe des Mundes, unter dem Tisch eine Trennbarriere aus Kunststoff.

«Hallo, Tarek.»

«Hallo, Dora.»

Tarek rieb sich die Nase, zupfte an seinem Kittel herum, klemmte den Stoff zwischen die Beine, räusperte sich. Ihre Stimme plötzlich wieder. Die Augen smaragdene Urwaldteiche, in die man eintauchen konnte. Unruhig, unsicher, wie an dem Abend im Schloß, suchender und trotzdem abwesender Blick, den Mund geformt wie ein kleines schwankendes Boot auf unruhigem Gewässer. Sie lächelte ihn an, knetete ihre Hände.

«Küssen geht leider nicht», sagte Tarek, um nicht auffällig lange zu schweigen. Ringsum ein Murmeln. Sagen, was man in einer halben Stunde sagen konnte.

Die Häftlinge saßen in einer Reihe. Alle wirkten ruhig, auch die Besucher. Schienen es ganz normal zu finden, ihre Angehörigen so zu sehen. Nur Steinhoff neben ihm hatte Besuch von einer Frau, die sehr besorgt wirkte.

«Man hat es mir erklärt», sagte Dora. «Wie geht es dir?»

«Okay.» Er versuchte zu lächeln. «Okay, eigentlich. Und dir?»

«Komische Sachen, die ihr da tragt.»

«Ja, komisch. Wir lachen den ganzen Tag. Und du trägst meine Jacke. Wie hat Sina dich so schnell gefunden?»

«Ich habe sie gefunden. Ich habe dich gesucht.»

«Wirklich?»

«Ja. Ich war sogar in deiner Wohnung.» Sie sah sein Erstaunen. «Dein Schlüsselversteck ist bekannt. Du wirst lachen, ich wohne sogar seit ein paar Tagen da und suche dich. Wie ein Detektiv. Wie findest du das?»

Er zuckte die Achseln. «Warum?»

Schatten überflogen ihr Gesicht und verwischten die schöne Form ihres Mundes. «Freust du dich nicht? Hätte ich nicht kommen sollen?»

«Doch, doch!» beeilte er sich. «Du glaubst gar nicht, wie. Aber vielleicht kann ich es mir einfach nicht vorstellen. Nach einer Nacht.»

«Ich kann es mir eigentlich auch nicht vorstellen.»

Sie lachten. Tarek erkannte die Bewegungen an ihr wieder.

«Ich hätte in der Nacht nicht einfach abhauen sollen.»
«Du hattest ja was Besseres vor.» Sie machte eine Kopfbewegung, die den Raum einschloß.
«Ich mache alles falsch. Aber wenn ich hier rauskomme, vielleicht könnte ich dann, ich meine, wenn du willst, zur Abwechslung auch mal versuchen ...» Er stockte. «Ach, Scheiße, jetzt rede ich schon wie ein echter Knacki.»
«Genau.» Sie wirkte ärgerlich. «Draußen redest du vielleicht wieder anders.»
Er kaute an seiner Lippe. «Ja. Vielleicht.»
«Andererseits ...»
«Andererseits?»
«Ach, nichts. Nichts. Es ging alles so schnell. Wir hatten nicht mal eine richtige Romanze!»
«Wir holen alles nach.»
Sie schien etwas in seinem Gesicht zu suchen. Neugieriger, erstaunter Blick. Tarek begann sich unwohl zu fühlen.
«Wie ist das Wetter draußen?»
«Windig. Es regnet manchmal, aber nur kurz. Manchmal riecht es schon nach Frühling.» Sie schüttelte den Kopf. «Überall ist Karneval. Gestern war die Stadt schon mittags voller Betrunkener, und Frauen haben Männern auf offener Straße die Krawatten abgeschnitten.»
«Altweiberfastnacht», sagte Tarek nachdenklich. «Also ist heute Freitag. Mein Gott, Freitag.» Er mußte nachzählen. «Vier Tage. Ich fasse es nicht. Erst vier Tage!»
Sie seufzte und sah sich um. «Alles sieht so furchtbar aus hier. Dieses helle Gefängnis, die Wärter mit diesen Brillen. Warum machst du das, Tarek?»
«Ich wollte eine Geschichte darüber schreiben. Ich bin eigentlich kein Taxifahrer, weißt du.»

«Ziegler hat es mir erzählt und Sina und Drese.»
«Was denn? Ziegler? Und Drese auch noch?»
«Er hat mir geholfen, dich zu finden. Er hat mich auch hierhergefahren, weil ich es sonst bestimmt nicht gefunden hätte.»
«Ausgerechnet Drese, die Fettsau.»
«Er sagt, er sei ein Freund von dir.»
«Er kann mich. Ich hab ihm den Taxijob vermittelt als kleine Entschädigung dafür, daß er meinetwegen mal Ärger mit der Polizei hatte. Sie haben ihm eine Bewährungsstrafe verpaßt, wegen einer Info, die er zurückgehalten hatte. Mir hat er sie auch zu spät gegeben. Hat Drese dir nichts erzählt?»
«Nein.»
«Er ist ein geldgieriger, hirnloser Schwachmat.»
Sie schwiegen wieder. Sahen sich nur an.
«Sag was!» bat er.
«Was denn?»
«Erzähl mir von dir. Ich weiß ja gar nichts über dich. Scheiße, nur eine halbe Stunde, um sich zwei ganze Leben zu erzählen.»
«Das ist nicht nötig.»
Wieder Schweigen. Ganz unvermittelt weinte sie. Leise nur. Winzige, kurze Schauer nur, die ihren Körper erschütterten. Kleine Seen in den Augen.
«Nicht! Bitte!» sagte Tarek lauter, als er wollte, weil flüstern die Aufmerksamkeit der Wachen wecken würde, und kam nah an die Scheibe heran. «Dora! Was ist denn auf einmal?»
«Nichts!» Sie wischte sich hastig die Augen. «Nur diese Atmosphäre hier. Ich mußte plötzlich an etwas Furchtbares denken.»

«Geht mir hier die ganze Zeit so. Eigentlich eine Scheißidee mit dem Experiment. Und alles nur, weil ich vor einem Jahr was Grauenhaftes erlebt habe. Ich bin ein schlechter Journalist, Dora, weißt du. Ich frage zuwenig. Kennst du die Story von Parzival? Ein Gralsritter, der keine Ruhe mehr hatte, nachdem er einmal aus Dämlichkeit nicht fragte, als er den Gral schon easy hätte mitnehmen können. Ein Idiot.»
Sie schneuzte sich die Nase. «Andererseits ist er auf diese Weise kein Idiot geblieben. Hat er nicht eine schöne Frau gefunden?»
«Was weiß ich.»
«Mach keinen Helden aus dir.»
«Mach ich gar nicht. Ich meine es ernst. Vielleicht mache ich das alles hier nur mit, weil ich mit schuld am Tod eines Menschen bin. Ich und Drese.»
«Habt ihr ihn getötet?»
«Nein. Aber wir kamen zu spät und hätten es vielleicht verhindern können, wenn ich nur richtig nachgefragt hätte.»
Jetzt wurde sie richtig ärgerlich und sprach gleich schlechter Deutsch. «So ein Unsinn, was du da redest! So ein Unsinn! Eine sehr gute Freundin hat mir kürzlich eine Geschichte erzählt, als ich genauso redete wie du. Willst du sie hören?»
Tarek blickte sich um und sah, daß Berus sie die ganze Zeit aus der Entfernung beobachtete.
«Wenn ich dir dabei auf den Mund sehen darf.»
Sie lächelte, wurde aber sofort wieder ernst. «Es ist eigentlich ein Gesellschaftsspiel. Ein junges Mädchen hat einen Liebhaber auf der anderen Seite des Flusses, den sie abends ohne Erlaubnis der Eltern heimlich besucht. Sie kehrt aber

immer stets vor Anbruch der Nacht zurück, weil die Gegend um die Brücke als nicht sicher gilt. Eines Tages aber schläft sie in den Armen ihres Geliebten ein und muß mitten in der Nacht nach Hause zurückeilen. Als sie die Brücke überquert, wird sie von einem Mann vergewaltigt und erwürgt. So, und nun wird die Gesellschaft, in der die Geschichte erzählt wurde, befragt, wer die Schuld am Tod des Mädchens trägt. Der junge Künstler plädiert leidenschaftlich für die Schuld des Liebhabers, denn er hätte die Geliebte nicht gehen lassen dürfen. Die Dame des Hauses gibt der Mutter die Schuld, denn deren Strenge habe zur Heimlichkeit geführt. Der Hausherr gar gibt dem Mädchen die Schuld, weil es so unvernünftig und töricht gehandelt habe. Und nun du, Tarek. Was meinst du, wer ist schuld?»
Tarek zuckte mit den Achseln. «Alle irgendwie.»
«Die Geschichte geht noch weiter. Das Kind des Hauses erscheint im Salon, weil es wegen der hitzigen Debatte nicht schlafen konnte, und wird zur allgemeinen Erheiterung ebenfalls befragt. ‹Wer ist schuld am Tod des Mädchens?› fragt man es. Und das Kind antwortet ohne Zögern: ‹Der Mörder.›»
Sie wartete ab, wie er reagieren würde.
«Eine dämliche Scheißgeschichte.»
«Mag sein. Aber trotzdem ist es wahr: Schuld ist der Mörder.»
«Noch fünf Minuten!» rief einer der Wärter laut in das Gemurmel. «Fünf Minuten noch!»
«Und was ist jetzt mit uns?» fragte Dora. «Ich wollte dich so viel fragen, aber es ist so wenig Zeit. Und das noch so kurz vor meiner Abreise.»
«Scheiße, was für eine Abreise denn jetzt?»

«Ich werde zurück nach Kanada gehen. Ich lebe da eigentlich.»
«Jetzt erzähl mir doch so was nicht! Kanada! Scheiße! Ich hänge hier noch zehn Tage fest, denke an nichts anderes als an dich! Wie du dich anfühlst, wie dein Bauchnabel riecht, wie sich dein Mund beim Sprechen verändert und das alles, und wenn ich rauskomme, bist du weg?» Er schrie fast. Die Wärter wurden aufmerksam.
«Was soll ich tun, Tarek? Sag mir, was ich tun soll?»
«Geh nicht! Bitte! Warte, bis ich rauskomme.»
«... Noch zwei Minuten!»
«Willst du wirklich was für mich tun, Dora?»
Sie nickte. Tarek wartete nicht ab, bis sie etwas sagte. «Okay. Dann hör jetzt genau zu.» Er blickte sich rasch um, um zu sehen, wo die Wärter standen, und sprach schnell und leise weiter. «Es ist der reinste Horrortrip, Dora. Folter und Gehirnwäsche. Man muß unbedingt darüber berichten, bevor das Experiment vorbei ist. Es gibt einen Wärter hier, mit dem man vielleicht reden kann. Ich habe ihn mal zufällig im Taxi gehabt. Er heißt Bosch oder so, sieht aus wie eine Ente und wohnt Ludwigstraße irgendwas mit zwanzig. Sprich mit ihm. Er muß meine Notizen rausschmuggeln. Dann mußt du ein Fernsehteam organisieren. Sie müssen überraschend hier auftauchen und alles filmen. Wirst du das für mich tun, Dora? Mit Bosch reden und ein Kamerateam organisieren?»
«Ende der Besuchszeit!» rief ein Wärter dazwischen. «Bitte verabschieden Sie sich und verlassen den Besuchsraum! Ende der Besuchszeit! Bitte verabschieden Sie sich und verlassen den Besuchsraum!»
Berus näherte sich Tarek und Steinhoff.

«Wirst du das für mich tun? Dora!»
Sie nickte knapp. Kein Lächeln mehr. Ganz erstarrt, ganz erschrocken. Dennoch entdeckte Tarek etwas in ihrem Gesicht, das ihn plötzlich sehr ruhig machte. Ruhiger als irgend etwas sonst.
«Küssen wir uns durch die Scheibe?» fragte sie. «Wie im Film?»
«Besser nicht.» Tarek deutete auf Berus, der Dora jetzt Zeichen machte. «Du mußt.»
Dora nickte. Sie stand auf und wurde von einem Wärter hinausgeführt. In der Tür drehte sie sich noch einmal um und winkte schwach.
«Ich wollte dir noch etwas sagen!» rief sie.
«Ich auch», sagte er und erhob sich ebenfalls, als Berus hinter ihm stand. «Später. Wenn ich hier rauskomme!»
«Falls!» flüsterte Berus hinter ihm. «Du meinst, *falls* du hier rauskommst.»

■ «Und, was sagte er so?» fragte Drese, als sie auf die Straße bogen. Er hielt es kaum aus vor Neugierde. Dora zuckte nur müde mit den Achseln, wandte den Kopf ab, starrte aus dem Fenster und versuchte sich an das Gespräch zu erinnern. Aber die Wörter und Sätze wirbelten wild durcheinander. Es ergab alles keinen Sinn.
«Also sie spielen da wirklich Knast, ja?» Drese wirkte aufgekratzt. «So mit allem Drum und Dran? Mit echten Wärtern und so?»
«Ja.»
«Und Zellen und Blechnäpfen?»
«Ja!» rief sie genervt. Drese lachte.
«Geil!» Er schlug aufs Lenkrad. «Tarek im Knast! Freiwillig

im Knast. Voll Panne. Sag mal, das ist doch voll Panne, oder? Und wie lange soll das noch gehen, das Experiment?»
«Zwei Wochen.»
«Zwei Wochen! Geil. Ist ja nix. Und unser Edelkanake jammert rum, was?» Drese lachte. «Tarek im Knast! Und wie ist es da so? Erzähl doch mal! Was sagt er so?»
Dora wandte sich Drese zu. «Er braucht Hilfe.»
«Was für Hilfe? 'ne Feile im Kuchen?» Er kicherte. «Feile! Geil! Im Knast!»
«Er hat mich gebeten, etwas zu tun für ihn. Aber für mich als Ausländerin ist das sehr schwer. Sie müssen mir helfen.»
«Und warum?»
«Weil Sie sein Freund sind!»
Drese hörte auf zu kichern und wurde ernst. «Jetzt paß mal auf, Mädchen. Du hast Tarek gesucht, ich habe dir geholfen, du hast ihn gefunden. Du wolltest mit ihm sprechen, ich habe dir geholfen, du hast ihn gesprochen. Das war's. Tarek will Knast spielen? Bitte, wenn's ihm Spaß macht. Tut ihm mal ganz gut. Er hat mich gelinkt. Er hat seinen besten Informanten und Kumpel gelinkt und bei den Bullen angeschissen. Okay, dafür hat er mir den Job bei dem Griechen verschafft, also sind wir quitt. Aber das war's. Ich hab was Besseres zu tun, als mir für den Kanaken den Arsch aufzureißen. Jetzt ist karnevalsmäßig Hochsaison. Da will ich fahren bis zum Pupillenstillstand und Kohle machen.»
«Und warum haben Sie mir dann geholfen, ihn zu finden?»
«Reine Neugier.»
«Sie wollen ihm nicht helfen?»
«Njet.»

«Bitte!»
Er schüttelte heftig den Kopf.
Dora überlegte kurz. Dann zog sie die Walther aus der Jakkentasche und hielt sie Drese an die Schläfe. Vor Schreck ging Drese automatisch vom Gas.
«Fahren Sie rechts ran!» befahl Dora. Drese gehorchte sofort.
«Eh, Alte, bist du bekloppt? Bei dem Verkehr! Du kannst mich hier gar nicht abknallen, du ...»
«Seien Sie still!» sagte Dora scharf. In der Aufregung fiel es ihr auf einmal schwer, deutsch zu sprechen. Wortlos drückte sie Drese die Mündung der Walther fester an den Kopf. Seine Stirn glänzte schon wieder.
«Das tust du nicht!» Drese keuchte und rührte sich nicht. «Das bringst du gar nicht!»
Dora sagte nichts, hielt ihm nur weiter die Mündung an den Kopf.
«Was soll denn der Scheiß, eh?» Er schrie.
Dora schwieg. Sie kannte kein Wort Deutsch mehr.
«Eh, tu die Knarre weg!»
Keine Reaktion. Drese schluckte.
«Okay, okay, ich tu ja, was du willst! Nur schmeiß endlich die Scheißknarre weg!»
Dora steckte die ungeladene Walther wieder ein, verbarg ihre zitternde Hand in der Jacke und ließ Drese weiterfahren.
«Scheiße, nur Ärger mit dem Kanaken! Nur Ärger!» Er schlug wieder aufs Lenkrad, zitterte, als er wieder auf die Straße einbog. Weder er noch Dora bemerkten den Wagen, der ihnen schon die ganze Zeit folgte und der sich jetzt hinter ihnen ebenfalls wieder in den Verkehr einfädelte.

«Scheiße!» fluchte Drese leise vor sich hin und schielte vorsichtig zu Dora hinüber. «Zieht die 'ne Knarre! Scheiße. Und, was soll ich jetzt tun?»
«Kennen Sie jemand beim Fernsehen?»

■ Die Ruhe nach dem Gespräch mit Dora hielt nicht lange an. Sie wich einer fast krankhaften Erregung. Rastlos lief er in der engen Zelle auf und ab, versuchte, an irgend etwas zu denken, an das er sich klammern konnte, doch es klappte nicht. Vielleicht, weil es ihn zuviel Energie kostete. Energie, die er brauchte, um sich überhaupt noch bewegen zu können. Die Beine zitterten, wenn er stehenblieb. Kopfschmerz, pulsierender Druck. Tarek versuchte seine Schritte dem Rhythmus des Schmerzes anzupassen. Die Helligkeit blieb, selbst wenn man die Augen schloß. Keine erlösende Dunkelheit, keine Flucht. Nur das Auf und Ab zwischen Wand und Gitter. Bevor er am Gitter kehrtmachte, warf er jetzt immer einen Blick auf die Tür der Black Box.
«Setz dich!» mahnte Steinhoff, der auf der unteren Pritsche, nah am Gitter, hockte. «Sie glotzen schon.»
«Ich kann nicht!»
«Warum hat das überhaupt so lange gedauert mit deiner Schwester?»
«War nicht meine Schwester. Aber egal. War das deine Frau, eben?»
«Freundin.»
«Sieht nett aus. Sympathisch, meine ich.»
«Du meinst, du findest sie so unattraktiv, daß du nicht mit ihr schlafen wolltest.»
«Nein, ich meine, daß sie wirklich sympathisch aussieht, Arschloch.»

«Ich werd's ausrichten.»
«Und was sagt sie zu deiner Übung?»
«Wenn ich fliege, macht sie sich mehr Sorgen. Also, was passiert jetzt?»
«Nichts. Ich bin müde. Total müde. Ich möchte schlafen. Nur schlafen.»
«Dann tu's! Lauf nicht rum wie ein Irrer! Setz dich!»
«Kann nicht. Muß nachdenken. Denken, denken, denken, denken.» Er schlug sich mit der flachen Hand gegen den Kopf dabei.
«Nachdenken worüber, 77?»
«Über die Überraschung!»
«Mach bloß keinen Scheiß!» zischte Steinhoff und schielte zu den Wärtern auf dem Flur.
«Es ist bald vorbei, Nummer 38!» flüsterte Tarek fast singend. «Und wir gehen als Sieger hier raus, verlaß dich drauf.»
«Falsch, Nummer 77! Es ist noch lange nicht vorbei. Glaub mir. Ich hab nämlich ein Gespür für schlechtes Wetter. Siehst du nicht, wie nervös die sind? Sie warten nur darauf, daß irgendwas passiert.»
«*Häschen in der Grube – saß und schlief, saß und schlief – Armes Häschen, bist du krank, daß du nicht mehr laufen kannst? Armes Häschen, bist du krank, daß du nicht mehr laufen kannst?*»
«Ist das etwa die Überraschung – daß du durchdrehst?»
«Ich versuche nachzudenken, Arschloch. Muß mich ausruhen. Ich muß mich wappnen. Den Feind ausspähen. Die Truppe zusammenschweißen. Ausruhen. Kräfte sammeln. Ein letztes Lachen. Dann auf in den Kampf ... *Auf in den Kampf, Torero ...*»

Steinhoff packte ihn und zerrte ihn brutal auf die Pritsche. «Halt die Klappe, 77! Was hast du vor? Ich will verdammt noch mal wissen, was du vorhast, oder ich rufe gleich jetzt die Wachen.»
Er packte Tareks Arm mit einem schmerzhaften Griff und drückte weiter zu. Woher hatte der noch so viel Kraft? Tarek stöhnte gequält auf, beruhigte sich aber. In Zelle 2 meldete sich 74 und rief nach der Wache. Nicht zu verstehen, was er sagte.
«Also?» zischte Steinhoff.
Tarek befreite sich aus dem Griff. «Wovor hast du Angst, Nummer 38? Ich meine, wovor hast du wirklich Angst?»
«Das ist keine Antwort, Nummer 77.»
«Nein, sag. Wovor hast du Angst?»
Steinhoff schwieg. Dann sagte er: «Vor Schmerzen.»
«Zahnschmerzen? Kopfschmerzen? Bauchschmerzen? Herzschmerzen? Was für Schmerzen, 38?»
«Schmerz allgemein. Letztendlich fürchten wir uns alle nur davor. Die Angst der Ängste. Warum fürchtet man sich vor Spinnen? Weil sie Schmerzen bringen könnten. Die Angst vorm Fliegen ist nur die Angst, abzustürzen und Schmerzen zu erleiden. Warum haben wir Angst vor Prüfungen? Weil wir durchfallen könnten, weil wir dann keine Arbeit kriegen, weil wir dann auf der Straße stehen, weil wir dann hungern und frieren, weil wir dann Schmerzen aushalten müßten. Warum gehorchen wir hier alle? Weil wir gelernt haben, daß Gehorsamsverweigerung Schmerz bedeuten kann.»
«Gut, 38. Aber nicht ganz richtig. Denn die Angst verschwindet nur, wenn man sie aushält.»
Steinhoff sagte nichts, schüttelte nur den Kopf.

«Doch, 38! Und jetzt sage ich dir, was ich vorhabe. Was ich immer vorhatte. Eine Geschichte schreiben. Ich gehe hier ein vor Angst, mein ganzer Körper schreit vor Schiß, wenn ich die Black Box sehe. Aber ich werde eingehen, wenn ich nichts tue. Dora wird alles organisieren. Bosch wird meine Notizen rausbringen, und dann taucht hier ein Fernsehteam auf, während Berus mich gerade fertigmacht oder in die Box sperrt, weil ich ihn provoziert habe. Das ist der Plan.»
«Du willst also das Experiment sprengen?»
«Right.»
«Einfach so. Weil *du* das willst. Die anderen fragst du nicht. Niemand wird die Aufwandsentschädigung bekommen.»
«Denen ist doch alles egal, siehst du doch. Die wollen doch alle nur raus. Sie reden doch alle nur davon, auszubrechen, aber keiner von den Arschlöchern traut sich was. Sie können mich alle mal. Also was ist, bist du dabei?»
«Nein. Auf keinen Fall. Du bist gefährlich, 77. Du hast es immer noch nicht kapiert. Wenn das hier wirklich nur ein Experiment ist, warum läßt man dann zu, daß die Wärter so ausrasten? Warum, 77? Du bist eine Mine, 77, und ich habe nicht vor, sie scharf zu machen. Du willst das tun, was du die ganze Zeit vorhattest? Ich auch, ich werde einfach abwarten, bis die Übung vorbei ist. Genau, wie ich es vorhatte.»
Sie schwiegen wieder. Der Wärter patrouillierte durch den Flur. Als er vor ihrer Zelle stehenblieb, verhielten sie sich still, rührten sich nicht. Erst als er sich weit genug entfernt hatte, fing Steinhoff wieder an.
«Willst du denn wirklich in die Black Box?»
«Nein. Aber ich will, daß sie mich da rausholen, wenn Dora

mit dem Fernsehteam kommt. Ich will, daß sie es filmen! Also, 38, wenn du schon nicht mitmachst, wirst du mich dann melden?»
«Nicht, solange du mich nicht gefährdest.»
«Du bist ein Feigling, 38.»
«Kannst du dir sparen, solche Versuche. Ich lehne jede Aktion ab, die zu irgendeiner Eskalation führt.»

■ Dora ließ sich von Drese bei Tarek absetzen und wartete noch zehn Minuten, bevor sie die Wohnung wieder verließ und zu der Straße fuhr, die sie sich im Stadtplan herausgesucht hatte. Der alte Toyota, der ihr die ganze Zeit über folgte, fiel ihr nicht auf.
Die Ludwigstraße lag etwas außerhalb. Dora mußte lange von Haustür zu Haustür laufen, bis sie den Namen, den Tarek ihr genannt hatte, auf einem Klingelschild entdeckte. Im obersten Stockwerk öffnete ihr schließlich eine Frau.
«Guten Tag. Ich möchte zu Herrn Bosch. Mein Name ist Dora van Hondeveld. Es geht um das Experiment.»
«Sind Sie von der Uni?»
«Nein. Mein, wie sagen Sie hier, mein Freund nimmt auch an dem Experiment teil.»
Im Hintergrund schrie ein Baby. Die Frau öffnete die Tür weiter und bat sie herein.
«Mein Mann ruht sich gerade aus. Aber kommen Sie.»
Der Mann sah aus, wie Tarek ihn geschildert hatte. Er kam nur schwer vom Sofa hoch. Zuerst verstand er nicht, was Dora von ihm wollte, bis sie Tarek beschrieb. Da nickte er.
«Nummer 77. Dachte ich mir. Hat er Sie geschickt?»
«Er sagt, es sei furchtbar da drinnen, nur Sie wären anders als die anderen Wärter.»

«Ja, ich bin anders.» Bosch wechselte einen Blick mit seiner Frau, die mit dem Kind in der Tür zur Küche stand. «Aber das nützt Ihrem Freund nichts. Ich kann nichts für ihn tun.»
«Tarek hat Notizen gemacht. Sie würden ihm schon helfen, wenn Sie die irgendwie herausschaffen könnten.»
«Das ist absolut gegen die Vorschriften.»
Dora sagte nichts.
«Sehen Sie», begann Bosch schwerfällig, als koste ihn die Unterhaltung unendlich viel Kraft. «Ich finde die Situation auch furchtbar, aber ich kann nichts tun. Wenn ich Ihnen helfe, bedeutet das doch, daß das Experiment abgebrochen wird, richtig? Ich wäre vielleicht sogar froh darüber, aber es würde bedeuten, daß ich die Aufwandsentschädigung nicht bekomme. Und die brauchen wir.»
«Wieviel ist das?» fragte Dora.
«Viertausend Mark», sagte die Frau, bevor ihr Mann antworten konnte.
«Ich bezahle Sie», sagte Dora, ohne zu zögern.
Bosch schüttelte den Kopf. «Es ist gegen die Vorschriften. Wenn das rauskommt. Sie glauben ja nicht, wozu die fähig sind!»
«Fünftausend», sagte Dora, ohne nachzudenken. «Die Hälfte gleich, die andere Hälfte morgen.»
«Ich ...», setzte Bosch an, doch seine Frau unterbrach ihn.
«Gut. Wenn Sie das Geld bringen, macht er es.» Sie blickte ihren Mann an, dessen lange Gestalt wie zusammengefaltet auf dem Sofa kauerte.
Bosch nickte schwerfällig. «Okay.» Und dann: «Ich will ja auch da raus. Bringen Sie das Geld, dann kriegen Sie morgen diese Notizen.»

■ «Wie geht es Ihnen, Herr Berus?»
«Schlecht.»
«Was bedeutet schlecht, Herr Berus? Versuchen Sie, es zu beschreiben.»
«Einfach nur schlecht. Miserabel. Irgendwie runtergezogen.»
«Fühlen Sie sich nicht wohl? Ist es der Dienst?»
«Nein, ich bin gesund. Es ist auch nicht der Dienst. Ich gehe gern zum Dienst, ich mach sogar Überstunden, das ist es nicht. Es tut gut, respektiert zu werden für das, was man tut. Aber es zieht einen auch runter. Die Häftlinge, das ganze Drumherum. Wie sie riechen, wie sie darauf lauern, irgendwas anzustellen, wenn wir nicht hinsehen, wie sie sich gegenseitig beobachten. Wie Tiere.»
«Woran liegt das, Ihrer Meinung nach?»
«Sie verlieren den Kontakt zur Realität. Sie nehmen alles so ernst.»
«Was fühlen Sie beim Dienst, beim Appell oder bei der Inspektion der Zellen?»
«Wenig. Ich tue meine Pflicht. Ich passe auf, sorge für Ordnung, sorge dafür, daß sie nichts versuchen. Sie wollen dauernd irgendwas versuchen. Am Anfang war es schwieriger. Sie zu kontrollieren, meine ich. Aber jetzt geht es.»
«Und das zieht Sie runter?»
«Nicht direkt. Es kommt, wenn ich zu Hause bin. Dann zieht es mich runter. Ich kann es schlecht beschreiben, es zieht mich einfach nur runter.»
«Haben Sie manchmal Zweifel, ob Sie das Richtige tun?»
«Nein. Wenn man ein Ziel hat, hat man keine Zweifel mehr.»
«Sprechen Sie mit Ihrer Freundin darüber?»

«Eigentlich nicht. Wir kennen uns kaum. Und so gut klappt es nicht, wissen Sie. Ich denke zuviel nach, glaube ich, so was stört immer.»
«Meinen Sie damit sexuelle Probleme?»
«Na ja. Also, ich glaube nicht, daß wir lange zusammenbleiben werden. Ich war früher ganz anders. Irgendwie lokkerer. Aber heute ist alles so kompliziert. Endlose Gespräche, man muß überall Rücksicht nehmen, keiner weiß, wo es langgeht, und alle lachen sich ins Fäustchen. Es ist nicht so wie hier. Hier ist alles klar. Klare Linien. Zupp, zupp, und alle wissen Bescheid.»
«Gefällt Ihnen das?»
«Ja.»
«Könnten Sie sich vorstellen, so eine Arbeit weiterzumachen?»
«Absolut. Ich könnte noch lange so weitermachen.»

■ Neue Sitten. Ein Rauschen aus den Lautsprechern im Flur erschwerte jetzt ihre Gespräche. Lärm wie auf einem Flugplatz. Vor dem Abendessen mußten sie ‹aus Sicherheitsgründen› auf dem Boden zum Speisesaal kriechen, während die Wärter der Spät- und der Nachtschicht sie mit Stöcken zur Eile drängten und beschimpften. Aus Sicherheitsgründen. Im Speisesaal wurden ihnen die Hände auf den Rücken gebunden, so daß sie wie Hunde fressen mußten. Aus Sicherheitsgründen. Die Wachen lachten, wenn sie sich bekleckerten. Der Hals schmerzte beim Trinken. Tarek merkte, daß sie ihn beobachteten, aber sie pickten ihn nicht wieder heraus. Zurück in der Zelle, tastete Tarek sofort unter seiner Matratze nach seinen Notizen, doch die Panik verflog, als es unter seinen Händen knisterte.

Später lag er auf seiner Pritsche und versuchte, ruhig und gleichmäßig zu atmen, die Muskeln locker, die Augen geschlossen, um irgendwann endlich einschlafen zu können. Er hatte auf das letzte Blatt noch einige Anweisungen für Dora gekritzelt, hatte sich überlegt, wie er am nächsten Tag vorgehen wollte, und wollte nun schlafen. Aber Schlaf kam nicht. Auch in dieser Nachtschicht blieb das Licht an, und die Kopfschmerzen waren nur auszuhalten, wenn er sich nicht bewegte, was auf der unbequemen Pritsche unmöglich war.

Wie Dora ausgesehen hatte. Die raschen Veränderungen in ihrem Gesicht, die Adern hinter der blassen Haut. Schon wieder so weit weg. Unwirklich alles. Waren sie sich irgendwann vorher schon einmal begegnet? Vielleicht als Kinder einmal zufällig, ein Blick, ein kurzer Gedanke, und dann wieder vergessen? Wo hatte er sie schon einmal gesehen?

Die Gedanken zerflossen wie Ölschlieren in einer Pfütze und hielten ihn wach. Ausruhen. Nichts denken. Faust machen, einatmen, Faust halten, einundzwanzig, zweiundzwanzig, Faust öffnen, ausatmen. Dann Arm strecken. Wie sich Doras Stirn faltete, wenn sie nachdachte. Wie sie ihre Haare berührte. Was hatte sie so Furchtbares erlebt vor einem Jahr? Wieder nicht gefragt. Fehler! Keine Fehler machen, Tarek. Aufpassen, Tarek. Ausruhen, Tarek. Morgen der Tag. Morgen.

■ Dora lag nackt in Tareks Bett, horchte auf die fremden nächtlichen Geräusche seiner Wohnung, den alten Kühlschrank, ein Abflußrohr in der Wand, versuchte, sich sein Gesicht in Erinnerung zu rufen, und verglich es mit dem

Bild ihres ersten Abends und mit dem Foto, das sie bei sich trug. So ein Unterschied. Drei verschiedene Menschen. Der unruhige Blick, den er bei dem Gespräch gehabt hatte. Ganz anders als am ersten Abend. Viel weiter weg. Sie überlegte, was alles in diesem Blick gelegen hatte. Erstaunen, Furcht, Fragen. Sonst noch was?
Sie drehte sich auf die Seite, kauerte sich zusammen. Irgend etwas beunruhigte sie. Die beklemmende Gefängnisatmosphäre und das Gefühl, etwas Wichtiges versäumt zu haben. Was? Wann? Nach dem Gespräch mit Bosch hatte sie Tareks Schwester angerufen und ihr von dem Besuch berichtet. Sina hatte bestürzt geklungen, hatte Dora versprochen, ihr zu helfen, und sie für den nächsten Abend eingeladen.
Irgend etwas versäumt. Was? Wann? Dora dachte an Sina und daran, daß sie und Hendrikje gut zusammenpassen würden. Beide so fest, so klar und nah und dann doch wieder zurückweichend. Ralf, Sinas Mann, erinnerte sie an Dennis. Und an Michael. So weit weg.
Dennis. Vielleicht daher das bedrückende Gefühl.
Mit einem schlechten Gewissen drehte sich Dora auf die andere Seite. Wie Tarek ausgesehen hatte. Unglücklich, aber da war noch etwas anderes gewesen, das die Zweifel verwehte, die Dinge auf Abstand hielt, die es noch zu regeln gab. Einen Flug nach Toronto, zum Beispiel. Und noch vieles mehr.

8

Als Volker Eckert pünktlich um 4.30 Uhr in U2 zum Dienst erschien, schlich er sich an den offenen Monitorraum heran, wo sich die Psychologin, die Jutta hieß, gerade mit einer Studentin unterhielt. Die beiden Frauen bemerkten den Mann in der Tür nicht, so hatte Eckert einen Augenblick Muße, die Frau zu beobachten, die ihn scharfmachte, seit sie ihm damals die Fragebögen vorgelegt hatte. Im Augenblick sah sie übernächtigt aus, aber trotz des traurigen Mausgesichts und der Brille hatte sie alles, was ihn antörnte. Haare, Beine, Arme – alles lang und reichlich. Das war immer ein paar Anläufe wert.

«... die ganze Nacht ausgewertet. Also findest du auch, daß man einschreiten müßte», sagte sie gerade zu der Studentin. Die Angesprochene zögerte.

«Ja, vielleicht. Wenn Professor Thon das auch so sieht und wenn es wirklich weiter so heftig abgeht.»

«Was heißt denn hier *heftig abgeht*!» rief Jutta ärgerlich.

Volker Eckert klopfte an den Türrahmen, und die beiden Frauen zuckten zusammen wie ertappt.

«Morgen, Frau Doktor. Soll ich mich gleich freimachen?»

Sie zog ein Gesicht und schob ihm wortlos die Anwesenheitsliste zu. Eckert unterschrieb, zwinkerte ihr zu und verschwand. Wenige Augenblicke später stand er schon wieder in der Tür und wackelte mit der Hüfte.

«Be-bop-a-lula, she's my baby, Be-bop-a-lula, I don't mean maybe ...»

Singend und mit dem Schmollmund, den er so gut draufhatte, tanzte er nah an die junge Psychologin heran, die ihn fast mitleidig anblickte.

«Herr Eckert, Ihr Dienst beginnt gleich.»

«Hey, Lady, der King ist aber noch nicht fertig. Vorher muß ich mein Herz erleichtern. Ich bin verrückt nach dir, ich träume nur noch von dir! … *I am burning! Burning desire!*»
Sie stand auf und wich einen Schritt zurück, bevor er sie berühren konnte.
«Ich finde wirklich, Sie sollten jetzt zum Dienst erscheinen. Sie machen sich lächerlich, Herr Eckert.»
«Und wenn schon, Baby! Nur einen Kuß! Nur ein Zeichen deiner Ekstase! *I love you and you love me and the rest is extasy!*»
«Das können Sie knicken.»
«*Uuuh!* Du bist so streng zu mir, Baby. Aber das macht mich nur heiß. Und wir haben ja noch viel Zeit, bis der Versuch um ist.»
«Da wäre ich mir nicht so sicher, Herr Eckert!»
«Was meinst du damit?»
Sie schwieg, als habe sie zuviel gesagt. Eckert kam sehr nah an sie heran.
«Sag schon!»
«Ich glaube, Sie verstehen mich ganz gut. Der Versuch kann jederzeit abgebrochen werden, wenn sich die Situation nicht bald stabilisiert.»
«Hey, Lady, aber bei uns ist alles stabil. Total stabil!» Er richtete seinen Unterarm langsam auf und grinste. Sie sah ihn bloß nüchtern an. Eckert hob die Arme. «Okay, okay, Lady! War nur 'n joke! Sorry!»
Er wandte sich ab und verließ den Raum.
«Und singen können Sie auch nicht!» rief ihm Jutta hinterher, als er bereits aus der Tür war.

■ Tarek hatte die Notizblätter zu einem Päckchen zusammengefaltet und wartete auf eine Gelegenheit. Die sich nicht bot. Beim Morgenappell war es nicht Bosch, der ihre Zelle aufschloß. ‹Die Ente› hielt Abstand und gab nicht zu erkennen, ob ihn Doras Nachricht erreicht hatte und er bereit war, das Päckchen zu übernehmen.
Nervöse Heiterkeit, kribbelnde Vorfreude, wie er sie als Kind kannte vor einem Geburtstag. Tarek wollte sich beim Durchzählen nichts anmerken lassen, hielt den Kopf vorschriftsmäßig gesenkt, um nicht vor Anspannung zu kichern. Die ganze Nacht nachgedacht. Jedes Wort gelernt, jeden Handgriff überlegt. Der Plan stand. In die Nervosität mischte sich Besorgnis. Etwas beunruhigte ihn. Irgend etwas Unheimliches aus der Tiefe seines Ichs drängte ihn, panisch loszuschreien und wegzurennen. Tarek schob es auf seine Anspannung, auf den Kopfschmerz. Vielleicht war es auch die Furcht vor der Einzelzelle. Auch Steinhoff wirkte nervös. Tarek dachte an das, was der Pilot über Schmerz gesagt hatte, und daran, daß er recht hatte. Er hatte Angst vor Schmerzen. Schreckliche Angst.
«Hast du was gesagt, 77?»
«Nein, Herr Strafvollzugsbeamter!»
«Fünf Liegestütze, 77, für die Lüge! Und go!»
Noch viel langsamer als die anderen Häftlinge sonst trat er vor und absolvierte seine Liegestütze. Langsam, Tarek. Noch langsamer. Tarek, der Koala. Tarek, die Schnecke.
Die gesamte Nachtschicht war noch beim Bettenappell anwesend, auch noch beim Frühstück und danach. Sie tobten sich aus, weil die Nachtschicht so öde war. Tarek bewegte sich wie in Zeitlupe. Sie brüllten, schoben ihn mit den Knüppeln an, trauten sich aber nicht, härter zu werden.

Gutes Zeichen. Dafür mußten anschließend alle auf Knien in den Speiseraum rutschen und sich dabei beschimpfen lassen.
«Schneller, ihr Dummies! Schön den Boden wischen! Runter mit den Ärschen, oder sollen wir euch ficken?»
Und noch ein neuer Einfall ‹aus Sicherheitsgründen›: Sie mußten jetzt die Toilettentür immer offenlassen. Niemand beschwerte sich.
Beim Essen immer noch keinen Kontakt zu Bosch. Rührte sich nicht, schaute gar nicht hin. Tarek spielte mit seinem Toast, machte Kügelchen, ließ sie auf dem Tablett herumkullern, grinste 82 an und winkte ihm mit einer Scheibe Toast. Der ehemalige Kioskbesitzer, der in den letzten Tagen kein Wort mehr gesagt hatte, blickte irritiert weg.
«Eh, 77! Hör auf, hier rumzuschwuchteln!» rief Eckert. «Das Essen ist kein Spielzeug!»
Von Bosch keine Reaktion. Er kam auch nach dem Frühstück nicht ans Gitter. Vor dem Hofgang verkündete Eckert, für wen die ‹Disziplinarkommission› Haftverlängerungen beschlossen hatte.
«Nummer 82, Nummer 15, Nummer 77, Nummer 38. Herzlichen Glückwunsch, Mädels!»
Tarek sah, wie Steinhoff mit den Wangenmuskeln zuckte, stieß ihn an, aber Steinhoff ließ sich nichts anmerken.
Beim Hofgang schaffte Tarek es endlich, sein Päckchen zu übergeben. Bosch und drei andere Wärter führten Aufsicht, doch Bosch hatte sich deutlich abseits der anderen postiert. Zuerst traute sich Tarek nicht, schlenderte scheinbar ziellos im Hof herum, näherte sich Nummer 82, der unweit von Bosch an der Wand lehnte und vor sich hin starrte.
«Na, 82, wie geht's denn so?»

Keine Antwort. Blickte ihn nur an.
«Denkst du an die Stille Quelle?»
Plötzlich Leben in den Augen. «Du kennst die Stille Quelle?»
«Klar doch. Ich fahr da öfter vorbei. Das beste Büdchen weit und breit.»
Jetzt sogar ein Lächeln. Nummer 82 nickte, schüttelte dann jedoch wieder den Kopf. «Ach, Scheiße.»
«Kopf hoch, 82. Wir kommen bald raus. Ich versprech's dir. Und dann kannst du den Pennern was erzählen.»
«Glaubt mir eh keiner. Wenn ich überhaupt durchhalte.»
«Verlaß dich auf mich, 82. Der Tag der Befreiung ist nah. Und dann hast du das berühmteste Büdchen der Stadt.»
Der kleine Mann wurde mißtrauisch und wich zurück, als er sah, daß 74 sie beobachtete. «Verarschen kann ich mich selber.»
Die ganze Zeit über hielt Tarek das Päckchen in der Faust. Während des Gesprächs mit 82 war er nahe genug an Bosch herangekommen. Als 82 sich von ihm entfernte, blickte sich Tarek flüchtig um und nahm allen Mut zusammen. Er tat, als ob er stolperte, stieß dabei wie zufällig gegen Bosch und drückte ihm mit einer schnellen Bewegung das Päckchen in die Hand. Er wunderte sich selbst, wie problemlos es ging, und fühlte sich augenblicklich erleichtert. Bosch nahm es ohne erkennbare Regung und ließ es mit einer ebenso schnellen Bewegung in seiner Hosentasche verschwinden. Gleichzeitig stieß er Tarek mit der anderen Hand von sich.
«Pack mich nicht an, Dummy! Verschwinde!»
Tarek trat schnell zur Seite. Niemand schien die Übergabe bemerkt zu haben. Nur 74 drehte sich hastig weg, als Tarek ihn ansah.

«Probleme, Bosch?» rief Eckert.
«Nein, alles im Griff!» Bosch gesellte sich wieder zu seinen Kollegen.
«Der Dummy steht auf dich, Bosch!»
Sie lachten. Aber niemand stürzte sich auf Tarek. Nichts passierte weiter. Irrsinnige, betäubende Freude plötzlich. Tarek mußte sich zwingen, den Triumph nicht herauszuschreien, und versuchte, das rasende Pumpen in seinem Hals zu beruhigen.
«Eh, du, 77! Ist was?»
«Nein, Herr Strafvollzugsbeamter. Alles in Ordnung.»
Als sie wieder in ihre Zellen eingeschlossen wurden, bemerkte Tarek, daß 74 fehlte. Er wurde erst eine Weile später kommentarlos in seine Zelle zurückgebracht. Das beunruhigte Tarek. Daß etwas schiefgelaufen sein mußte, ahnte Tarek erst, als die Spätschicht antrat, sie aber niemand zum Durchzählen aus den Zellen holte.

■ Heiner Bosch saß in einer Ecke, die im toten Winkel der Überwachungskameras lag. Hände und Füße waren mit Kabelbindern an den Stuhl gefesselt, ein breites Gewebeband klebte über seinem Mund. Daß man ihn geschlagen hatte, war seinem Gesicht nicht mehr anzusehen. Was ihm jedoch anzusehen war, war die Angst. Grenzenlose, panische Angst, die er ohnmächtig in seine Uniform schwitzte.
Nur wenige Schritte weiter saßen die Wärter am Tisch. Alle. Die Nachtschicht, die Frühschicht, die Spätschicht. Sven Gläser, Robert Amandy, Volker Eckert, Holger Berus, Boris Renzel, Werner Tode, Ulrich Kamps, Christian Stock. Acht Männer. Acht Männer, die ein Problem hat-

ten. Acht ernste Männer, die ihren Dienst taten, so gut sie konnten, einen Dienst, den sie gerne taten, soviel stand fest. Auf den Tip von Nummer 74 hatten sie Bosch festgenommen, sie hatten die Notizen von Nummer 77 bei ihm gefunden, sie hatten ihn verhört, er hatte immer wiederholt, daß er von nichts wisse, aber da gab es noch die Informationen von Berus und Eckert. Weil die Situation kompliziert war und sie völlig unvorbereitet traf, hatten sie zuerst versucht, Thon zu erreichen. Aber der sei bis Montag auf einer Tagung, hatte der Student im Monitorraum gesagt. Was bedeutete, daß sie wirklich ein Problem hatten. Man konnte es drehen, wie man wollte.

«Wir können hier nicht ewig sitzen und rumdiskutieren», sagte Renzel. «Wir müssen eine Entscheidung treffen. Alleine, wenn der Direktor nicht da ist.»

Allgemeines Nicken.

«Ich weiß nicht, wo das Problem liegt!» rief Amandy dazwischen, der ohne Mütze und Brille eher zierlich wirkte. «Wir schmeißen Bosch raus, bestrafen 77 und machen weiter, ganz einfach!»

Berus schlug heftig auf den Tisch. «Nein! Nicht *ganz einfach*! Habt ihr es noch immer nicht kapiert? Hier geht es um mehr als nur einen *ganz einfachen* Regelverstoß! Hier geht es um das ganze Experiment! Ich fasse zusammen: 77 hat versucht, mit Hilfe von Bosch ein Kassiber rauszuschmuggeln. In dem Kassiber verbreitet er Lügen und beleidigt uns. Offensichtlich will er den Abbruch des Experiments erreichen. Unterstützt wird er dabei von seiner Freundin, die ich gestern, auf reine Intuition hin, verfolgt und zweimal bei Bosch habe aus- und eingehen sehen.» Berus holte Luft, prüfte, ob sie ihm zuhörten, und fuhr fort.

«Ding-Dong! Eckert erfährt heute morgen von der Maus des Direktors, daß sie das Experiment ebenfalls abbrechen lassen will. Also Gefahr für das Experiment von zwei Seiten. Ding-Dong! Und genau in diesem Moment verschwindet der Direktor von der Bildfläche. Ist das merkwürdig, oder nicht?»
«Was meinst du damit?» fragte Stock, der bisher geschwiegen hatte.
«Das will ich dir sagen! Ich meine, die wollen rauskriegen, wie wir als Gruppe auf äußere Störungen reagieren. Ein Test!»
«Ich dachte immer, die anderen wären die Versuchspersonen!» sagte Tode. «Aber das würde ja bedeuten ...»
«Genau! Daß wir alle Versuchspersonen sind. *Wir sind alle Versuchspersonen!*»
Unwilliges Raunen. Sie rutschten ungemütlich auf ihren Stühlen herum.
«Alles Quatsch!» rief Kamps, der Nachtschicht hatte. «Glaubst du im Ernst, daß sie 77 beauftragt haben?»
«Ja und? Warum nicht? Kann doch sein, daß sie ihn reingesetzt haben, als Zeitbombe, um die Situation ein bißchen anzuheizen. Ist doch merkwürdig: Die anderen Häftlinge sind mehr oder weniger leicht zu *handlen,* nur 77 fällt vom ersten Tag an durch Aufsässigkeit auf.»
«Blödsinn!» rief Kamps dazwischen.
«Nein, kein Blödsinn! Und selbst für den Fall, daß Nummer 77 echt ist, bleibt er ein Problem. Er ist Journalist. Er will auf unsere Kosten groß rauskommen. Journalisten sind Pickel am Arsch der Gesellschaft. Sie sind unnütz und jukken nur. Bis man sie ausdrückt. Und außerdem ist da noch unsere Frau Doktor, die das Experiment abbrechen will.»

Berus hielt inne und wartete ab. Im Hintergrund ruckelte Bosch wild auf seinem Stuhl herum und keuchte dumpf in das Klebeband. Berus warf ihm einen Blick zu, sagte aber nichts.
«Irgendwo hat er recht», rührte sich Stock.
«Und ich finde, wir sollten weitermachen wie bisher», sagte Amandy und erntete Kopfnicken dafür. «Was bleibt uns denn übrig?»
«Das will ich euch sagen», begann Berus wieder. «Wir bestrafen Bosch und 77, richten uns hier ein und schotten uns nach außen ab, bis der Direktor wiederauftaucht.»
«Du meinst, wir sollen hier *leben*? Kasernenmäßig?»
Berus nickte. «Wir sind doch ein Team, oder?»
«Geile Idee!» rief Eckert dazwischen. «Wie in ‹*The Real Life*›. Wir *inside*, die anderen *outside*. Nur wir, auf uns allein gestellt.»
«Wir haben alles, was wir brauchen», fuhr Berus nüchtern fort. «Toilette, Dusche, Schlafraum. Den Rest, Matratzen, Schlafsäcke, Essen und so weiter, organisieren wir selbst.»
«Und nehmen alles auf Video auf!» fiel Eckert ein.
«Wird doch sowieso alles aufgenommen, Hirni!» stöhnte Kamps und zeigte auf eine der Kameras an der Decke. «*Real Life!* Soll denn der Scheiß jetzt?»
«Und die da oben?» fragte Tode.
Berus legte einen Finger an die Lippen. «Kümmern wir uns noch drum. Erst will ich wissen, ob wir alle an einem Strang ziehen.»
«Nein!» sagte Kamps. «Wir halten uns schön an die Vorschriften. Wir tun weiter unsere Pflicht, wie es im Vertrag steht. Punkt. Aus. Fertig. Sie werden das Experiment sonst genau deswegen abbrechen, sage ich.»

«Nix werden sie!» rief Berus. «Sie haben zu allem, was wir getan haben, genickt. Also liegen wir richtig! Natürlich halten wir uns an die Dienstvorschriften. Und in den Dienstvorschriften steht, daß wir auf unvorhergesehene Ereignisse vorbereitet sein und angemessen reagieren sollen. Ich frage euch: Wer will, daß das Experiment abgebrochen wird?»
Keiner meldete sich. Berus nickte zufrieden.
«Gut. Ich finde, wir machen hier alle einen super Job. Und ich glaube, jeder von uns tut ihn gerne. Ich persönlich würde ihn sogar gerne noch länger machen als nur zwei Wochen. Ich glaube, ich bin auch nicht der einzige, und ich glaube, wir haben die Chance dazu.»
«Was meinst du?» fragte Stock wieder.
«Will ich dir sagen. Erstens gibt es bereits Haftverlängerungen für einige Sträflinge. Dann hab ich mal die Ohren aufgesperrt und mitgekriegt, daß die noch eine ganze Reihe solcher Experimente planen. Ich stell mir das so vor: Unser kleiner Knast hier wird kontinuierlich belegt sein mit Versuchspersonen. Und dafür braucht man logischerweise gut ausgebildete und zuverlässige Wärter, die den Laden schmeißen. Unterbrecht mich, wenn ich Mist rede. Also testet man beim erstenmal, was wir so draufhaben, wie wir reagieren. Und wenn wir uns bewähren, sind wir auch in Zukunft im Geschäft.»
Kamps blickte sich um und sah, daß Berus' Worte ihr Ziel erreichten. «Nicht jeder von uns will weitermachen, Berus.»
«Okay. Aber ein bißchen Solidarität dürfen die anderen wohl erwarten. Ich wiederhole noch mal: Dies ist ein Test. Laßt uns unseren Job machen. Und zwar gut! Laßt uns tun,

was wir tun müssen!» Er lehnte sich zurück und wartete wieder ab.
«Laßt uns abstimmen!» sagte Renzel. «Wer ist für den Vorschlag von Berus?» Er hob die Hand und blickte in die Runde. «Kamps, was ist mit dir? Entscheide dich! Sehr gut! Also Vorschlag einstimmig angenommen. Was tun wir als nächstes, Berus?»

■ Dora hatte seit Mittag vergeblich auf Bosch gewartet und ihm mehrere Male auf den Anrufbeantworter gesprochen. Zwei Stunden nach der verabredeten Zeit hielt sie es nicht mehr aus und fuhr in die Ludwigstraße. Seltsamerweise war seine Frau zu Hause. Sie erwartete Dora im Hausflur, ohne sie in die Wohnung zu bitten, und gab ihr überraschend noch in der Tür die angezahlten Zweieinhalbtausend zurück.
«Mein Mann hat aus dem Labor angerufen. Er hat es sich anders überlegt. Er will das Experiment nicht gefährden. Hier, bitte, nehmen Sie Ihr Geld.»
Dora begriff nicht. «Aber warum denn? Er wollte den Versuch doch unbedingt abbrechen! Wo ist Ihr Mann? Kann ich ihn sprechen?»
Die junge Frau wich nicht aus dem Türrahmen. «Er ist noch im Labor. Sie führen da gerade eine Art Sonderübung durch, soweit ich verstanden habe. Er wird nicht vor morgen abend zurück sein. Verstehen Sie, er will das durchziehen. Und ich finde es gut so. Er läuft immer vor allem weg. Es ist gut, daß er sich anders entschieden hat und es zu Ende bringt. Es war ein Fehler, nur an das Geld zu denken.»
Dora sah, daß nichts zu machen war. Sie kannte diesen Blick von ihrer Mutter.

«Könnte er mich wenigstens anrufen, wenn er zurückkommt?»
Die Frau machte eine unbestimmte Geste. «Ich werd's ausrichten.»

■ Wieviel Zeit war vergangen? Eine Stunde? Zwei? Die Zeit war ein Brei aus Helligkeit und Schweißgeruch. Die Zeit war ein ödes Schlachtfeld, auf dem eine undeutliche Vorahnung gegen den letzten Rest von Zuversicht anstürmte. Tarek lehnte in seine Decke eingewickelt am Gitter, die Ohren wund vom Rauschen der Lautsprecher, und starrte auf die Tür am Ende des Flurs. Keine Spur mehr von der Heiterkeit nach dem Hofgang, nur noch dumpfer Kopfschmerz. Das Gefühl, *wund* zu sein. Überall wund. Steinhoff schwieg schon die ganze Zeit, wartete ab und zog manchmal die Augenbrauen hoch, wenn sich ihre Blicke trafen. Klugscheißer. Die anderen spürten es natürlich auch, weil das Durchzählen ausfiel. Nachdem sie eine Weile ängstlich geschwiegen hatten, standen sie nun an den Gittern und sprachen miteinander.
«Die sind alle weg! Alle weg!»
«Betriebsausflug, oder was? Nee, die sind nicht weg!»
«Da ist irgendwas passiert. Irgendwo brennt's, und die Säcke haben sich verpißt, ohne uns hier rauszuholen. Riecht ihr's nicht? Hier riecht's doch verbrannt. Ich kann's doch riechen, das riecht ganz klar verbrannt.»
«Fresse, Nummer 21!»
«Die Schweine lassen uns alle verbrennen!»
«Die denken sich doch bloß wieder irgendeine neue Sauerei aus. Wollen uns Angst einjagen.»
«Gelingt ihnen ja auch!»

«Vielleicht wird der Versuch ja abgebrochen.»
«Träum weiter!»
Tarek hörte kaum hin, starrte nur auf die Gitterschleuse am Ende des Flurs, hinter der es zum Hof und zu den Wachräumen ging.
Und dann brach das Rauschen plötzlich ab. Unruhe und Bewegung vom Gang. Schritte erschütterten den Kunststoffboden und breiteten sich aus wie kleine Erdbeben. Milchige Schatten zuckten über die Wände jenseits der Gitterschleuse, näherten sich schnell. Das Gitter flog scheppernd auf, und es war klar, daß der Versuch nicht abgebrochen wurde, daß es nirgendwo brannte. Acht Wärter stürmten in den Flur, Berus voran. Zwei hielten den gefesselten Bosch unter den Armen und schleiften ihn mit. Er trug keine Uniform mehr. Er trug jetzt einen grauen Kittel mit einer ‹53› auf Brust und Rücken, der seinen Entenhals noch stärker hervortreten ließ. Über den Kopf hatten sie ihm einen Baumwollbeutel aus dem Supermarkt gestülpt. Nachdem sie sich im Flur verteilt hatten, zog Berus ihm mit einem Ruck den Beutel ab. Bosch keuchte vor Atemnot durch die Nase und versuchte zu schreien. Aber sein Mund war noch immer zugeklebt. Wie alle Häftlinge trug er jetzt eine Badekappe, die verspiegelte Brille hatten sie ihm abgenommen. Tarek konnte seinen Blick sehen. Angst lag darin. Panische, hoffnungslose Angst.
Zwei Wärter schlossen Tareks Zelle auf und packten ihn. Tarek wehrte sich, versuchte, sich dem Griff zu entwinden, aber einer der Wärter schlug ihm seinen Stock ins Kreuz, so daß Tarek stöhnend zusammenbrach. Sie fesselten ihn und stellten ihn neben Bosch im Flur auf.
«Heute morgen ist es zu einem Angriff auf die Anstaltsord-

nung gekommen!» begann Berus ohne Umschweife. Dabei hielt er Tareks Notizen hoch und zeigte sie herum. «77 und ein Wärter haben versucht, ein Kassiber aus dem Gefängnis zu schmuggeln, in dem ein Aufstand und ein Angriff auf das Gefängnis organisiert wurden. Dank der Aufmerksamkeit von 74 und der Wachsamkeit des Wachpersonals konnte dieser Anschlag jedoch verhindert werden. Das ist eine Bedrohung der gesamten inneren Sicherheit. Für uns. Und für euch! Und das verdient angemessene Strafe. Der betreffende Wärter ist von der Disziplinarkommission mit sofortiger Wirkung vom Dienst suspendiert und als Häftling eingewiesen worden. Für 77, der wiederholt durch Regelverstöße und Leistungsverweigerung aufgefallen ist, ist von der Disziplinarkommission folgendes Strafmaß festgelegt worden: Einzelhaft in der Black Box für unbestimmte Zeit. So lange, wie der Häftling seine Haltung und Einstellung zur Gefängnisordnung nicht korrigiert.»
Keine Regung an den Zellengittern. Nur Nummer 74 meldete sich.
«Und was ist mit mir? Was sagt der Direktor? Komme ich jetzt endlich frei? Ich war doch kooperativ!»
Berus trat vor und reichte 74 einen Schokoriegel durchs Gitter. «Als Auszeichnung für deine Kooperation, 74.»
74 starrte entgeistert auf den Schokoriegel. «Moment mal! Ich will das nicht! Ich will keine Schokolade, ich will hier raus! Das ist mir zugesagt worden, falls ich ...»
«Ruhe, 74, oder ich werte das als Verstoß gegen die Regeln. Friß deinen Schokoriegel, bevor ich ihn dir wieder wegnehme, und halt die Schnauze! Nach diesem Vorfall verläßt niemand mehr die Anstalt vor Ablauf seiner Haftstrafe, es sei denn, er ist tot. Ist das klar, ihr Dummies?»

«Das ist Folter.» Steinhoff sagte das. Nicht sehr laut, aber laut genug, daß es alle hörten.
«Was meinst du, 38?»
Steinhoff sprach laut und verständlich in die Kamera, die auf die Zelle gerichtet war. «Ich sagte: Das ist Folter. Diese Behandlung verstößt gegen die Menschenrechte, gegen den Vertrag, den wir alle unterschrieben haben, und gegen das Gesetz. Ich verlange den sofortigen Abbruch des Experiments.»
Obwohl er die Situation alles andere als lustig fand, konnte sich Tarek in diesem Moment ein Grinsen nicht verkneifen, so absurd und nutzlos kam ihm Steinhoffs Versuch vor. Gleichzeitig fragte er sich, ob jetzt nicht doch jemand von oben eingreifen würde.
Berus wechselte einen Blick mit einem Wärter aus seiner Spätschicht, der daraufhin nah an das Zellengitter herankam.
«So, du *verlangst* also!» sagte er und hob den Stock.
«Ja», wiederholte Steinhoff. «Ich verlange den Abbruch des Versuchs.»
Noch im gleichen Augenblick, so schnell, daß es kaum richtig zu erkennen war, traf der Knüppel Steinhoffs rechte Hand, die das Gitter umklammerte. Steinhoff heulte auf, krümmte sich reflexartig und tastete die verletzten Finger ab.
«*Wir* sind hier das Gesetz», sagte der Wärter, der ihn geschlagen hatte.
Berus stieß Tarek mit seinem Knüppel in die Seite. «Das Maulaufreißen hat er von dir, was?»
«Leck mich!»
«Gerne!» Berus zog die Nase hoch und spuckte ihn an.

Tarek senkte den Kopf und machte eine heftige, ruckartige Bewegung, um sich aus dem Griff des Wärters hinter ihm zu befreien und Berus mit dem Kopf zu rammen. Doch der Wärter hinter ihm riß ihm die Arme brutal nach oben, kugelte sie ihm fast aus. Tarek schrie und trat noch einmal nach Berus, doch der Tritt ging ins Leere.
«Ihr seid wahnsinnig!» keuchte Tarek. «Ich weiß nicht, warum die da oben das zulassen, aber eins könnt ihr Schweine nicht verhindern. Heute, spätestens morgen, steht hier ein Fernsehteam auf der Matte. Meine Freundin wird alles organisieren. Ich scheiß auf dich und die Black Box, Berus. Morgen bist du das Arschloch der Nation. Morgen mache ich dich fertig!»
Berus schlug ihn mit einem Stock aufs Knie. Der Schlag war nicht sehr fest, aber er saß präzise. Tarek heulte auf.
«Denkst du das, 77, ja? Hältst du uns für total dämlich? Ich hab mich gestern an deine kleine Freundin drangehängt. Ich weiß sogar, wo sie wohnt, 77. Und du glaubst doch nicht, daß wir irgend etwas zulassen, was die Anstaltsordnung gefährden würde. Wir werden uns rechtzeitig um sie kümmern, 77.»
Der Schmerz trat zurück. Rasende Wut überschwemmte ihn, füllte ihn aus, betäubte ihn, ließ keinen Gedanken mehr zu, auch keine Angst. Tarek riß sich los, unendlich langsam, wie ihm schien, und rammte Berus mit einem Schrei den Kopf in die Magengrube. Wie von fern vernahm er noch das dumpfe, zischende Geräusch, mit dem der Stoß Berus alle Luft aus den Lungen preßte. Das letzte, was Tarek wahrnahm, bevor sie ihn niederschlugen und der Schmerz wie ein hundertfaches Echo zurückkam, war das grelle Geräusch der Trillerpfeifen, grell wie alles ringsum.

Er wurde nicht ohnmächtig, wie er angenommen hatte. Er lag nur auf dem Boden, einen Stiefel im Kreuz, keuchte gegen den klopfenden Schmerz an und sah von unten, wie Ekkert eine Gaspistole aus der Tasche zog. Er zeigte sie herum, baute sich breitbeinig vor Bosch auf und hielt sie ihm unter die Nase. Tarek wußte nicht, daß es eine Reizgaspistole war, eine jener Nachbildungen, die überall frei erhältlich waren; er sah nur, daß Eckert plötzlich eine Waffe in der Hand hielt und vor Bosch damit herumfuchtelte, der jetzt ebenfalls versuchte, sich loszureißen, und wieder in das Klebeband hineinschrie.
«Und jetzt zu dir, 53. Was, glaubst du, steht auf Verrat? Was sagst du? Ich versteh dich so schlecht. Genau. Die *Höchststrafe*! Also auf die Knie!»
Bosch brüllte dumpf, bis sein Kopf rot anlief, und wurde von den Wärtern, die ihn hielten, mit Gewalt auf die Knie gedrückt.
«Die Kapuze!»
Einer zog Bosch den Baumwollbeutel mit dem Supermarktlogo wieder über den Kopf. Bosch zitterte am ganzen Körper, wimmerte jetzt nur noch. Eckert machte eine gezierte Bewegung mit der Waffe, lud sie geräuschvoll durch und hielt sie Bosch an den Kopf. Bosch hörte auf zu zittern, wurde ganz steif. Eckert drückte ab.
– Klick! – Das Geräusch brach sich an den Kunststoffwänden und erstarb.
«Kleiner Joke am Rande!» Eckert steckte die Gaspistole wieder ein. «Sieht doch ein Blinder mit Krückstock, daß die nicht echt ist!»
Die Wärter lachten. Bosch zitterte wieder, viel stärker nun, hemmungslos, weinte offensichtlich. Etwas Flüssiges rann

an seinen Beinen hinunter, zeichnete einen dunklen Fleck auf dem Kittel und bildete eine kleine Pfütze um seine Knie. Die Wärter lachten und verzogen die Gesichter.
«Du bist widerlich, Nummer 53. Du bist schon ein richtiger, stinkender Dummy geworden!»
In diesem Moment, ohne daß es dafür vorher irgendein Anzeichen gegeben hätte, drehte Nummer 82 durch. Der freundliche Kioskbesitzer rüttelte und tobte an seinem Gitter, schrie und beschimpfte Eckert.
«Du Drecksau! Du Aas! Du verschissene Nazisau! Ich bring dich um! Du verdammtes Aas! Du impotentes Dreckschwein! Du ...»
Er bespuckte Eckert, als der ans Gitter trat, um ihm eins mit dem Knüppel zu verpassen.
«Es reicht!» Berus hielt ihn zurück und warf Eckert eine Rolle Gewebeband zu. «Hol ihn raus, stell ihn ruhig, binde ihn auf einen Stuhl und stell ihn hier im Flur auf, zur Demonstration, das reicht! Dann schafft 77 in die Black Box. Und räumt Zelle zwei für die Neuen frei, wir kümmern uns um den Rest.»

■ Etwa zur gleichen Zeit checkte Claus P. Thon in einem gemütlichen Hotel in der Altstadt von Erfurt ein, in der Nähe der Krämerbrücke und der alten Studentenbursen. Er hatte sich für Erfurt entschieden, weil er die Stadt mochte, weil man relativ schnell in Weimar war und weil ihn hier kein Kollege womöglich mit der Studentin sehen würde, die in seinen Vorlesungen immer in der ersten Reihe saß und die jetzt neben ihm an der Rezeption stand. Als sie aufs Zimmer kamen, machte er die Vorhänge zu, und sie begannen sich auszuziehen. Thon ließ sich gern von Frauen ausziehen, weil er stolz auf seinen Körper war. Sie entkleideten sich nicht mehr so hastig wie beim erstenmal im ‹Kleinhirn›, aber doch sehr zügig. Ihre Brüste fühlten sich genauso an, wie er es sich in den Vorlesungen immer vorgestellt habe, sagte er ihr, und sie sagte ihm, wohin *sie* immer geschaut habe. Sie gab ein paar lustvolle Laute von sich, zuckte plötzlich, weil sie irgendwo kitzelig war. Als sie ihn auf den Rücken rollte und sich rittlings auf ihn setzte, fiel ihm etwas ein.

«Moment mal!» flüsterte er, schob sie sanft von sich und stand auf.

«Was ist?»

«Ich will nur das Handy ausschalten.»

«Mußt du denn nicht erreichbar sein wegen des Experiments?»

«Nur wer nicht überall erreichbar sein muß, hat es geschafft. Jutta kommt prima alleine klar die zwei Tage.»

■ Dr. Jutta Grimm saß in ihrer Wohnung vor einem Computer und tippte die Endfassung eines kleinen Vortrags zum Thema ‹Grundzüge eines kybernetischen Verhaltensmodells der sozialen Kontrolle›. Sie lebte mit ihrem Freund, einem Biologen, der zur Zeit als Stipendiat in Israel über Fischeier promovierte, in einer aufgeräumten, freundlichen Zweizimmerwohnung. Alles hatte hier seinen Platz, obwohl Jutta sich Mühe gab, daß es wie zufällig wirkte. Die Bücher, die Aluminiumschale, die japanischen Holzfigürchen, die Vasen, die alten Fotos, die Kissen, die nostalgischen Werbeschilder aus Blech, das geklaute Parfumplakat über dem Bett.

Das Schlafdefizit seit Beginn des Versuchs machte sich bemerkbar. Jutta gähnte und wollte gerade die letzte Fassung des Vortrags ausdrucken, als der Anruf von Lars kam, der Aufsicht im Monitorraum hatte.

«Jutta, Lars hier. Gut, daß ich dich erreiche!»

«Lars! Gibt's irgendwelche Probleme?»

«Nein. Das heißt, irgendwie schon, du solltest vielleicht besser kommen.»

«Was ist denn? Ist was passiert? Jemand verletzt?»

«Also, vielleicht kommst du einfach und siehst es dir an, ja?»

«Lars, verarsch mich nicht! Sag mir, was los ist!»

«Es ist am Telefon schwer zu beschreiben. Komm doch einfach, dann siehst du es ja. Bis gleich.»

Er legte auf, ehe Jutta ihn weiter fragen konnte. Die Psychologin blieb noch einen Augenblick vor dem Bildschirm sitzen und überlegte, ob sie Thon über die Handynummer anrufen sollte, ließ es dann aber. Als sie aufstand, hatte sie den festen Entschluß gefaßt, das Experiment auf eigene Faust abzubrechen, egal, was sie dort erwarten würde.

Als sie den Monitorraum eine halbe Stunde später betrat, war es Gläser von der Nachtschicht, der ihr schon entgegensah.

«Hallo, Frau Doktor!» begrüßte er sie gelassen.

«Herr Gläser? Was machen Sie noch hier? Sie haben doch gar keinen Dienst mehr. Wo ist Lars?»

Gläser machte eine Abwärtsbewegung mit dem Daumen. «Unten. Er erwartet Sie schon.»

Etwas in seinem Blick und in seiner Haltung alarmierte sie.

«Was ist passiert?» Ihre Stimme ging hoch, sie wich einen Schritt zurück, doch im gleichen Moment trat Eckert ein und schloß die Tür hinter sich. In der Hand hielt er seine Gaspistole.

«Was, zum Teufel ...»

Eckert kam nah an sie heran und legte ihr einen Finger an die Lippen. «Psst! Nicht schreien, Doc! Sonst ...» Er tat so, als würde er sich in den Kopf schießen, imitierte den Rückstoß der Waffe und zuckte weg. *«Uuuh!»*

«Sie wollten doch den Versuch abbrechen, oder?» Gläser hielt ihr das Telefon und die Namensliste der zur Aufsicht eingeteilten Studenten hin. «Dann tun Sie's. Rufen Sie Ihre kleinen Aufpasser an, und sagen Sie ihnen, daß sie nicht mehr zu kommen brauchen, der Versuch wäre beendet.»

Jutta blickte abwechselnd auf Eckert und die Pistole und würgte das Entsetzen hinunter, das ihr den Hals zuschnürte.

«Würden Sie mir. Bitte. Vielleicht erklären. Was das alles zu bedeuten hat?»

Eckert grinste sie an. «Rate mal, Psycho-Doc.»

«Weiß Professor Thon von dieser Aktion?»

«Nicht erreichbar.»

«Doch!» sagte sie schnell. «Unter seiner Handynummer!»

«Rufen Sie ihn an!» Gläser deutete auf das Telefon. «Dann klären wir die Sache hier.»

Mit zitternden Händen durchblätterte Jutta ihr Adreßbuch, bis Gläser es ihr abnahm und selbst die Nummer wählte.

«... Teilnehmer ist vorübergehend nicht erreichbar», wiederholte er und legte auf. «Einen Versuch war's wert, Frau Doktor.»

«Probieren Sie es noch mal!»

«Tun wir, tun wir. Aber jetzt rufen Sie die Leute hier an!»

«Und was, wenn ich mich weigere?»

«Dann fesseln wir Sie und machen dasselbe mit jeder Dumpfbacke, die hier aufkreuzt. Und der kleine Lars unten sagt aua.»
«Aber ... *warum*?»
«Um Sicherheit und Ordnung aufrechtzuerhalten. Darum. Also, was jetzt? Sind Sie nun kooperativ oder nicht?»

■ Dora lief in Tareks Wohnung auf und ab und versuchte ihre Gedanken zu ordnen. Am letzten Abend war sie ganz sicher gewesen, daß Bosch um jeden Preis den Versuch abbrechen wollte. Woher dieser plötzliche Sinneswandel? Dora versuchte sich an das Gesicht der Frau zu erinnern, ob sie dort die Spur einer Lüge fand, aber die Frau war sehr ernst gewesen, froh, ihr das Geld zurückgeben zu können. Ansonsten bedeutete es nicht viel, wenn man richtig überlegte. Sie hatte Tareks Notizen zwar nicht bekommen, aber sie konnte immer noch mit einem Kamerateam in dem Labor auftauchen. Falls Drese etwas organisiert hatte.
Dora probierte es noch einmal unter Dreses Handynummer, wie schon die ganze Zeit, seit sie in Tareks Wohnung zurückgekehrt war, aber immer noch meldete sich niemand. Warum lief alle Welt mit diesen Dingern herum, wenn man doch nie jemanden erreichte?
Viertel vor vier. Um acht sollte sie bei Tareks Schwester sein. Also noch genug Zeit, um auf Drese zu warten. Genug Zeit, sich Gedanken zu machen, die sie sich nicht machen wollte. Um sich abzulenken und um sich weiter selbst davon zu überzeugen, daß sie das Richtige tat, setzte sie ihren kleinen Streifzug durch Tareks Wohnung fort. Sie räumte einen weiteren der großen Kartons aus dem Regal, in denen Tarek seine Fotos in großen Umschlägen verwahrte, und

schüttete ihn aus. Die Umschläge sahen alle gleich aus. Dora tippte wahllos auf einen x-beliebigen und fischte das erste Foto heraus.
Später dachte sie oft, daß nicht sie das Foto, sondern das Foto *sie* gefunden hatte. Beim ersten Blick sank sie mit einem leisen, stöhnenden Geräusch in die Knie. Das Foto zeigte die mißhandelte Leiche eines jungen Mannes in einem Erdloch. Die Leiche ihres Bruders. Niemand hatte ihr je ein Bild von Michael in dem Erdloch gezeigt. Ausgerechnet hier mußte sie darauf stoßen.
Sie konnte nicht wegsehen. Wimmernd, nur leise wimmernd, ganz ohne Kraft, unfähig, sich zu bewegen, hielt sie das Foto fest. Zitternd starrte sie auf ihren mißhandelten Bruder, gewiß, daß sie jeden Moment den Verstand verlieren müsse. Grenzenlose Verzweiflung überkam sie, als sie zudem *verstand,* daß Tarek sich nur wegen einer Story für sie interessiert hatte, daß er immer gewußt hatte, wer sie war, sie vermutlich sogar lange vorher beobachtet und nur auf einen günstigen Augenblick gewartet hatte. Die Verzweiflung raubte ihr den Atem, bis irgend etwas tief in ihr dem Druck nachgab. Mit einem gepreßten Stöhnen fiel Dora nach vorn, sackte zusammen, krümmte sich am Boden, weinte, hörte nicht auf zu weinen, eingekauert für immer, denn der Schmerz ließ keine Bewegung zu; der Schmerz war ein Sturm, der sie umtoste und der sie auf der Stelle fortreißen und töten würde, wenn sie sich nur ein wenig aufrichtete.

■ Eine tote Welt. Der Raum so klein, daß Tarek die Arme nicht ausstrecken konnte, und so niedrig, daß er nicht aufrecht stehen konnte. Vielleicht halb aufgerichtet noch, wie

gebückt, aber das war nicht lange durchzuhalten. Sonst nur sitzen, hocken, kauern möglich. Boden, Wände und Decke aus stabilem Stahlrost, grobmaschiges Stahlgitter, durch das man keine Faust pressen konnte. Dahinter und darunter Schallisolierung wie in einem Tonstudio. Dicke Schaumstoffkegel, die jeden Laut auffraßen. Er konnte sie fühlen, ein wenig eindrücken, wenn er mit den Fingern durch den Stahlrost tastete. Sehen konnte er nichts.
Ein licht- und schalltoter Raum. Tarek hatte die dicke Isolationstür schon gesehen und wußte, daß er nun allein sein würde. Ganz allein. Er hatte geschrien, als die Tür sich schloß, weil die Trommelfelle sich plötzlich knackend nach innen wölbten. Aber der Schrei hatte den Druck nur erhöht, also hatte Tarek aufgehört und es mit einem Druckausgleich wie beim Tauchen versucht, was er seitdem ständig wiederholte.
Muffiger Geruch des Schaumstoffs. Luft wie Öl, kaum zu atmen. In einer Ecke ein Eimer mit Deckel für die Notdurft, den die Wärter ihm hineingestellt hatten.
Das Erlebnis eines schalltoten Raumes schockierte Tarek mehr als die absolute Dunkelheit. Kein Laut, kein Geräusch klangen nach oder kehrten als Echo wieder. Der Schaumstoff verschluckte jeden Ton. Nachdem Tarek die erste Panik heruntergewürgt und sich still in eine Ecke gekauert hatte, stellte sich ein sonderbares Gefühl der Befreiung ein. Nach der erbarmungslosen Helligkeit der letzten Tage tat die Dunkelheit gut, hüllte ihn ein, kühlte die lichtwunden Augen, machte ihn müde. Aber diese Erleichterung hielt nicht lange an. Weil die Sinne betäubt waren, meldeten sich bald die Nerven, rasend hungrig nach Reizen. Das Trommelfell schien sich nun nach außen zu wölben vor lauter

Sehnsucht nach Geräuschen. Die Haut juckte und kribbelte überall. Der Kittel kratzte schlimmer denn je, Tarek spürte jede Faser, spürte sogar die Oberflächenstruktur des Gittermetalls unter seinen Fingerspitzen. Pochen in der Schläfe. *Tumm. Tummtumm. Tumm.*
Tarek war in unbequemer Haltung eingeschlafen und erwachte von den schmerzenden Druckstellen, die der Gitterboden nach kurzer Zeit hinterließ. Kaum eine Stunde nach seiner Isolierung wußte Tarek nicht mehr, ob erst Minuten oder bereits Stunden verstrichen waren. Damit kehrte die Panik zurück, mächtiger als zuvor, mächtiger als alles. Sie staute sich auf, füllte den ganzen Raum aus, dichter und dichter, bis sie ihn irgendwann erdrücken würde. *Tumm. Tummtumm. Tumm.* Tarek würgte. Die Muskeln gehorchten nicht. Der Körper schien sich zu verändern, wurde länger, dehnte sich aus und schrumpfte wieder zusammen. Tarek holte mühsam Luft und begann verzweifelt gegen die Stille anzuschreien, die die Ohren verklebte wie ein schmieriger Film. Er schrie trotz des schmerzhaften Drucks auf den Ohren. Er schrie gegen die Stille, die Nacht und seine Angst und nährte doch alles nur damit, machte es nur dichter, dunkler und größer. Aber er schrie trotzdem weiter, schrie um sein Leben, schrie, bis seine Stimme erstarb.

■ «*Ja! Ja! Ja! Ja!*»
Während Tarek sich in der Black Box fast ohnmächtig schrie, schrie in einem Hotel in Erfurt auch Thons Studentin. Ihre Schreie jedoch kamen sehr kurz hintereinander beim Einatmen, spitz und mit jedem Mal höher und hingen nicht mit Angst oder Schmerz zusammen. Sie waren eher

eine äußerst wirksame Art der Anfeuerung für den Mann, der sich unter ihr gerade alle Mühe gab.
«*Jaaaaaaaa!*»
Es wirkte. Es wirkte immer.
Wenig später lag Thon schweißnaß neben ihr und hielt sie fest. Sein Atem beruhigte sich schnell, weil er in Form war. Nicht so ein schlaffer Sack wie viele seiner Kollegen. Thon seufzte und langte nach dem Chronometer auf dem Nachttisch.
«Was? Schon Viertel nach fünf!»
Die Frau neben ihm drückte ihren Po fester an sein Becken. «Mußt du deine Frau anrufen?» Sie gluckste.
«Später. Aber apropos anrufen!»
Nur so ein Gedanke. Claus P. Thon stand auf, schaltete sein Handy wieder ein und tippte eine Nummer. Nachdem sich dort niemand meldete, versuchte er es unter einer anderen Nummer, ebenfalls erfolglos. Besorgnis rauschte plötzlich auf, raschelte in seine Gedanken wie ein Windstoß in altes Laub.
«Verdammt, wo sind die denn alle?»
«Probleme?»
«Nein. Ach, nein, keine Probleme. Ist die Katze aus dem Haus, tanzen die Mäuse. Ist doch so.»
Sie sah ihn von oben bis unten an. «Komm zurück!»
Seine Besorgnis wich Verlegenheit. Thon lächelte gequält. «Du schaffst mich ganz schön, Ilona, weißt du das? Sag mal, was hältst du von einem kleinen Spaziergang und dann einem kräftigen Imbiß?»
Sie schüttelte heftig den Kopf und richtete sich ein wenig auf, so daß er ihre Brüste wieder sehen konnte.
«Später. Komm zurück. Sonst schrei ich!»

■ Auf der anderen Seite der Black Box herrschte Stille. Nummer 82 saß auf einem Stuhl im Korridor, völlig bewegungsunfähig, gut sichtbar für alle. Sein Körper war stramm mit Klebeband umwickelt. Sein Kopf war in Höhe des Mundes bis knapp unter die Nase verbunden, so daß er mit jedem Atemzug den Geruch des Klebstoffes einsaugen mußte. Zu Anfang hatte er noch panisch den Kopf bewegt und dumpfe Laute ausgestoßen. Inzwischen rührte er sich nicht mehr, keuchte nur schwer durch die Nase, stöhnte manchmal.

Berus schwieg, sah nur kurz zu ihm hin. Den übrigen Häftlingen hatten sie ebenfalls den Mund verklebt. Auch der Frau und dem Studenten, die jetzt Nummer 11 und 12 trugen. Eckert und Gläser hatten die Frau heruntergebracht, als sie sich weigerte, die anderen Studenten anzurufen. Erst nachdem Berus angefangen hatte, den schlacksigen Studenten vor ihren Augen zu ohrfeigen, ganz leicht nur, fast kumpelhaft, hatte sie kapiert. Schlaues Mädchen. Jetzt trug sie den Kittel wie alle und war still. Eckert bewachte sie und filmte mit einer kleinen Videokamera. Thon immer noch unerreichbar, unter keiner Nummer, wie nicht anders zu erwarten. Berus wußte, was das bedeutete. Ausnahmezustand.

Berus überlegte, ob er an alles gedacht hatte. Sie hatten den einzigen Aufzug, der bis U2 fuhr, mit der Notbremse blokkiert und die Tür zum Treppenhaus verschlossen, so daß niemand mehr von außen in den Keller eindringen konnte. Sie hatten die Leitungen der Videokameras und der Mikrofone gekappt bis auf die Leitung des internen Telefons. Gläser und Amandy waren zur Zeit in Uniform draußen unterwegs, informierten die Familien und besorgten das

Nötigste. Lebensmittel, Luftmatratzen, Schlafsäcke, Zeitschriften.
Berus nickte, straffte sich und blies jetzt einmal scharf in seine Trillerpfeife.
«Okay, herhören! Wer den Klebestreifen auch nur anrührt, sitzt umgehend neben 82!» sagte er jetzt in sachlichem Tonfall und fuhr etwas lauter, aber ebenso sachlich fort. «Wir haben die Situation vollständig unter Kontrolle! Wie lange der Ausnahmezustand dauern wird, hängt unter anderem von eurem Verhalten ab. Eines muß jedoch klar sein: Geduld und Nachsicht sind nicht mehr zu erwarten. Ich weiß, Denken ist nicht euer Ding, deshalb erkläre ich es. Wer meint, er könne die Situation ausnutzen, wird sich noch umschauen. Jeder Widerstand wird umgehend bestraft. Ist das angekommen?»
Er blickte sich um. Die Häftlinge, die alten und die neuen, standen regungslos und stumm an ihren Gittern.
«Ich fragte: Ist das angekommen, ihr *dummies*?» brüllte Berus.
Die Häftlinge in den Zellen nickten.
«Gut. Es ist gut, daß ihr wenigstens das kapiert! Befolgt die Anweisungen und verhaltet euch ruhig.»
Er sah, daß Jutta und Lars Blicke wechselten. «Das gilt besonders für unsere Neuzugänge! So, nachdem das geklärt ist, können wir ja wieder zur Routine übergehen.

■ Es war bereits dunkel, als sie sich nach unendlich langer Zeit wieder bewegte, doch sie nahm es nicht wahr. Ihr Handy hatte geklingelt, aber auch das hatte sie nicht wahrgenommen. Auch nicht Sinas Stimme auf dem Anrufbeantworter, auch nicht, daß sie immer wieder «Nein!» gewimmert und ein altes Madrigal aus dem Deutschunterricht gesummt hatte.

Es geht ein' dunkle Wolk' herein;
mich deucht, es wird ein Regen sein,
ein Regen aus den Wolken
wohl in das grüne Gras.
Und scheinst du, liebe Sonn', nicht bald,
so weset alls im grünen Wald,
und all die müden Blumen,
die haben müden Tod.

Sie nahm kaum etwas wahr. Ohne auf die Uhr zu sehen, ohne Licht zu machen, fast ohne Kraft, tastete Dora nach ihren paar Sachen, verließ die Wohnung, so schnell sie konnte, ohne Nachricht und fuhr zurück nach Hause. Auch von der Fahrt bekam sie kaum etwas mit. Nicht den Regen, nicht den Zollbeamten, der sie mißtrauisch musterte, und nicht den Pommes-frites-Laster, der wie aus dem Nichts plötzlich mit hoher Geschwindigkeit hinter ihr auftauchte, hupend mit allen Hörnern, die Scheinwerfer aufblendend, daß es in ihrem Wagen für einen kurzen Augenblick Tag wurde. Doch all das nahm sie ebensowenig wahr wie das häßliche metallische Geräusch kurz darauf.

9

Die Stille war so vollkommen wie die Dunkelheit. Vollkommene Leere. Vollkommenes Nichts. Nur noch das Rauschen des Bluts in den Schläfen. Tarek kam sich vor wie ein schwer verdaubarer Brocken im Magen eines großen Tieres, das bereits alles gefressen hatte, die ganze Welt, alle Zeit, und als letztes verdaute es jetzt ganz langsam ihn. Er war ja schon halb verdaut. Er war schon halb verdaut.

Interessierte ihn aber nicht mehr. Denken nicht mehr möglich, nur noch Gedankenbrei und diffuse Gefühle irgendwo zwischen Lethargie und Gereiztheit. Eine Nacht und fast einen Tag schon, aber das wußte Tarek nicht. Permanenter Druck auf die Schläfe wie von einer Metallspange. *Tumm. Tummtumm. Tumm.* Ich halte das nicht mehr aus. Ich halte das nicht mehr aus. Immer wieder diesen Satz. Tarek knirschte mit den Zähnen, ohne es zu merken, kratzte sich ständig überall, stöhnte, schmatzte, summte tonlos immer wieder die gleiche Melodie. «*... saß und schlief. Armes Häschen, bist du krank, daß du nicht mehr laufen kannst ...*» Er schrie nicht mehr, weil er keine Kraft mehr dazu hatte. Überhaupt keine Kraft mehr.

Dann plötzlich Schweißausbrüche, Hitzewellen über den ganzen Körper, daß er um Atem rang. Alle Muskeln verspannt, die Haut perforiert von dem Gitter, schmerzhaft, trotz des tauben Gefühls. Überhaupt ständig paradoxe Körperempfindungen. Manchmal schien er aus reinem Plüsch zu bestehen, unendlich weich und flauschig, doch gleichzeitig kristallhart und so zerbrechlich, daß er zersplitterte, wenn man ihn nur berührte. Wie früher in Fieberträumen.

Manchmal überfiel ihn ein flammender Drang, sich zu bewegen. Mit den Fingern einen strammen Knoten zu lösen.

Ein Stück Holz zu bearbeiten. Ton zu kneten. Zu rennen, auf einen Abgrund zu, und mit ausgebreiteten Armen in die Tiefe zu stürzen, zu fallen und dann, kurz vor dem Aufprall, den Sturz abzufangen und mit rasender Geschwindigkeit dicht über den Boden hinwegzugleiten.
Manchmal dachte er an grüne Augen und einen Körper, der wärmer und wirklicher gewesen war als er selbst.
Manchmal drückte Tarek mit den Fingern auf seine Augen, um Lichterscheinungen zu erzeugen. Glitzerkreise, Funken, Linien, flirrende karierte Flecken und Ebenen, wie ein Meer aus reiner Geometrie. Blaugrüne Ornamente, wolkenartige Formen, die keine klare Gestalt ergaben. Ein schroffes Gebirge im Nebel, wie von einem Computer erzeugt. Irgendwann blieben die Erscheinungen, auch wenn er nicht auf die Augen drückte, und er begann sich vor ihnen zu fürchten.
Irgendwo tickte eine Uhr. Oder ein tropfender Wasserhahn. Tarek zählte mit und schrie auf, als er ein Räuspern hörte und danach eine Stimme, die ihm etwas Unverständliches zuraunte. Kein Unterschied mehr zwischen Wachsein und Träumen. Nur noch dieser Zwischenzustand, wie auf halber Strecke hängengeblieben. Kein Sprit mehr. Motor verreckt mitten in nächtlicher Wüste. Es wurde kalt. Tarek zitterte.
Ständiger Harndrang. Tarek mußte sich zwingen, nicht ständig zu pissen. Aus dem Eimer stank es scharf nach Urin. Er fürchtete sich vor dem Eimer. Nicht einatmen. Diffuses Unwohlsein, nicht direkt Übelkeit, breitete sich schleichend in ihm aus. Manchmal auch der Eindruck, irgendwo undicht zu sein, auszulaufen, zu versickern. Zu schwinden. Einfach so zu vergehen. Er war ja schon fast vergangen.

Durst. Hunger nicht, aber Durst. Großer Durst. Durst, Durst, Durst. *Tumm. Tummtumm. Tumm.* Und kratzen. Jede juckende Stelle regelmäßig kratzen, keine auslassen. Schwierige Aufgabe. Es kamen ja immer neue dazu.
Ich werde jetzt gerade verrückt, dachte Tarek und klammerte sich an diesen Gedanken wie an die letzte Wahrheit, die noch galt. Ich. Werde. Jetzt. Verrückt.
Dann noch ein Gedanke, sehr klar: Ich werde sterben.
Ich. Werde. Sterben.
Ganz sicher. Sie würden ihn nicht mehr herausholen oder zu spät. Er würde hier sterben. Er hatte immer gedacht, daß sich Erleichterung, eine Art frohes Vorgefühl wie beim Tiefenrausch einstellen würde, wenn es soweit war, aber er fürchtete sich nur noch mehr. Er fürchtete sich vor den Geräuschen, der flüsternden Stimme, vor den Lichterscheinungen, vor dem Eimer, vor dem Gitter, auf dem er lag, und den Schaumstoffkegeln darunter, vor seinem eigenen Körper, und zum erstenmal in seinem Leben wurde ihm klar, daß Angst nicht nur ein Gefühl war. Angst konnte auch töten. Sie war schon dabei, ihn zu töten. Sie war schon dabei.

■ Sie waren bereit. Im Interviewraum, wo im Augenblick die Nachtschicht schlief, lagen Luftmatratzen herum, Schlaf säcke und Reisetaschen, über den Heizungsrippen hingen buntgemischte Handtücher. Es roch nach Schweiß. Die eingekauften Lebensmittel, für die Berus eine Umlage organisiert hatte, lagerten im Wachraum. Weißbrot, Margarine, viel eingeschweißter, preiswerter Aufschnitt, viel Schokolade, Fertiggerichte für die Mikrowelle, Zeitschriften, vier Kästen Mineralwasser, Milch, Kaffee. Was man so brauchte. Bier hatte Berus verboten, weil das gegen die

Dienstvorschriften verstieß. Überhaupt bestand Berus auf den Dienstvorschriften, verlangte, daß weiterhin jeder rasiert und in tadelloser Uniform zur Schicht erschien.
Sie waren bereit. Seit annähernd 20 Stunden schon. 20 Stunden, in denen Berus nicht geschlafen hatte. Seit 20 Stunden trugen die Häftlinge Mundpflaster, die sie nur zum Essen abnehmen durften. Seit 20 Stunden saß Nummer 82 wie mumifiziert auf seinem Stuhl, rührte sich nicht, stöhnte nur und stank, weil er sich naß gemacht hatte. Seit 20 Stunden saß Nummer 77 in der Box. Seit 20 Stunden war nichts weiter passiert. Bis auf den Vorfall beim letzten Hofgang.
Nummer 21, 74, 14, 86 und 40 hatten plötzlich angefangen, Bosch, der Abstand zu allen gehalten hatte, herumzuschubsen. Erst ganz locker, wie aus Spaß, aber dann immer fester, bis aus dem Geschubse Schläge geworden waren. Berus hatte zugesehen, wie Bosch immer panischer versucht hatte, den vieren zu entkommen, bis 38 und die beiden neuen dazwischengegangen waren. Berus hatte einen Augenblick überlegt, ob es gut sei, sie ein bißchen Dampf ablassen zu lassen, doch das brachte sie womöglich nur auf Ideen. Also hatten sie sie mit den Knüppeln getrennt und zurück in die Zellen gebracht. Hofgang seitdem gestrichen. Auch sicherer so.
Alles lief gut. Sie waren bereit.
Trotzdem wurde Berus die Anspannung nicht los. Er zwang sich, wach zu bleiben, trank ununterbrochen Kaffee und aß *Scho-Ka-Kola,* denn er erwartete jeden Augenblick den nächsten Test.
«Was denn *noch* für einen Test, Berus?» stöhnte Stock beim Rasieren. «Reicht dir das nicht, hier?»

«Glaubst du wirklich, sie bringen uns in so eine Lage und fertig? Nee! Es ist doch immer so: Du bist gerade in die Scheiße getreten und denkst, schlimmer kann es nicht werden, da steht schon der nächste Hund hinter dir und pißt dich an.»
«Mensch, Berus, hör auf!»
«Mahlzeit!» Kamps erschien gähnend im Wachraum.
«Eh, ihr sollt pennen, nicht fressen!» rief Tode.
Kamps zeigte ihm einen Finger und ging an die Kaffeemaschine. «Kann nicht schlafen. Ich kann mir übrigens auch nicht vorstellen, daß noch was kommt, Berus. Falls das hier überhaupt ein Test ist.»
«Und was ist es sonst? Eh, Kamps, was ist es sonst?»
«Ein Zufall. Ein Unfall. Ein Mißverständnis! Scheiße, was weiß ich.»
Berus lachte hart auf. «Träum weiter, Spasti! Das hier ist ein Experiment! Hier gelten andere Regeln. Hier gibt es keinen Zufall. Was du für Zufall hältst, ist durch und durch geplant, um unsere Reaktionen zu testen. Oder meinst du, die ziehen so ein Experiment durch und passen dann nicht richtig auf?»
Kamps hantierte wortlos an der Kaffeemaschine. Berus nickte zufrieden und blickte sich um. Aber er bemerkte die Nervosität bei den anderen.
«Dreht jetzt bloß nicht durch, nur weil wir einmal auf uns allein gestellt sind, ja!»
«Nenn mich nicht noch mal Spasti, Berus!» sagte Kamps leise, aber laut genug, während er sich einschenkte und mit der anderen Hand scheibenweise Wurst aus einer Plastikverpackung fummelte und sich in den Mund schob.
«Sorry, Kamps. War nicht so gemeint. Bin bloß nervös.»

«Eh, friß nicht alles weg, Kamps!»
«Sind wir alle, Berus. Sind wir alle. Sagt mal, findet ihr das alles nicht total kraß? Ich meine, uns, unsere ganze Isolation, den ganzen Belagerungszustand. 77 verschimmelt in der Box, 82 völlig zuge*taped*, die anderen auf Sparflamme geschaltet. Und dann die Sache mit Bosch. Hättet ihr so was gedacht? Stürzen die sich auf ihn. Wie die Wölfe!»
«Das bißchen Geschubse!» winkte Renzel ab. «Übertreib nicht.»
«Nur recht und billig!» ergänzte Ulrich Tode. «Die Verrätersau. Ist ja nix passiert.»
«Weil wir dazwischengegangen sind! Aber sonst? Das ist doch total kraß! Wenn man's vernünftig überdenkt.»
«Eh, alle mal herhören!» rief Renzel. «Es folgt eine Durchsage der Stimme der Vernunft!»
«Umschalten! Umschalten!»
«Halt's Maul, Tode! Wie lange sollen 77 und 82 zum Beispiel noch bestraft werden?»
«So lange wie nötig!» erklärte Berus.
«Und wie lange ist *nötig*? Seit 20 Stunden ist nichts mehr passiert. Wie lange soll das noch gehen, Berus?»
«Es wird so lang gehen, *bis was passiert*!» sagte Berus. «So lange wie nötig! Oder was willst du hören?»
Kamps drehte sich zu ihm um. «Ich will wissen, was jeder wissen will: wann wir hier wieder rauskommen.»
«Wenn die Übung beendet ist. So haben wir es beschlossen.»
«Wir könnten genausogut auch wieder was anderes beschließen.»
Berus kam langsam nah an Kamps heran. «Versuch's doch!» sagte er sehr leise. Fast geflüstert. Aber in diesem Tonfall

mußte er gar nicht lauter reden, der kam auch leise an. Kamps wich dem Blick aus und schob sich seitlich weg, als ob ihm die körperliche Nähe zu Berus unerträglich wäre.
«Was ist? Stinke ich? Du wolltest noch was sagen, Kamps!»
«Ist ja schon gut, Berus. Entspann dich.»
«Ich bin entspannt! Ich bin vollkommen entspannt! Was ist mit euch, seid ihr auch entspannt?» Er blickte sich wieder in der Runde um.
«Mahlzeit!» Gläser und Amandy, der Rest von der Nachtschicht, traten ein. Berus nickte ihnen zu. Bis auf Eckert, der im Flur patrouillierte und mit seiner Videokamera sich und die Häftlinge filmte, waren sie jetzt wieder vollzählig.
«Wir haben die Situation sehr vernünftig analysiert und uns für dieses Vorgehen entschieden», fuhr Berus fort. «Ein Rückzieher jetzt wäre nicht vernünftig, das wäre hysterisch! Benutzt euer Gehirn! Dann wären wir wie die Dummies nebenan! Also, sind wir hysterische Dummies, oder sind wir entspannt und haben alles unter Kontrolle?»
Sie nickten. Sagten nichts, aber nickten.
«Na, also», sagte Berus. «Was ist mit dir, Kamps?»
«Ich bin entspannt. Ich mach meinen Dienst genau wie ihr. Ich will bloß keinen Fehler machen.»
«Na, prima. He, tut mir wirklich leid mit dem Spasti, Kamps. Ist mir so herausgerutscht! Alles klar, Kamps?»
«Ist ja schon gut, Berus. Laß stecken.»
Berus machte eine Pistole mit Daumen und Zeigefinger und drückte kumpelhaft auf ihn ab. Dann wandte er sich an die anderen.
«Kamps hat recht. Seit 20 Stunden ist nichts passiert. Das kann zwar nur bedeuten, daß der nächste Test unmittelbar bevorsteht, aber trotzdem können wir den Dummies vor-

läufig die Maulsperren abnehmen. Soll keiner sagen, wir wären Unmenschen.»
«Und 77 und 82?»
«Bleiben, wo sie sind.»

■ Großes, dunkles Meer, unendlich tief. Unendlich kalt. Druck auf den Lungen, unendlicher Druck. Sehnsucht, zu atmen, verzweifelter Drang, die schmerzenden Lungen mit frischer Luft zu füllen. Aber das ging nicht. Nicht hier unten. Oben, im letzten Blau, die Oberfläche des Wassers. Glänzend, träge wogend wie Quecksilber, sehr fern. Die Unterseite eines kleinen Bootes zu erkennen, das im Quecksilbermeer dümpelte. Ein verschwommenes Gesicht beugte sich vom Boot hinunter, dicht zum Wasser heran, suchend. Tareks Gesicht. Er bewegte den Mund, rief etwas, das sie nicht verstand. Luftblasen schnürten eilig zu ihm hinauf. Ihre Luftblasen. Sie versuchte, sich zu bewegen, nach oben zu schwimmen, aber sie war zu schwach. Rufen auch nicht möglich, denn dazu fehlte ihr die Luft. Ein Sog zerrte an ihr. Zog sie tiefer, noch tiefer, bis das Gesicht oben verschwand, die Wasseroberfläche und alles Blau, bis nur noch Nacht übrigblieb. Und alles in ihr schrie danach, zu atmen. Einfach einatmen, das ganze Meer einatmen, eins werden mit der Kälte, der Dunkelheit und endlich Ruhe haben vor dem Schmerz. Ein schöner Gedanke. Trotzdem bewegte sie sich plötzlich wieder, begann stärker mit Armen und Beinen zu rudern, stemmte sich gegen millionentonnenschweres Wasser und ärgerte sich über sich selbst, dem schönen Gedanken nicht nachgegeben zu haben. Konnte nichts dagegen tun, bewegte sich einfach, schwamm, unendlich langsam, preßte alle Muskeln gegen den Reflex an, Luft zu holen, gegen den nicht auszuhaltenden Schmerz, bis sie wieder glänzendes Quecksilber über sich sah und Stimmen hörte. Stimmen wie Wellenrauschen. Sehr fern und undeutlich. Sie wurde neugierig und strengte sich an, nach oben zu schwimmen, Meter für Meter, nur um die Stimmen zu verstehen. Sie riefen ihren Namen.

«Dora! Dora, wach auf! Du hast Besuch!»

Mit einem erstickten Schrei schreckte Dora hoch, griff sich an die Brust und atmete mit weit aufgerissenem Mund ein.

«Dora!» Hendrikje war sofort bei ihr, hielt sie und drückte sie sanft zurück ins Bett. Dora brauchte einen Augenblick, bis sie sie erkannte.

«Rikje!»

«Ganz ruhig. Ganz ruhig!»

«Rikje, ich ...» Sie wurde ruhiger, als sie merkte, daß Atmen ganz leicht war. «Ich habe ganz schlecht geträumt.»

Hendrikje lächelte. «Man hat es dir angesehen.»

«Wie lange habe ich geschlafen?»

«Sehr lange nach dem Beruhigungsmittel. Es ist Nachmittag.»

«Himmel! Und das Auto?» Sie versuchte sich an den Unfall zu erinnern, aber nur ein paar Bilder stellten sich ein von den letzten Momenten, das grelle Licht, das Gesicht des Arztes, Rikjes Gesicht, eine nächtliche Autobahn.

«Sieht übel aus. Du hast großes Glück gehabt. Du hast abrupt die Spur gewechselt und bist dabei zu weit nach rechts abgekommen und dann etwa hundert Meter an der Leitplanke entlanggeschrammt.»

«Da war ein Laster.»

«Ich weiß. Er hatte dich zu spät gesehen. Aber das ist alles

nicht wichtig. Du hast so ein Glück gehabt! Außer einem Schock hat der Arzt nichts festgestellt.»
«Wie bin ich hierhergekommen?»
«Meine Nummer stand als Notfalladresse in deinem Agenda.»
«Rikje, ich dachte, ich müßte sterben.»
«Jetzt ist es ja vorbei.»
«Nein, du verstehst nicht! Rikje, ich habe was Schreckliches entdeckt!»
Dora wollte sich wieder aufrichten, doch ihre Freundin ließ es nicht zu. «Ich weiß. Du hast immer wieder davon gesprochen, bevor du eingeschlafen bist. Wirres Zeug von einem Foto. Ein bißchen habe ich verstanden, ein bißchen konnte ich mir zusammenreimen, und den Rest hat mir dein Besuch vorhin erklärt. Ich weiß alles.»
«Was für ein Besuch?»
Hendrikje stand auf und ließ Sina ins Zimmer treten. Sie sah blaß aus und wirkte aufgewühlt. Sina setzte sich sofort neben sie aufs Bett und nahm ihre Hand.
«Nicht erschrecken, bitte! Ich weiß, was passiert ist. Ich weiß, daß Sie das Foto gefunden haben. Es ist ein schrecklicher Zufall! Ich habe mir solche Vorwürfe gemacht auf der Fahrt, daß ich nicht eher davon erzählt habe. Ich bin so froh, daß Ihnen nichts passiert ist. So froh!»
«Wie haben Sie mich gefunden?»
«Ihre Handynummer stand auf Tareks Brief, erinnern Sie sich? Als Sie um neun immer noch nicht zum Essen bei uns waren, habe ich jede Stunde angerufen, bis sich Ihre Freundin meldete und mir von dem Unfall berichtete.»
Dora starrte sie an. «Was hatte Tarek mit Michaels Entführung zu tun?» brachte sie schließlich mühsam heraus.

«Nichts», sagte Sina ernst und wiederholte es noch einmal deutlich. «Nichts. Ich werde es Ihnen erklären.»

■ Er hatte keinen Bock auf die ganze Scheiße. Absolut keinen Bock. Was der Käsevotze einfiel, ihn mit einer scheiß Knarre zu bedrohen. Bedrohte ihn einfach mit einer scheiß Knarre. Hatte er echt keinen Bock drauf. Echt nicht. Daß er trotzdem bei RTL in Köln angerufen hatte, war eher so eine Art professioneller Reflex gewesen, aus der Sache vielleicht profitmäßig etwas herauszuschlagen. Alleine, versteht sich. Aber die hatten abgesagt. Arschlöcher. Aber egal, er hatte eh keinen Bock auf die Scheiße. Echt nicht. Und das Karnevalsgeschäft ließ er sich durch so eine scheiß Aktion auch nicht kaputtmachen.
Leise vor sich hin fluchend, steuerte Drese sein Taxi durch den dichten sonntäglichen Verkehr und die Massen von Karnevalstouristen aus der Umgebung, die das unverhofft strahlende Wetter angelockt hatte.
Auf der Kö natürlich die Hölle los, auch in der Altstadt wie schon seit Tagen, die Rheinpromenade proppenvoll und logischerweise ringsum alles dicht. Aber null Problemo für Drese, den Kampfkutscher. Er fuhr bereits seit der letzten Nacht, 20 Stunden ununterbrochen, hatte satte achthundert eingenommen, machte also netto runde fünfhundert für ihn. Er hatte ein paar Kurze drin zum Vorglühen, jede Menge Red Bull, ein paar Frikadellen Spezial von der Geistenstraße und hielt sich mit Koffeintabletten und Guaranaampullen wach. Und er war noch nicht am Ende. Also wozu sich für den Dreckskanaken den Arsch aufreißen? Schadete dem nichts, das bißchen Knastluft. War ja alles nur ein Spiel. Also wozu der ganze Streß? Bedrohte die ihn

mit einer scheiß Knarre. Käsetitte. Aber ohne ihn. Echt. Dumm gelaufen, Kanake.
Zufrieden mit sich, trommelte Drese aufs Lenkrad und summte einen Stimmungsschlager im Radio mit. «*Tirami ich, Tirami du, Tirami su, keiner liebt mich außer Du!*» Genau, Alter, du sagst es. Zum wer weiß wie vielten Mal an diesem Tag steuerte er den Taxistand auf der Ratinger Straße an, auf der sich inzwischen schon Tausende von Menschen dicht an dicht drängten, tranken, knutschten und feierten. Normalerweise dachte Drese daran, stets von der richtigen Seite in die beliebte Kneipenstraße zu fahren, doch Müdigkeit und Gereiztheit machten sich allmählich in kleinen Fehlern bemerkbar, eine rote Ampel hatte er schon übersehen, und nun fand sich Drese plötzlich in einer gigantischen, grölenden, angetrunkenen Menschenmenge wieder, die kein Auto vor- oder zurückließ. Das Auto hinter ihm hupte. Auch Drese hupte mehrmals, aber das animierte die Leute nur, ihn anzujohlen, auf die Motorhaube zu klopfen und Biergläser auf dem Wagen abzustellen. Drese versuchte, zentimeterweise vorzurollen, doch die kostümierten Leute stemmten sich gegen das Auto und blokkierten den Weg. Drese wurde immer gereizter. Überall Menschen. Saßen auf der Motorhaube, drückten sich an die Scheiben. Es wurde warm im Wagen. Drese schwitzte. Er zitterte. Er fluchte und schrie in dem geschlossenen Wagen, erntete aber nur Spott und johlendes Gelächter. Er wollte aussteigen, aber sie ließen ihn nicht. Drückten gegen die Tür, hielten ihn gefangen, lachten ihn aus. Als sie begannen, sein Taxi hin und her zu schaukeln, drehte Drese durch, legte den ersten Gang ein und gab Vollgas.

■ Joachim Gehlen, genannt Joe, hatte zwei Tage im Krankenhaus verbracht, dann hatten sie ihn entlassen. Die Pusteln und Quaddeln, die seinen ganzen Körper hatten aufquellen lassen, waren bis auf einige rote Flecken abgeklungen. Der Arzt hatte jedoch keine Bedenken, zumal ihm die Krankenhausatmosphäre nicht zu bekommen schien. Joe verhielt sich apathisch, sprach kaum, schlief viel und fürchtete sich vor den Ärzten und Pflegern. Als sie ihn bei seiner Einlieferung nach seinem Namen gefragt hatten, hatte er «69» geantwortet. Er hatte sich auch geweigert, einen der üblichen Patientenkittel zu tragen, und war glücklich, als seine Mutter ihm einen weichen Schlafanzug mitbrachte.
Nachts wachte Joe oft schreiend aus Alpträumen auf, Träumen von verspiegelten Brillen, Schlagstöcken und gellenden Trillerpfeifen, die ihn jede Nacht quälten. Eine Psychologin hatte sich in diesen zwei Tagen um ihn gekümmert, wegen der Alpträume und weil er auch sonst alle Anzeichen einer Depression, möglicherweise verbunden mit einer Psychose, zeigte. Joe wollte aber nicht mit der Frau reden. Wollte ihn doch bloß wieder zu irgendwas bequatschen, und er war nachher wieder der Gearschte. Er wollte überhaupt nicht reden. Er wollte nur nach Hause. Also ließ man ihn nach zwei Tagen gehen, sagte ihm, daß er täglich vorbeikommen sollte, und verschrieb ihm Cortison und ein Beruhigungsmittel.
Joe war glücklich, als er endlich seine kleine Wohnung wieder betreten konnte. Doch nach kurzer Zeit schon kehrte das bedrückende Gefühl zurück, eingesperrt zu sein. Solange er sich in der Wohnung aufhielt, bewegte er sich kaum, saß nur auf dem Bett, horchte auf die Geräusche vom Flur und erschrak, wenn eine Tür knallte. Draußen

ging es besser. Im Freien fühlte er sich sicherer. Also ging er viel spazieren, lief durch die Stadt, ließ sich mit dem Karnevalstrubel treiben, aß eine doppelte Pommes rot-weiß auf einer Parkbank, saß lange im Park, einfach so, bis die Kälte ihn nach Hause zurückwehte. Natürlich wußte Joe, daß dies nicht das Gefängnis war, er war ja nicht blöd, aber was, wenn auch das noch zum Experiment gehörte? Was, wenn es noch nicht vorbei war, wenn sie ihn wieder holen würden, wenn es wieder von vorn losginge? Er zitterte vor Übelkeit bei dieser Vorstellung und konnte in der ersten Nacht nicht einschlafen. Am nächsten Morgen stand er sehr früh auf, nahm sein Beruhigungsmittel, kramte die Latex-Monstermaske vom letzten Jahr heraus und verließ so verkleidet und warm angezogen das Haus, so schnell er konnte. Wie am Tag zuvor streunte er ziellos durch die Stadt. Unter der Maske fühlte er sich sicher, unter offenem Himmel fühlte er sich frei. Nicht mehr der Gearschte. Er tauchte in großen Menschenmengen unter, wo ihn auch niemand einfach so verhaften konnte, und fand sich gegen Nachmittag in der Altstadt auf der Ratinger Straße wieder, in einem gigantischen feiernden Menschenpulk, trank sogar ein Bier durch die stinkende Latexmaske, obwohl ihm sehr kalt war. Das Bier wirkte zusammen mit dem Beruhigungsmittel, und Joe fühlte sich besser, trotz des leichten Schwindelgefühls und der Mattigkeit. Langsam begann die ausgelassene Stimmung ringsum ihn anzustecken. Irgendwo hinten, nicht weit, hupten Autos. Gleichzeitig von der Stelle lautes Gegröle, das sich rasch durch die Menge fortpflanzte. Auch Joe grölte mit. Nicht mehr der Gearschte. Er hüpfte ein wenig auf der Stelle und grölte seinen Lieblingsschlachtruf.

«Oleeee-olé-olé-olé! Oleeee-olé-olé-olé!»
Tat gut, so zu grölen, machte warm, tat einfach gut.
«Scheiße auf dem Autoreifen – hela-helala-ho – gibt beim Bremsen braune Streifen – hela-helala-ho! Oleeee-olé-olé-olé! Ihr seid Kölner, asoziale Kölner, ihr schlaft unter Brükken oder in der Baaahnhofsmission! Oleeee-olé-olé-olé!»
Joe hüpfte und grölte, bis er in der Gummimaske dampfte vor Schweiß und er kaum noch etwas sehen oder hören konnte. So hörte er den Motor nicht, der plötzlich in seiner Nähe aufheulte, bemerkte die Bewegung um ihn herum nicht, als die Menge sich panisch schreiend nach links und rechts teilte und er plötzlich allein auf der Straße stand. Er grölte einfach glücklich weiter, ganz allein, grölte und hüpfte. Das Taxi, das mit Vollgas auf ihn zuraste und das verzerrte Gesicht des Fahrers sah er erst im letzten Augenblick. Kurz bevor die Motorhaube ihn frontal erwischte, kurz bevor die Welt in Dunkelheit und Leere versank.

■ Die Vorträge, die seine Kollegen seit dem Vormittag hielten, interessierten ihn kaum. Erbsenzähler, Meßdatenfetischisten, Statistikgurus, die den Tellerrand noch nicht einmal sahen, geschweige denn einen Blick darüber hinaus riskierten. Thon mußte sich zwingen, ihnen zuzuhören, ihre Datenkurven zu verstehen, die sie mit Diaprojektoren an die Wand warfen. In den kurzen Pausen bildeten sich kleine Diskussionsgruppen wie Bakterienkulturen im Foyer. Thon haßte diese Gespräche, die zum größten Teil nur Smalltalk waren, entschuldigte sich häufig und versuchte weiter vergeblich, Jutta oder irgend jemand im Überwachungsraum zu erreichen. Die anfängliche, eher flüchtige Besorgnis wuchs allmählich zu echter Unruhe. Dennoch konnte Thon sich nicht entschließen, abzureisen. Den angekündigten Vortrag abzusagen wäre peinlich, außerdem wäre der Abend die vorläufig letzte unkomplizierte Gelegenheit, mit Ilona zu schlafen. In der nächsten Zeit würde es nur noch die schnelle Nummer im ‹Kleinhirn› geben, und auch die nicht mehr lange, denn Thon achtete darauf, solche Affären nicht auszudehnen. Den meisten Studentinnen lag ebenfalls nichts daran.

Die Tagungsleiterin, eine Studienfreundin, die nun am Max-Planck-Institut für Verhaltenspsychologie in Seewiesen arbeitete, kündigte seinen Vortrag an. Ohne Eile stand Thon auf, ging langsam zum Rednerpult, zählte wie immer stumm bis drei, um seinen Zuhörern Gelegenheit zu geben, sich auf ihn einzustimmen. Er lächelte, bat um das erste Dia mit dem Titel seines Vortrags und begann.

«Sehr geehrte Frau Dr. Schneider, sehr geehrte Kollegen, mein Vortrag trägt den Titel ‹Selbstorganisation und interpersonelle Dynamik in einem simulierten Gefängnis› und ist ein vorläufiger Arbeitsbericht aus einem Experiment, das unsere Arbeitsgruppe zur Zeit durchführt.» Er räusperte sich. «... Der große russische Dichter Dostojewski kommentierte seine vierjährige Gefangenschaft in einem sibirischen Lager einst mit den Worten, daß diese Zeit in ihm einen tiefen Optimismus über die Zukunft des Menschen geweckt habe, denn wenn der Mensch den Horror eines Gefängnisses überlebe, dann müsse er ein Wesen sein, das wirklich alles ertragen könne ...»

■ Er war tot.

Er war nicht tot. Noch nicht.

Er wollte nicht sterben.

Tarek hatte oft daran gedacht, zu sterben. Hatte sich oft ausgemalt, daß er es selbst tun würde und auf welche Weise. Der Gedanke war einfach. Hatte vieles erleichtert, wenn wieder alles zusammenkam, die Stimmungen, die Briefe von der Bank, die Zweifel, die dunklen Träume. So einfach die Vorstellung, jederzeit aus freiem Willen die Notbremse ziehen zu können, sich aus- und wieder einschalten zu können. Bumm. Klick. Tod. Klick. Game over. Klick. Restart. Einundzwanzig, zweiundzwanzig, dreiundzwanzig. Klick. Wiedergeburt. Und alles noch mal auf Anfang, ohne Erinnerung, so lange, bis es in irgendeinem Leben irgendwann richtig gut klappte. So eine Idee. Tod durch Erfrieren und durch Sauerstoffmangel sehr schön, angeblich. Vollkommen high und zufrieden glitt man hinüber, völlig losgelöst schon hier. Auch Abstürzen, wenn das Bungeeseil riß zum Beispiel, sollte mit einem Endorphinkick kurz vor dem Aufprall enden. Der ultimative Glücksflash kurz vor dem Nichts. Sogar beim Ertrinken sollte es etwas Ähnliches geben. Kurz vor dem Ende war einem alles egal, kurz vorher wollte man nur noch auf die andere Seite.

Jetzt wußte Tarek, daß das alles nicht stimmte. Kein euphorisches Hinüberdämmern, kein Rausch. Schmerz und Angst fraßen an ihm, zersetzten ihn weiter, dumpf und erbarmungslos.

Tarek wollte nicht sterben. Seit einiger Zeit schon ein neues Körpergefühl. Als ob er einen Taucheranzug trüge, der sich langsam auf die Haut aufschrumpfte, immer enger und enger. Er merkte es zuerst in den Kniekehlen und den Armbeugen, aber der Anzug schrumpfte weiter und preßte ihm ganz langsam die Luft ab.

Tarek wollte nicht sterben. Aber um nicht schon bald zu

sterben, das war klar, brauchte er etwas aus der alten Welt, etwas, das ihn halten würde. Einen Anker, den er festhalten, umklammern und nie mehr loslassen würde. Der Gedanke an Dora allein reichte nicht mehr. Er brauchte etwas anderes, etwas *Reales*.

Und er fand etwas. Er fand das Unmögliche. Er fand eine Wasserflasche in unendlicher Salzwüste. Er fand eine Planke im Ozean. Er fand einen Schraubenzieher in der Black Box.

Seit Stunden schon lag er auf dem Bodenrost, fummelte stumpf und mechanisch mit den Fingern durch das Gitter und drückte die Schaumstoffkegel darunter ein. Einen nach dem anderen. Von links hinten bis rechts vorne. Irgendwann hatte er damit begonnen, um sich zu beschäftigen, um nicht zu verblöden, aber das Gegenteil war eingetreten. Längst bewegten sich die Finger ohne seinen Willen, gehörten nicht mehr zu ihm. Aber Tarek machte weiter, einfach weiter, längst kein Unterschied mehr zu spüren zwischen Wachsein und Schlafen, er drückte einfach weiter den Schaumstoff ein. Bis er den Schraubenzieher ertastete, den einer der Monteure der Messebaufirma vergessen hatte. Tarek erschrak, als er den glatten, harten Gegenstand spürte, hielt ihn für eine neue Halluzination, aber der Gegenstand war real. So real, wie etwas in seinem Zustand noch sein konnte. Tarek versuchte seine Finger tiefer durch den Rost zu pressen, um die Form des unbekannten Gegenstandes zu ertasten, und wurde fast ohnmächtig vor Verzweiflung, daß es ihm nicht gelang, ihn zu packen. Immerhin erkannte er bald, daß es ein Schraubenzieher war. Mittlere Größe mit einer schmalen, scharfen Klinge. Tarek wußte nicht, wie ein SCHRAUBEN-

ZIEHER in die Black Box zwischen Schaumstoff und Bodenrost gelangt war. War ihm aber egal. Er wußte auch nicht, ob er nicht doch wieder halluzinierte, aber auch das war egal. Real oder nicht, an diesem SCHRAUBENZIEHER konnte man sich festhalten, man konnte ihn fühlen, Gedanken konnten ihn umspinnen. Was noch konnte man mit einem SCHRAUBENZIEHER machen? Die Black Box öffnen? Einen Wärter umbringen? Ja! Töten. Der Gedanke erregte und belebte ihn. *Mit einem Schraubenzieher konnte man töten.*

Tarek hatte immer geglaubt, daß Liebe einem auch am dunkelsten Punkt leuchten konnte, aber Haß war heller. Deutlicher, klarer, überstrahlte die grünen Augen, die ihn für einige Zeit gewärmt hatten, ihn lange genug bei Verstand gehalten hatten, daß er noch hassen konnte. Sobald Tarek sich vorstellte, wie er Berus, Eckert und die anderen mit dem SCHRAUBENZIEHER töten würde, dehnte sich der imaginäre Taucheranzug langsam wieder aus und verschwand schließlich, als Tareks ganzes Denken nur noch um den Schraubenzieher dort unten und um die Vorstellung kreiste, wie er damit töten würde.

Das einzige Problem, das ihn rasend machte, war, daß sein Anker, sein Heilsbringer, sein Engelmacher, unerreichbar blieb. Tarek untersuchte jetzt fieberhaft den Bodenrost und stellte fest, daß er nicht angeschraubt, sondern in einen umlaufenden Rahmen hineingepreßt war. Aber er ließ sich nicht anheben, da er selbst ihn mit seinem Gewicht niederdrückte. Tarek versuchte es trotzdem, schob den Schraubenzieher vorsichtig zentimeterweise zur Wand hin und bemühte sich, den Rost zu entlasten, indem er sich an den Seitenwänden hochzog.

Es gelang ihm nicht. Schwer keuchend vor Erschöpfung gab er auf und begnügte sich damit, den geliebten Gegenstand nur noch zu betasten. Eines jedoch war sicher. Berus würde sterben. Irgendwie. Nicht Tarek. Er würde nicht sterben. Er. Würde. Nicht. Sterben.

■ «Parzival.»
«Wie bitte?»
«Parzival. Ein Name kreuzte durch ihre Gedanken. Dora stand am Fenster von Michaels ausgeräumtem ehemaligen Zimmer, das nun auf neue Bewohner wartete, und blickte hinaus. Zwischen zwei Häusern gegenüber waren ein Stück Düne und ein paar geschlossene Imbißbuden zu sehen. Dahinter lag irgendwo das Meer.
«Tarek sagte, er käme sich vor wie Parzival. Ich dachte, er wolle nur einen Mythos aus sich machen. Und dabei passiert mir jetzt dasselbe.»
«Tarek *macht* immer einen Mythos aus sich», sagte Sina. «So ist er. Und Parzival ist sein Lieblingsmythos. Deswegen macht er auch dieses Experiment mit, glaube ich. Er wollte in eine Höhle steigen und einen Gral finden. Für weniger zieht er erst gar nicht los. Ich glaube, Sie sind ihm einfach sehr ähnlich, Dora.»
«Ich mache nie einen Mythos aus mir.»
Hendrikje, die an der kalten Heizung lehnte, stöhnte. «Oh, nein! Natürlich nicht!»
«Glauben Sie mir denn, Dora?»
Dora dachte nach, blinzelte gegen die tiefstehende Nachmittagssonne. «Ein schöner Tag, nicht wahr?» sagte sie statt einer Antwort. «Gefällt Ihnen das Haus? Sie können es kaufen, es wird nicht teuer sein. Das hier war übrigens

das Zimmer meines Bruders. Er hatte immer die beste Aussicht.» Sie biß sich auf die Lippen.
«Sie hat dich etwas gefragt!» meldete sich Hendrikje ärgerlich.
Dora drehte sich vom Fenster weg. «Natürlich glaube ich Ihnen. Es erleichtert mich sogar ein wenig, andererseits ändert es nichts. Ich kann Tarek nicht wiedersehen. Verstehen Sie, ich kann einfach nicht. Ich will das alles loswerden. Morgen fliege ich zurück nach Kanada.»
Sina holte Luft, um etwas zu erwidern, überlegte es sich dann jedoch anders.
«Warum liegt Ihnen soviel daran?» fragte Dora verzweifelt. «Warum sind Sie überhaupt gekommen?»
«Als mir klar wurde, wer Sie sind, wollte ich Sie einfach nur zur Rechenschaft stellen, weil Sie mich benutzt haben, um Tarek zu finden. Bis Hendrikje mir alles erklärte.»
«Und jetzt?»
«Will ich Ihnen helfen. Und ich will, daß Sie Tarek helfen. Schauen Sie, ob Sie Tarek lieben oder nicht, müssen Sie selbst herausfinden. Ich kann Ihnen auch nicht versprechen, daß er sie liebt. Ehrlich gesagt, ist es eher unwahrscheinlich, so wie er die letzten Jahre gelebt hat.»
«Und warum sollte ich es dann tun?»
«Weil wir die Menschen lieben, für die wir etwas tun. Und weil es Ihre letzte Chance ist, Ihren Bruder zu retten. Sie machen sich Vorwürfe, unbegründete Vorwürfe natürlich, so ist das eben. Sie denken, Sie hätten es verhindern können. Ich mache mir auch bis heute Vorwürfe, weil ich damals zu feige war, Tarek gegen den Willen meines Vaters aus der Dunkelkammer zu befreien. Tarek ist viel zu stur, um um Hilfe zu bitten, aber er erwartet es trotzdem. Ich

würde es selbst tun, aber er hat *Sie* nun mal gebeten und nicht mich, also helfen Sie ihm verdammt noch mal auch! Tun Sie's wenigstens für Ihren Bruder!»

Sina war lauter geworden und merkte es nun. Sie wurde rot und schwieg. Hendrikje lächelte ihr zu.

«Sie sind ja eine ganz schön leidenschaftliche Familie», sagte Dora.

«Sie haben mich noch nicht wütend gesehen.»

Dora lächelte. «Von Ihnen kann man bestimmt noch was lernen.»

«Ja, peinliche Auftritte. Also? Kommen Sie nun mit?»

Dora holte Luft.

«Nein», sagte sie. «Nicht wegen Michael. Ich tu's für Tarek.»

10

Das Wetter dieses Tages hielt, was der Wetterbericht versprochen hatte. Ein strahlender Rosenmontag, und obwohl es klirrend kalt war, noch jetzt, Ende Februar, erwartete die Stadt mehrere hunderttausend Besucher.
Um 8.00 Uhr morgens befand sich Claus Thon mit seinem Saab bereits auf der A4 zwischen Gotha und Eisenach. In einer Stimmung zwischen Verärgerung und Sorge mißachtete er sämtliche Geschwindigkeitsbegrenzungen und blendete mit dem Fernlicht jeden von der linken Spur, der langsamer als 160 fuhr.
Um 8.04 Uhr machten sich Sina und Dora gerade ebenfalls auf den Rückweg von Zandvoort nach Düsseldorf, nachdem sie die halbe Nacht mit Gesprächen und vergeblichen Versuchen verbracht hatten, Drese zu erreichen.
Gegen 8.12 Uhr starb Harry Schütte, der freundliche Kioskbesitzer, an einem Blutgerinnsel, nachdem er stundenlang regungslos in der Klebebandfesselung hatte ausharren müssen. Obwohl Harry gut sichtbar im Flur saß, bemerkte niemand seinen Tod, denn er hatte sich bereits seit Stunden nicht mehr bewegt.
Um 8.13 Uhr holten zwei Wärter Tarek dagegen nach 42 Stunden lebend aus der Black Box.
Sie mußten ihn hinausschleifen. Er lag eingekauert und wie versteinert auf dem Bodenrost, zuckte nur stöhnend zusammen, als sie ihn aufrichteten und das grelle Gefängnislicht schmerzhaft seine Augen traf. Aber er lebte. Und er wußte, daß er lebte. Und er wußte, warum er noch lebte.
Sie gaben ihm eine Plastikflasche mit Leitungswasser und schoben ihn zurück in die Zelle. Tarek konnte die Augen immer noch nicht öffnen, tastete nach seiner Pritsche, ver-

suchte mit klammen Fingern die Flasche zu öffnen. Steinhoff half ihm. Stützte ihn, lotste ihn zur Pritsche, öffnete die Flasche und hielt sie ihm wortlos an die Lippen.
«Was ist mit Dora?» keuchte Tarek, als er die Flasche zum ersten Mal absetzte.
«Keine Ahnung. Die Wärter sagen nichts, und fragen ist verboten.»
«Wenn Berus ihr was angetan hat, mach ich ihn alle. Ich mach ihn alle. War das Kamerateam nicht da?»
«Niemand war da. Siehst du doch, was los ist. Belagerungszustand. 82 sitzt da schon, seit du in der Box bist. Bewegt sich kaum. Diese Frau Dr. Grimm und ein Student hocken nebenan, mit Klebeband überm Mund, sonst haben sie niemand mehr heruntergebracht.»
«Scheiße. Wie lang war ich weg?»
«Schwer zu sagen. Das Licht bleibt jetzt immer an, und sie schieben andere Wachschichten. Vielleicht einen Tag oder so, schätzungsweise, nach den Mahlzeiten, die wir bekommen haben. Könnten aber auch drei sein. Oder ein halber. Wer weiß das schon.»
«Fuck.» Tarek trank wieder.
«Ich dachte, du wärst tot, 77.»
«War ich auch.» Tarek würgte. Das schnelle Schlucken tat weh. Tarek rülpste. «Aber jetzt bin ich wieder da.»
«Du siehst ziemlich scheiße aus, 77, weißt du das?»
Tarek blinzelte, sagte nichts, versuchte, Steinhoff zu erkennen.
«Wie war's da drin?» fragte Steinhoff.
«Scheiße.»
Steinhoff grinste. «Wie Scheiße?»
«Scheiße. So richtig Scheiße eben.»

«Dann möchte ich es lieber doch nicht ausprobieren.»
«Kluger Junge.»
Langsam konnte er wieder sehen. Er trank den letzten Schluck und setzte die Flasche ab. «Dann könnten wir ja eigentlich gehen.»
Steinhoff nickte. «Eigentlich.»
«Nix mehr mit aushalten und auf Hilfe warten?»
«Die Situation hat sich geändert. Irgendwas ist da draußen schiefgelaufen, und hier unten gerät alles außer Kontrolle. Also Plan B.»
«Plan B! Sehr gut. Und wie ist Plan B?»
«Keine Ahnung.»
«Scheiße, während ich in der Box verschimmele, hättest du doch mal einen scheiß Plan machen können!»
«In deinem Zustand stehst du einen Ausbruch sowieso nicht durch.»
«Mein Problem. Du brauchst ja nicht auf mich zu warten.»
«Das werde ich auch nicht tun.» Sie waren lauter geworden. Steinhoff schielte zu dem Wärter, der aber weiter an der Tür lehnte und in einem Motorradmagazin blätterte. «Es gibt eh nur eine Möglichkeit. Einen Wärter überwältigen, Schlüssel abnehmen, Tür auf und dann ab durch die Mitte.»
«An den Wärtern vorbei? Vergiß es! Wir müssen durch drei Schleusen *und* am Wachraum vorbei! Spätestens zwischen der zweiten und der dritten Schleuse sitzen wir fest. Ein scheiß Plan, echt!»
«Weißt du was Besseres?»
Tarek stöhnte.
«Na, also. Es ist so wahnsinnig, daß sie gar nicht mit so was rechnen. Im Augenblick fühlen sie sich relativ sicher. Es

könnte klappen, wenn wir beide schnell genug sind und cool bleiben.»
Tarek schüttelte den Kopf.
«Was denn jetzt schon wieder?»
«Wenn, dann gehen wir alle zusammen.»
«Spinnst du? Alle elf? Völlig unmöglich! Wir beide probieren es, nur wir zwei, und holen dann Hilfe. So machen wir's und nicht anders.»
«Nein», sagte Tarek bestimmt. «Entweder alle oder gar nicht.»
«Auf die anderen ist kein Verlaß!»
Tarek sagte nichts. Jetzt stöhnte Steinhoff.
«Sehr gut», sagte Tarek. «Also wann tun wir's?»
Steinhoff machte eine Kopfbewegung zu dem bandagierten Mann im Flur. «So bald wie möglich. 82 sieht nicht gut aus. Ohne Wasser und Essen schon die ganze Zeit. Bewegt sich auch nicht mehr.»
«Scheiße! So bald wie möglich heißt ‹nie möglich›. Wir machen es jetzt sofort!»
«Nein. Nach dem Essen und nach dem Schichtwechsel. Dann ist immer eine Weile Ruhe. Ich glaube, sie machen dann Pause da drüben.»
Sie warteten. Den Schraubenzieher erwähnte Tarek nicht, behielt es für sich wie ein kostbares Geheimnis, daß sich verflüchtigte, sobald man darüber sprach. Tarek lag auf seiner Pritsche. Sehr ruhig, viel ruhiger als all die ganze Ewigkeit davor, fast euphorisch trotz der Sorge um Dora. Er atmete jetzt gleichmäßig, dachte an den Schraubenzieher und versuchte sich das Gefängnis vorzustellen, sich an die Korridore und Gittertüren zu erinnern, die er gesehen hatte. Statt dessen erinnerte er sich in diesem Moment schlagartig an etwas

ganz anderes. Plötzlich war es da. Plötzlich wußte er, wo er Dora viel früher schon einmal gesehen hatte. Auf einem Foto, das die Polizei ihm gezeigt hatte. Einem Familienfoto, das den entführten Mann mit seiner Familie zeigte und das Tarek sogar noch an ein ähnliches Foto mit seiner eigenen Familie erinnert hatte. Auf diesem Foto hatte sie lachend neben ihrem Bruder gestanden. Dora van Hondeveld.
«Scheiße!»
«Was machst du?» zischte Steinhoff über ihm.
«Nichts.»
«Schlaf lieber.»
«Ich hab genug geschlafen. Ich bin gerade dabei aufzuwachen.»
«Erzähl mal. Wie war's wirklich da drin?»
«Probier es aus.»
«Komm, versuch, es zu beschreiben!»
Tarek dachte schweigend nach. Als Steinhoff schon keine Antwort mehr erwartete, sagte er: «Die Box ist eine Art Angstverstärker. Sie erkennt deine größte Angst und führt sie dir millionenfach verstärkt vor und läßt sie dich auffressen.»
«Scheiße. Wie hält man das aus?»
«Man hält es nicht aus.»
«Und wie hast du es dann überstanden?»
«Ich wurde gerettet.»
Steinhoff verstand es anders. «Kannst dich ja bei ihnen bedanken. Viel schien nicht mehr gefehlt zu haben, als sie dich rausholten. He, übrigens, was wirst *du* als erstes tun, wenn du wieder draußen bist?»
«Ficken.» Tarek korrigierte sich eilig. «Scheiße, nein. Ich muß was regeln.»

«Was denn?»
«Alles. Und du? Was wirst du als erstes tun?»
Die Antwort kam sofort. «Fliegen.»
Erst als die Wärter wieder im Flur erschienen, wurde Tarek nervös. Zu dritt verteilten sie das Essen, schlugen mit den Stöcken an die Gitter, um die Häftlinge zurückzutreiben, und schoben die Tabletts unter den Gittern der Zellentüren hindurch. Ein Tablett pro Zelle.
«Nur *ein* Tablett?» flüsterte Tarek.
«Jede Zelle kriegt nur eins. Die ganze Zeit schon. Ich glaube, sie haben keinen Nachschub.»
«Und nur eine Flasche Wasser für uns beide?»
«Ruhe, in Zelle 3!» brüllte ein Wärter.
Reis mit Huhn und Gemüse, dem Anschein nach. Tarek und Steinhoff löffelten hastig und schweigend das breiige Gemansche, das Tarek nach 24 Stunden Reizentzug wie stark gewürzt vorkam. Tarek schlang das Essen hinunter, blickte zu dem regungslosen bandagierten Mann im Flur.
Entgegen Steinhoffs Vorhersage schoben sie nach dem Essen zu zweit Wache. Ein Wärter stand kaugummikauend am Gitter zum Gang, der andere, Eckert, schlenderte im Flur auf und ab, filmte und blieb dann vor der Zelle mit den beiden Neuen stehen.
«Na, Lady, wie ist das Feeling?»
Keine Antwort. Eckert stand nah am Gitter. Tarek konnte ihn von der Seite sehen.
«So ein Mund! Wow! Und alles Natur! Blöd, mit dem Klebeband, was? Weißt du, ich könnt was für dich tun. Ich mein's ernst, ich könnt dir helfen.» Er stockte und dachte über etwas nach. «Ich kann also nicht singen? Und vielleicht meinst du auch, daß wir typmäßig nicht zusammen-

passen. Dabei bin ich eigentlich total anders, weißt du. Ein Schmusebär, echt. Total. Ich könnt dir so viel geben. Du müßtest es eben nur mal versuchen. Laß dich doch mal fallen, eh!»

Tarek hörte, daß Jutta ein dumpfes Geräusch machte. Versuchte zu sprechen, vielleicht beschimpfte sie ihn. Eckert löste sich von der Zelle.

«Eh, Gläser, hilf mir mal!»

Sie öffneten die Zelle und zerrten Jutta heraus, die sich heftig wehrte. Tarek sah jetzt, das ihre Hände mit Kabelbindern hinter dem Rücken gefesselt waren. Mit weiteren Plastikbändern ketteten sie ihr auch noch die Füße zusammen, packten sie unter den Achseln und schleiften sie in die Black Box. Als Gläser allein aus der Box heraustrat und die Tür zudrückte, wußte Tarek Bescheid.

«Jetzt!» sagte er, und Steinhoff nickte.

«Herr Strafvollzugsbeamter?»

«Was gibt's, 38?»

«Ich muß mal.»

«Abgelehnt, 38. Später.»

«Es ist aber dringend, Herr Strafvollzugsbeamter, und ich war heute noch nicht.»

«Ich sagte doch, abgelehnt. Hörst du schlecht? Abgelehnt! Und jetzt Ruhe!»

Tarek verdrehte verzweifelt die Augen.

«Es ist aber wirklich dringend, Arschloch!» rief Steinhoff.

Sofort war Gläser bei ihnen.

«Wie hast du mich gerade genannt, 38?»

«Was meinen Sie? Herr Strafvollzugsbeamter, natürlich, wie immer.»

«Nein, du hast was anderes gesagt, 38. Was ganz anderes.»

Gläsers Kiefer mahlte jetzt stärker auf dem Kaugummi herum, so daß man seine Wangenknochen sehen konnte. «Arschloch hast du mich genannt, 38. Denkst du, ich hör schlecht? Du mußt mal, ja? Na, dann komm raus!»
Gläser löste seinen Knüppel aus der Gürtelschlaufe und schloß die Tür auf. «Ich stopf dir das Ding in den Arsch, bis dir die Scheiße aus den Ohren kommt! Raustreten, 38! Du, 77, zurücktreten!»
Tarek gehorchte. Zögernd trat Steinhoff aus der Zelle. Die anderen Häftlinge standen schon an den Gittern und erwarteten die neueste Mißhandlung.
Gläser winkte Steinhoff schweigend in den Flur, blieb aber auf Abstand.
«Und jetzt Kittel hoch und bücken!»
«Nein», sagte Steinhoff.
«Nein? Wie nein?» Gläser hob drohend seinen Knüppel und trat einen Schritt vor. Das war der Fehler.
Steinhoff reagierte schneller, als Tarek es ihm zugetraut hätte. Ohne Zögern trat er dem Wärter zwischen die Beine und schlug ihm fast gleichzeitig mit der Faust mit ganzer Kraft vor die Brust. Der Wärter machte nur ein ersticktes Geräusch und ging sofort in die Knie. Mit der nächsten Bewegung war Steinhoff hinter ihm, verdrehte ihm einen Arm hinter dem Rücken und preßte ihm mit seinem freien Arm den Hals zu. Gläser zeigte keine Gegenwehr, stöhnte nur vor Schmerzen. Aus den Zellen kein Mucks.
«Ein Ton, und *du* bist im Arsch!» zischte Steinhoff den Wärter an. «Tarek, hilf mir!»
Tarek war sofort bei ihm, riß zuerst einen Streifen von der Klebebandrolle ab, die Gläser an seinem Gürtel trug, und

knebelte ihn. Dann banden sie dem Wärter Arme und Beine zusammen und schleiften ihn in ihre Zelle.
«Eh!» rief Nummer 15.
Tarek schoß aus der Zelle. «Maulhalten und warten!»
Tarek riß sich die Gummikappe vom Kopf, hob den Schlagstock auf und wog ihn in der Hand. Steinhoff stand schon vor der Black Box.
«Auf drei?»
«Nein!» sagte Tarek und riß die schwere, schallisolierte Tür einfach auf.
Eckert war zu langsam, um noch zu reagieren. Er hatte die gefesselte und sich windende Psychologin an die hintere Wand der winzigen Zelle gedrängt, hatte ihren Kittel so weit hochgeschoben, daß er ihre Brüste anfassen konnte, hatte seine Hose heruntergelassen und war gerade dabei, sich gewaltsam in sie hineinzubohren, als der Gummiknüppel seinen Hinterkopf traf.

■ «Erkennst du es wieder?»
Sina setzte sie auf dem leeren Institutsparkplatz ab und zeigte auf das fünfstöckige Gebäude mit den grünen Fensterrahmen, das etwas isoliert von den anderen Komplexen auf dem Campus stand. «Gebäude 23.21, das müßte es doch sein.»
Dora nickte. «Ich hatte es düsterer in Erinnerung.»
«Wirst du dich zurechtfinden?»
«Ich denke schon.»
«Wie fühlst du dich? Alles in Ordnung?»
«Ja. Ich bin nur müde und ein bißchen ...» Dora suchte das richtige Wort. «... durcheinander.» Sie versuchte zu lächeln.

«Soll ich nicht doch mitkommen?»
«Nein!» sagte Dora schnell. «Danke. Ich schaff das schon.»
Sina schüttelte den Kopf, als behage ihr etwas nicht. «Laß dich nicht abwimmeln. Sie *müssen* ihn entlassen. Zur Not holen wir ihn per Anwalt raus.»
«Zur Not fluche ich auf niederländisch, das wirkt Wunder.»
Sina lächelte. «Auch wirklich alles in Ordnung?»
«Ja. Wirklich. Andererseits ... Ach, nichts.»
Sina interpretierte das falsch. «Es ist gar nicht so schlimm, wie es sich vielleicht angehört hat, du wirst sehen. Ruf an, wenn ihr zu Hause seid!»
Nachdem Sinas Wagen auf der Zufahrtsstraße eingebogen war, ging Dora auf das Gebäude zu. Sie fand den Eingang vom letzten Mal, aber der Eingang war verschlossen, ebenso wie alle anderen Eingänge. Dora umrundete das ganze Gebäude, doch weder fand sie eine offene Tür, noch entdeckte sie irgendwen hinter den Fenstern, den sie hätte fragen können. Das Gebäude war menschenleer wie der Parkplatz, verwaist wie der ganze Campus, und erst da wurde Dora bewußt, daß weder sie noch Sina daran gedacht hatten, daß Rosenmontag so etwas wie ein Nationalfeiertag im Rheinland war.
«Godverdommen!»
Plötzlich hatte sie das unbestimmte Gefühl, sich beeilen zu müssen. Dora versuchte es vergeblich auch bei den anderen Gebäuden. Erst in dem vorklinischen Gebäude der medizinischen Fakultät, schräg gegenüber dem Psychologischen Institut, fand sie einen offenen Eingang. Karnevalsmusik schallte durch den Eingangsbereich und lotste sie durch zwei Flure zu einer Medizinerparty in einer Cafeteria, die

bereits in vollem Gange war. Die meisten hatten sich als schwerverletzte oder grotesk verstümmelte Patienten verkleidet, grölten jeden Schlager mit und waren bereits so betrunken, wie es sich für den Anlaß gehörte. Dora erkundigte sich nach einem Hausmeister, erhielt aber keine vernünftige Auskunft.

«Wieso denn 'n Hausmeister?» fragte sie ein komplett bandagierter Mann auf Krücken, der nach Mullbinden und Bier roch und sich kaum bewegen konnte. «Was passiert? Keine Panik, wir sind alles Ärzte hier.»

«Und wir sind gefährlich!» grölte ihm jemand über die Schulter.

«Ich muß dringend in Gebäude 23.21.»

«Zu den Psychos? Da ist doch nix los! Bleib hier!»

«Hierbleiben! Hierbleiben!» gröhlten andere dazwischen. «Ausziehen! Ausziehen!»

«Ich muß dringend meine Versuchstiere drüben füttern. Die haben das ganze Wochenende noch nichts bekommen. Wenn die mir eingehen, kann ich meine Diplomarbeit vergessen!»

Der Bandagierte blickte sie an. «Was denn für Tiere? Ratten?»

Dora nickte.

«Scheiß Ratten!» rief sein Kumpel, der Bier aus einem Infusionsschlauch saugte.

Der Bandagierte winkte ab. «Ratten können was ab. Die gehen nicht so leicht ein. Komm, bleib hier.»

Er versuchte seinen Arm um ihre Hüfte zu legen, aber Dora entwand sich und drängte sich durch die Menge, um weiter nach dem Hausmeister zu suchen.

«Eh, warte doch!» rief ihr der Bandagierte nach. «Um drüben

reinzukommen, brauchst du keinen Hausmeister! Nimm doch den Versorgungsgang.»
Dora drehte sofort um. «Was für ein Gang?»
«Den alten Materialversorgungsgang im Keller, der die beiden Gebäude verbindet. Kennst du nicht? Kennt doch jeder. Der ist immer offen, notausgangsmäßig.»
«Und wie finde ich den?» unterbrach ihn Dora.
«Suchen!» sagte der Bandagierte grinsend.
Dora stöhnte. «Bitte!»
«Nur, wenn du versprichst, daß du anschließend wieder bei uns vorbeischaust! Versprich es!»
«Okay, ich komme wieder!»
«Kannst die Ratten ja mitbringen!» grölte sein Kumpel.

■ Eckert lag gefesselt wie Gläser und mit einem Klebestreifen über dem Mund in der Black Box. Er stöhnte noch laut unter dem Schmerz des Schlages. Tarek schloß die Einzelhaftzelle, dann war Ruhe. Sie beeilten sich. Steinhoff besorgte eine Decke für Jutta, die am Boden kauerte. Dann begann er vorsichtig, Nummer 82 von den Klebebandagen zu befreien, während Tarek die anderen Zellen aufschloß.
«Alles in Ordnung, Bosch?»
«Nein.»
«Tut mir leid, wegen … allem.»
Bosch sagte nichts und hielt Abstand zu den anderen.
«Seid leise und hört mir zu!» zischte Tarek, als alle Zellen offen waren. «Alles muß gleich sehr schnell gehen. Wir haben keine andere Möglichkeit, als so schnell wie möglich an den Wärtern vorbei nach draußen zu kommen. Alles hängt allein davon ab, wie schnell wir durch die Schleusen kommen. Habt ihr das verstanden?»

«Stop!» sagte Jutta fest und stand auf. «Das ist zu gefährlich.»
«Es gibt keinen anderen Weg.»
«Doch.»
Tarek blickte sie überrascht an.
«Ich kenne das Labor. Es gibt noch einen Notausgang. Er führt zum nächsten Treppenhaus.»
«Wo sind wir hier überhaupt?»
«Im Keller des Psychologischen Instituts.»
«Und wenn sie den Notausgang oder das Treppenhaus verschlossen haben?» sagte Tarek. «Dann sitzen wir in der Falle.»
«Sonst auch.»
«Eh!» rief Steinhoff leise dazwischen und winkte Tarek und Jutta zu sich. Er hatte das Klebeband inzwischen so weit von dem regungslosen Kioskbesitzer gelöst, daß man erkennen konnte, was mit ihm los war.
Die anderen Häftlinge sahen schweigend zu, wie Tarek den leblosen eiskalten Körper auf dem Stuhl berührte und zurückzuckte, als hätte er sich verbrannt. Er bat Jutta, ihn zu untersuchen, aber auch sie schüttelte den Kopf, nachdem sie seinen Puls gefühlt und seine Augen angesehen hatte.
«Tut mir leid. Kein Zweifel.»
Tarek spürte, wie Übelkeit ihm den Hals heraufkroch. *Häschen in der Grube – saß und schlief, saß und schlief – Armes Häschen, bist du krank, daß du nicht mehr laufen kannst? Armes Häschen, bist du …*
«He!» Steinhoff zog ihn beiseite.
«Also, wo ist der Notausgang?» fragte Tarek heiser.
«Dahinter.» Jutta deutete auf eine der Kunststoffplatten der Längswand, die den Zellen gegenüberlag. «Dahinter be-

findet sich ein schmaler Lüftungs- und Kabelgang. Allerdings liegt der einzige Zugang gegenüber dem Wachraum. Wir müßten also eine der Kunststoffplatten hier lösen. Es ist nicht schwer, aber wir bräuchten irgendein Werkzeug, um sie herauszustemmen.»
«Haben wir aber nicht!» sagte Steinhoff und prüfte die Belastbarkeit der Kunststoffplatten, die unter dem Druck seiner Hände etwas nachgaben. «Sie sind nur oben und unten eingehängt. Wir treten sie ein.»
Tarek hielt ihn zurück. Kommentarlos zerrte er Eckert aus der Black Box und ließ sich von Steinhoff und Lars helfen, den Bodenrost der Zelle anzuheben. Steinhoff pfiff leise durch die Zähne, als er den Schraubenzieher zwischen den Schaumstoffkegeln sah.
«Warum hast du das nicht früher gesagt?»
«Ich hatte Angst, daß er nicht wirklich existierte», flüsterte Tarek, als seine Hand zum ersten Mal seinen Schatz umschloß, ganz fest, wie um ihn nie mehr loszulassen. «Also, gehen wir!»
«Ich nicht!» meldete sich Nummer 15. «Ihr seid irre. Du bist irre, 77! Es wird schiefgehen, und wenn sie uns erwischen, dann kommt's erst richtig dicke. Auf keinen Fall geh ich ...»
Ehe er weiterreden konnte, war Tarek bei ihm. Ohne Vorwarnung griff er ihm brutal in die Haare und zerrte ihn ganz nah an das ausdruckslose Gesicht von Nummer 82 heran. «Wir sind irre, meinst du? Ja? Es kann noch härter kommen, meinst du?» Er riß den Kopf wieder hoch und drückte 15 den Schraubenzieher an den Hals. «Vielleicht sind wir wirklich irre, du Arschloch, aber trotzdem wirst du mit uns kommen. Wir gehen alle zusammen. Und wenn du

irgendwas versuchst, irgendeine Scheiße, die die Wärter alarmiert, dann stech ich dich ab! Ist das klar?»
Nummer 15 nickte knapp. Bleiches Gesicht voller Angst, wie sonst nur vor den Wärtern. Tarek stieß ihn mit einer Bewegung von sich und begann ohne Umschweife, die Klinge des Schraubenziehers in den dünnen Spalt zwischen zwei Kunststoffplatten zu pressen, während Steinhoff am Gitter zum Gang auf Bewegungen der Wachen achtete. Er hatte einen Einfall, lief zurück zu dem gefesselten Gläser, durchsuchte ihn, bis er das Kaugummipäckchen fand, und stopfte sich alle Streifen auf einmal in den Mund. Jutta sah ihn fragend an.
«Das Schloß!» nuschelte Steinhoff.
Der Kunststoff gab nur schwer nach. Tarek brauchte alle Kraft. Die anderen Häftlinge standen stumm und angespannt hinter ihm, beobachteten ihn. Keine Regung. Wie abgeschaltet. Auch Nummer 15. Tarek hielt keuchend inne und sah sie an. «Na, was?»
Nummer 40, dessen Wehrlosigkeit Tarek die ganze Zeit über am meisten verwundert hatte, trat vor, schob Tarek beiseite und ergriff den Schraubenzieher, der noch im Spalt steckte.
«Du bist zu schlapp», sagte er und hebelte die Platte mit einem Handgriff ein paar Millimeter heraus. Während er den Schraubenzieher kräftig nach oben durchzog und die Platte langsam aus der Halterung löste, wandte sich Tarek an die anderen. «Noch eins: Wir gehen zusammen und bleiben zusammen. Keine Solos, klar?»
Sie nickten wieder. Sie gingen ihm auf die Nerven.
«Und nehmt endlich die scheiß Kappen ab!»

■ Nachdem Claus P. Thon die Studentin zu Hause abgesetzt hatte, mußte er quer durch die ganze Stadt zur Universität fahren, was ihn fast wahnsinnig machte. Die halbe Innenstadt wegen des Karnevalsumzugs abgesperrt. Staus auf allen Umleitungsstrecken. Als Thon die Universität endlich erreichte, fuhr er zuerst in den fünften Stock, fand jedoch nur den leeren Überwachungsraum und die toten Bildschirme vor. Er rannte zum Aufzug, um hinunter ins Labor zu fahren, aber der Aufzug funktionierte nicht. Also nahm er das Treppenhaus, mußte aber unten feststellen, daß die Stahltür zur Ebene U2 verschlossen war. Er fluchte. Er überlegte, ob er die Gebäudeverwaltung benachrichtigen oder ob er es über das zweite Treppenhaus im hinteren Teil des Gebäudes versuchen sollte, bis ihm die Zufahrtsrampe der alten Materialanlieferung einfiel.
Eilig verließ Thon das Gebäude wieder, schloß vorschriftsmäßig hinter sich ab, rannte um das Gebäude herum und die parkhausähnliche Rampe hinunter, die vor einem schweren Rolltor endete, das nur von innen bewegt werden konnte. Das Tor besaß jedoch eine eingelassene Tür. Und zu dieser Tür besaß Claus Thon einen Schlüssel.
Etwa zur gleichen Zeit, als Nummer 40 die Kunststoffplatte mit beiden Händen vollends aus ihrer Halterung brach, betrat Claus P. Thon den weitläufigen Materialkeller von der anderen Seite und suchte seinen Weg zum Labor.

■ Holger Berus fühlte sich mies, obwohl er gute drei Stunden sitzend im Wachraum geschlafen hatte. Trotzdem mies. Kopf, Magen, Glieder, alles mies. Der Nacken auch wieder so hart, daß er ihn kaum drehen konnte. Berus dehnte ihn, bis es knackte, dennoch ließen die Verspannun-

gen nicht nach. Er war gerade dabei, sich ein Brot zu schmieren und sich über verschiedene Dinge zu ärgern – daß Jagdwurst und Kaffee alle waren, daß der Edamer offen herumlag, daß er Eckert mit Nummer 11 allein gelassen hatte, daß das Klo versifft war, daß immer noch nichts passierte –, als er das krachende, splitternde Geräusch hörte.
«Was denn das?»
Die anderen hatten es auch gehört, blickten von den Magazinen auf, die sie sowieso schon alle durch hatten, zuckten mit den Achseln. Berus trat aus dem Wachraum und brüllte durch den Gang.
«Eh, was da los? Eh, Gläser! Eckert!»
Er wartete einen Augenblick. Horchte. Von drüben kamen undefinierbare Geräusche. Da wußte er, daß es soweit war.
«Alaaaaaarm!»
Er brüllte es durch den Flur, brüllte es in den Wachraum, stürzte zu seinem Stuhl am Tischende, wo sein Gürtel mit dem Koppel baumelte, und brüllte weiter.
«Alaaaaaarm! Bewegt euch! Alaaaaaarm!»
Für einen Augenblick keine Reaktion von den anderen, dann begriffen sie.
«Alaaaaaarm!»
Auch die drei, die im Interviewraum schliefen, hatten es gehört und stürzten in Unterhosen in den Gang, als Berus an ihnen vorbei um die Ecke zum Häftlingstrakt rannte.
Irgendwie hatten sie ein Loch in die Wand gebrochen, durch das jetzt einer nach dem anderen verschwand. 77 stand am Rand und drängte zur Eile.
«Bewegt euch, sie sind schon da!»
«Stehenbleiben!» Berus brüllte, rüttelte am Gitter, fummelte hektisch seinen Schlüssel vom Gürtel und versuchte

die Tür zum Gang zu öffnen. Ging aber nicht. Irgend etwas klemmte im Schloß.

«Was ist denn das für eine Scheiße?» Berus brauchte ein paar Sekunden, bis er merkte, was los war.

«Kümmert euch um die Sauerei im Schloß!» schrie er die anderen an, und Amandy versuchte mit dem kleinen Handschellenschlüssel den Kaugummi aus dem Schloß zu prokeln. Gleichzeitig rüttelte Berus gewaltsam am Gitter, um es aus der Verankerung zu reißen, die jedoch trotz der einfachen Konstruktion stabil genug war, seinem wütenden Angriff standzuhalten.

«Helft mir, verdammt noch mal! Stehenbleiben, ihr Dummies! Stehenbleiben, sag ich, oder ich mach euch kalt! *Ich mach euch alle kalt!*»

Während ein Häftling nach dem anderen durch das Loch in der Wand verschwand, bearbeiteten sie das Gitter gemeinsam mit Händen und Füßen, bis es in der Verankerung kreischte und stöhnte und der ganze Flur vibrierte. Doch die Verankerung hielt. *Die scheiß Verankerung hielt!*

«Bosch! Du bist einer von uns! Halt sie auf, das ist ein Befehl! *Bosch!*» Berus schrie sich heiser. Suchte etwas, womit er schießen oder zumindest werfen konnte. Aber nichts zu finden. Als er merkte, daß sie hinter der Kunststoffwand gerade an ihm vorbeiliefen, trat er mit voller Wucht gegen die Wand. Das erschreckte sie zwar, hielt sie aber nicht auf.

«Stehenbleiben, ihr scheiß Dummies!»

Gerade zwängte sich 38 durch das Loch, hinter ihm nur noch 77. Offensichtlich ging es langsamer, als sie gedacht hatten. Wohin hauten die ab? Was war da hinter der Wand? Als 38 verschwunden war, drehte 77 sich um.

«Ich mach dich kalt, Kanake! *Ich mach dich kalt!*»

77 sagte nichts. Stand einfach da und sah ihn an. 38 kam durch das Loch zurück und zog ihn mit sich. «Tarek, verdammt, was soll das! Komm schon!»
77 wandte sich ab. «Man sieht sich, Berus.»
«Ich krieg euch!» schrie Berus ihm nach. *«Ich krieg euch alle!»*

■ Hinter der Wand ihres Scheingefängnisses befand sich ein schmaler, unbeleuchteter Wartungsgang, so eng, daß zwei Menschen nicht nebeneinanderstehen konnten. Aber keiner von ihnen dachte an stehen. Sie rannten. Hetzten halb blind mit ihren lichtverbrannten Augen durch den engen Gang, stolperten über die Leitungen auf dem Boden und schrammten sich die Schultern an der türlosen Kellermauer, während das Geschrei der Wachen sie verfolgte, über sie hinweg und auf der anderen Seite der Gefängniswand an ihnen vorbeirollte wie eine tückische Flut. Aber weiter! Nicht denken. Immer weiter, bevor sie hinter ihnen waren. Das Neonlicht der Gefängnisflure glomm bläulich durch die Kunststoffplatten hindurch, so daß man wenigstens erkennen konnte, wohin man rannte. Niemand achtete auf die Richtung, nur auf seinen Vordermann. Tarek blickte sich oft um. Dröhnen von Schritten zu hören, zu spüren auch durch die Wand. Sie kamen. Tarek rannte schneller.
Der enge Gang folgte dem Zellentrakt des Gefängnisses, den Tarek als Westtrakt bezeichnete, bis zu einer T-Kreuzung, von der ein großer Kellerflur abzweigte, der durch kleine Deckenlampen spärlich erleuchtet wurde. Es roch nach Heizöl. Leitungen, Heizungs- und Lüftungsrohre an der Decke wie Adern.

74 und 15 hielten keuchend an.
«Weiter! Nicht stehenbleiben!» drängte Tarek. 74 raffte sich auf, rannte weiter, Nummer 15 jedoch blieb einfach stehen.
«Lauf!» Tarek stieß ihn vorwärts.
Sie folgten dem neuen Kellerflur, ließen damit ihr Gefängnis endlich hinter sich, rannten, humpelten weiter. Zu hören nur ihr Keuchen und das Klatschen ihrer Gummisandalen, das sie wie eine verräterische Kielspur hinter sich herzogen. Immer wieder blickte Tarek sich um. Nummer 15 fiel wieder zurück.
«Weiter! Schneller!»
«Ich kann nicht!»
«Beweg dich, Fettsack.»
Flure kreuzten sich. Jutta wirkte unsicher. Schließlich ein Flur, der an einer schweren stählernen Feuerschutztür endete, hinter der sich ein gut erleuchtetes Treppenhaus nach oben wand. Tarek stieß einen Triumphschrei aus. Sie zogen sich an dem Geländer nach oben, wer noch konnte, nahm zwei Stufen auf einmal. Ebene U2. Ebene U1. Ebene 00. Und dann – Endstation.
Das Treppenhaus führte sie in einen Gang, der geradeaus in ein kleines Foyer mündete. Kein Mensch zu sehen, an einer Wand ein langes Schwarzes Brett voller Zettel, ein Treppenhaus mit Aufzug, links und rechts zweigten lange Gänge mit Seminarräumen ab. Aus dem linken waren sie gekommen. Direkt vor ihnen ein Ausgang. Verschlossen. Tarek konnte es nicht fassen, probierte es mit Gewalt an dem Türgriff, rüttelte an der Tür.
«Verdammte Scheiße!» Er trat gegen die Tür. «Los, dann zur nächsten!»

«Stop!» hielt ihn Jutta zurück. «Das ist sinnlos!»
Sie erklärte es ihnen.
«Und wie kommen wir hier raus?» schrie Tarek.
«Gar nicht.»
«Gar nicht?»
«Falls nicht zufällig einer der vier Ausgänge offen ist. Aber unwahrscheinlich, denn der Hausmeister ist sehr sorgfältig, nach einer Reihe von Diebstählen in den letzten Jahren.»
«Und warum hast du keinen Schlüssel, Frau Doktor?» fuhr Tarek die Frau im Häftlingskittel an, merkte aber im selben Augenblick, was für einen Unsinn er redete. «Ach, Scheiße, tut mir leid.»
In diesem Moment hörten sie ein Klacken und dann ein summendes, anschwellendes Geräusch vom Aufzug.
«Und gleich haben wir noch ein Problem», sagte Tarek.
«Abhauen!» schrie 86 panisch und wollte wegrennen, doch Tarek hielt ihn am Arm fest und riß ihn zurück.
«Keine Solos, hab ich gesagt! Also Jutta, irgendwelche Vorschläge?»
Sie schüttelte den Kopf. Der Aufzug summte. Die beiden Gänge links und rechts so leer und gerade und unendlich lang, daß sie keine Chance haben würden. Der Aufzug summte.
«Rauf!» schrie Tarek. «Ins Treppenhaus, los rauf! Aber leise!»

■ Amandy hatte das kaugummiverklebte Schloß geschafft. Sie befreiten Gläser und Eckert, dem die Hose immer noch herunterhing, und Berus sah sich das Loch in der Wand an. Er hatte sich soweit beruhigt, daß man die Lage

analysieren konnte. Punkt eins: Die Häftlinge waren irgendwie durch einen Gang hinter der Wand geflohen. Punkt zwei: Wohin flohen sie? Natürlich nach oben zu den Ausgängen. Punkt drei: Die Ausgänge waren verschlossen, soviel stand fest. Also kein Grund für Hektik.
«Wir teilen uns auf! Amandy, Gläser und Eckert folgen dem Fluchtweg. Die anderen sichern mit mir oben die Ausgänge. Da greifen wir sie ab. Sie sitzen sowieso in der Falle. In einer halben Stunde haben wir die Dummies wieder hier unten und ficken sie durch. Hat jeder sein Handy dabei? Gut. Haltet Kontakt. Alles klar? Und ab!»
Sie fuhren mit dem Aufzug ins Erdgeschoß. Berus legte den Finger auf den Mund, als sie den Aufzug verließen, horchte und blickte die beiden Gänge links und rechts entlang. Er schickte Stock und Tode los, um den Ausgang zu kontrollieren, doch keine Spur von den Ausbrechern, und der Ausgang war wie erwartet verschlossen. Berus nickte zufrieden.
«Sie werden es bei den anderen drei Ausgängen versuchen», flüsterte er und zeigte auf den rechten Gang. «Wir verfolgen sie da lang. Renzel, du wartest hier noch fünf Minuten, dann folgst du uns, wenn du nichts Auffälliges bemerkst. Und ab!»
Während Berus und die anderen durch den Gang im Erdgeschoß stürmten, um die Ausgänge zu überprüfen, folgten Gläser und Amandy dem Fluchtweg der Häftlinge durch den Keller. Eckert blieb zurück. Von dem Schlag auf den Kopf war ihm immer noch so übel, daß er sich kaum auf den Beinen halten konnte. Mit zitternden Fingern richtete er seine Uniform, wankte in den Wachraum, übergab sich, setzte sich auf den Stuhl und spielte mit seiner Gaspi-

stole, bis er sich besser fühlte. Nach einiger Zeit hörte er ein Geräusch. Er hielt es zunächst für eine Täuschung, aber das Geräusch näherte sich, also umfaßte Eckert seine kleine Gaspistole fester, horchte, aus welcher Richtung das Geräusch kam, und stand auf.

■ Nachdem sie einige Zeit in den Gängen und Treppenhäusern der Medizinischen Fakultät herumgeirrt war, fand Dora endlich den Materialversorgungsgang im Keller U1. Sie hatte ihn sich düster, eng und unheimlich vorgestellt, tatsächlich aber war er breit und gut ausgeleuchtet und wie alle Flure und Gänge in der Universität farblich markiert. Dora trat durch eine große stählerne Brandschutztür auf der Seite der medizinischen Fakultät und folgte dem unterirdischen Verbindungsgang, der auf halber Strecke leicht abknickte, bis zu einer weiteren Stahltür. Als sie durch diese Tür trat, befand sie sich bereits im Psychologischen Institut. Der Gang endete in einer Halle mit langen Längs- und Querreihen blauer Stahlspinde. Eine gewaltige Umkleidekabine, ein blaulackiertes Labyrinth von Spinden, die offenbar von den wenigsten Studenten genutzt wurden, denn nur wenige waren mit Vorhängeschlössern gesichert.

Das gute Gefühl, das sie vorhin noch hatte, war völlig verschwunden. Sie beeilte sich, drehte sich oft erschrocken um. Ihre Schritte hallten auf dem Steinboden und brachen sich am Metall der Spinde, als Dora die Umkleidehalle bis zu einer weiteren Stahltür durchquerte, hinter der ein Treppenhaus mit einem Aufzug lag. Sie wußte, daß das künstliche Gefängnis noch eine Ebene tiefer lag, aber sie wollte erst in den vierten Stock fahren, wo sie sich noch vor

ein paar Tagen mit den anderen Besuchern eingefunden hatte; von dort wurde das Experiment angeblich rund um die Uhr überwacht. Irgendwer würde dort sein. Und wer auch immer es war, er würde Tarek herausholen, oder er würde sie kennenlernen.
Während Dora sich im Aufzug nach oben Mut anredete, irrte Claus Thon in U2 herum. Es war schwieriger, als er gedacht hatte, denn erstens war er nur selten hier unten gewesen und zweitens folgte der Keller nicht dem üblichen System von Gängen und Räumen. Auf der Suche nach seinem Labor rannte Thon durch die endlosen Flure und Lagerräume, bis er auf den Gang stieß, durch den kurz zuvor zehn Häftlinge geflohen waren, in dem er nur wenige Augenblicke zuvor Gläser und Amandy begegnet wäre und an dessen Ende er jetzt die Rückseite der Kunststoffwände seines Labors erkannte. Thon beeilte sich. Dann sah er links den Lichtschein aus dem Loch in der Wand des Häftlingstraktes. Es beunruhigte ihn, daß er keine Geräusche hörte, keine Stimmen, keine Schritte.
Das erste, was Claus Thon auffiel, als er durch das Loch kletterte, waren die leeren Zellen. Das zweite war der leblose, mit Klebeband umwickelte Körper von Nummer 82. Das dritte war die Gestalt von Volker Eckert, der plötzlich unmittelbar vor ihm mit einem Schrei und gezogener Pistole aus der Toilette sprang und ihm ohne Vorwarnung eine volle Ladung Reizgas aus nächster Nähe ins Gesicht schoß.

■ Sie saßen geduckt auf der Treppe zwischen dem Erdgeschoß und dem ersten Stock und konnten ihre Verfolger unter sich hören. Niemand rührte sich. Tarek achtete auf

Nummer 15, aber auch der tat keinen Mucks. Unten rüttelte jemand an der Ausgangstür. Kurz darauf von unten Berus' Stimme. Dann ein Trampeln, das sich rasch entfernte.
«Die sichern jetzt die anderen Ausgänge und warten gemütlich, bis wir auftauchen!» stöhnte Tarek.
«Die machen uns fertig! Die machen uns total fertig, wenn sie uns kriegen», jammerte 74. «Das war der totale Fehler, abzuhauen! Wir haben keine Chance!»
«Halt's Maul!» fuhr ihn Steinhoff an.
«Sonst noch verwertbare Vorschläge?»
«Wir rufen Hilfe», meldete sich Jutta.
«Ach ja? Und wie? Hier ist doch alles abgeschlossen!»
«Nicht der Überwachungsraum im vierten Stock. Als sie Lars und mich dort gefangengenommen haben, haben sie nicht abgeschlossen.»
«Vergiß es», sagte Lars. «Sie haben das Telefon zerstört, als sie mich gefangengenommen haben.»
«Aber dort stehen die Computer. Ich weiß, es klingt verrückt, aber wir könnten Hilfe über das Internet rufen.»
Tarek zog ein Gesicht. «Internet! Scheiß Idee.»
Jutta schüttelte heftig den Kopf. «Nein. Es ist eine reelle Chance. Und es ist die einzige, die wir haben.»
«Da oben sitzen wir in der Falle», wandte Steinhoff ein. «Der Flur ist eine Sackgasse.»
«Wir verbarrikadieren uns und versuchen es, bis wir zu jemand Kontakt kriegen, der uns hilft. Also?»
«Sieht nicht so aus, als ob wir die Wahl hätten», meinte Tarek.
«Doch!» sagte Lars plötzlich. «Vielleicht doch. Es gibt noch den alten Materialversorgungsgang, der das Institut mit

der medizinischen Fakultät verbindet! Wir nehmen ihn immer bei Regen, wenn wir rüberwollen. Der müßte offen sein. Wir könnten ...»

Tarek unterbrach ihn barsch. «Und die medizinische Fakultät? Ist *die* offen?»

Lars zuckte mit den Achseln. «Aber vielleicht ist dort jemand.»

«Oder auch nicht. Wo liegt dieser Gang?»

«In U1, aber in einem anderen Flügel des Gebäudes.»

«Zu riskant», sagte Jutta. «Sie werden uns abfangen, bevor wir den Gang sehen.»

Tarek wechselte einen raschen Blick mit Steinhoff.

«Fifty-fifty», sagte Steinhoff achselzuckend.

«Genau. Also erhöhen wir unsere Chance, wenn wir uns aufteilen. Eine Gruppe versucht, diesen Gang zu erreichen. Wie klingt das?»

«Hirnrissig, aber brauchbar», sagte Steinhoff. Die anderen sagten nichts. Nur Jutta zog ein skeptisches Gesicht.

«Steinhoff und ich werden diesen Gang suchen. Wer fühlt sich fit und meldet sich sonst noch dafür? Zwei Leute!»

Nummer 40 hob die Hand und überraschenderweise zögernd auch Nummer 74.

«Schätze, ich hab was gutzumachen», erklärte er.

Tarek nickte ihm zu. «Wie ist dein Name, 74? Dein richtiger.»

«Tobias Roloff.»

«Peter Cornelius», sagte Nummer 40.

«Also gut», sagte Tarek. «Ich nehme das Erdgeschoß. Steinhoff den ersten Stock, Tobias den zweiten und Peter den dritten Stock. Die anderen verbarrikadieren sich im vierten Stock, bis Hilfe kommt.»

Die Angesprochenen nickten. Tarek wandte sich an Lars. «Und jetzt erklär uns genau, wo dieser Gang liegt.»
Ihm blieb nicht genug Zeit. Renzel hatte Stimmen im Treppenhaus gehört und vorsichtig gelauscht.
«Die *dummies* wollen sich aufteilen, Berus!» berichtete er flüsternd in das Handy und machte Amandy und Gläser, die er gerade durch den linken Gang kommen sah, Zeichen, leise zu sein. «Was?» flüsterte er in das Handy. «... Ja, gut, verstanden. Beeilt euch! Kommt über den ersten Stock!»
Zur gleichen Zeit hatte Dora vier Stockwerke höher niemanden angetroffen, der Überwachungsraum war leer. Sie drückte auf den Knopf neben dem Fahrstuhl, um hinunter ins Labor zu fahren, woraufhin sich im Erdgeschoß geräuschvoll die Fahrstuhltüren schlossen.
Diese Situation in diesem Moment – geschlossenes Gebäude, Häftlinge, Verfolger, Dora – hätte Professor Thon, aus kybernetischer Sicht, vermutlich als SYSTEM IN EINEM HOCHSTABILEN ZUSTAND bezeichnet. Das Geräusch der Aufzugtüren hätte er vermutlich als STÖRUNG bezeichnet, die ausgereicht hätte, den KOLLAPS des Systems auszulösen, das später dann in einem neuen STABILEN ZUSTAND einrasten würde. Es gab viele stabile Zustände. Der Tod, zum Beispiel, war einer der stabilsten.
Professor Thon hätte sich weniger für die inneren Prozesse der einzelnen SYSTEMKOMPONENTEN interessiert – in diesem Fall Menschen mit individuellen Denk- und Verhaltensmustern –, denn das Gehirn war für ihn eine BLACK BOX, in die man nicht hineinsehen konnte. Professor Thon hätte sich vielmehr mit dem Verhalten des ganzen Systems beschäftigt, dessen Kollaps und der Unmöglichkeit, voraus-

zusagen, in welchen stabilen Zustand sich das System einpendeln würde, und hätte vermutlich versucht, diesen komplexen Vorgang kybernetisch zu beschreiben. Das hätte er vermutlich getan, wenn sich das komplexe System seines eigenen Körpers in diesem Moment nicht selbst kurz vor einem sehr stabilen Zustand befunden hätte.
Das Geräusch der sich schließenden Aufzugstüren löste eine Kettenreaktion aus. Tarek und die anderen Häftlinge erschraken und sprangen auf. Renzel, Gläser und Amandy hielten die Unruhe der Häftlinge für ein Zeichen, daß Berus und die anderen bereits über den ersten Stock kamen, und stürmten die Treppe hinauf. Damit war das Erdgeschoß für Tarek versperrt.
«Los, rauf!» schrie Tarek. «Alles wie besprochen!»
Obwohl Renzel schnell begriff, daß er zu früh war, hielt er sich an das, was Berus befohlen hatte. Gläser folgte 77 und 38, die gleich im ersten Stock abbogen, Amandy folgte Nummer 74 in den zweiten, und Renzel selbst rannte Nummer 40 hinterher, während er gleichzeitig im Laufen mit Berus telefonierte und die neue Lage durchgab. Berus seinerseits schickte Kamps in den vierten Stock, und obwohl er zu früh gewesen war, wußte Renzel, daß die *dummies* jetzt in der Falle saßen.

■ Dora hatte Geschrei im Treppenhaus gehört, als sie auf den Aufzug wartete. Sie blickte den tiefen Treppenhausschacht hinab und sah, wie ein paar Häftlinge die Treppe hochjagten, und sie sah drei uniformierte Wärter, die sie brüllend verfolgten. Dann erkannte sie Tarek, als er im ersten Stock in den Gang bog. Im gleichen Augenblick verstand sie, was los war. Die anderen Häftlinge rannten wei-

ter die Treppe hinauf. Zwei bogen im zweiten und dritten Stock ab und wurden verfolgt, während die restlichen unbehelligt weiter zu ihr hinaufrannten.
Die Häftlinge erschraken, als sie Dora auf dem Treppenabsatz gegenüberstanden, aber noch im gleichen Augenblick zeichnete sich Erleichterung auf ihren Gesichtern ab.
«Wie sind Sie hier hereingekommen?» fragte Jutta sofort.
«Durch den Gang von der medizinischen Fakultät.»
«Ist sonst noch jemand hier?»
«Nein. Aber wo ...»
«Haben Sie ein Handy? Geben Sie her!»
Dora reichte ihr das kleine Telefon aus ihrer Tasche, doch der Akku, den sie seit Tagen nicht geladen hatte, war inzwischen leer. Jutta stöhnte verzweifelt auf.
«Also weiter, wie besprochen, ehe sie uns hier oben erwischen!» Sie zog Dora mit sich. «Kommen Sie! Es ist gefährlich hier!»
Dora befreite sich. «Wo ist Tarek?»

■ Der Teppichboden im Gang des ersten Stocks dämpfte ihre Schritte. Hellgraue Türen links und rechts. Alle verschlossen. Tarek und Steinhoff probierten es zweimal, dann gaben sie es auf, rannten einfach weiter auf die Glastür am Ende zu, denn der Vorsprung zu ihrem Verfolger schrumpfte. Tarek wußte, daß er hinter ihnen war, obwohl er ihn kaum mehr rennen oder schnaufen hörte. Er hörte nur noch sich selbst. Steinhoff blickte sich um. Hinter der nächsten Glastür kreuzten sich vier Gänge. Ohne einen einzigen Moment zu überlegen, nahmen Tarek und Steinhoff den rechten. Dort wieder glatter Boden. Die Schritte hallten durch den ganzen Flur. Tarek drehte den Kopf.

«Zwei gegen einen!» rief er Steinhoff zu.
«Keine Zeit!»
Tarek hielt sich die Seite. Wurde langsamer, fiel etwas zurück.
«Lauf!» brüllte Steinhoff. *«Lauf!»*
Also lief er. Auf die Glastür am Ende des Ganges zu, hinter der sich wieder Gänge kreuzen würden …
«Beim nächsten Treppenhaus bieg ich ab ins Erdgeschoß!» keuchte Tarek, und Steinhoff nickte. Doch so weit kam es nicht.
Als sie durch die nächste Glastür stießen, deren gedämpfte Flügel sich nur schwerfällig öffneten, und den nächsten Gang schon halb durchquert hatten, öffneten sich gleichzeitig die Türen vor und hinter ihnen. Berus, Stock und Tode stürmten von vorne, Gläser von hinten heran.
Vorne drei, hinten einer. Keine Zeit zum Nachdenken. Tarek und Steinhoff hielten abrupt an. Tarek umkrampfte den Schraubenzieher fester, wechselte einen raschen Blick mit Steinhoff und sah, daß er die gleiche Idee hatte. Fast gleichzeitig wirbelten sie herum und rannten zurück. Gläser duckte sich etwas und hob seinen Schlagstock, um sie abzufangen, aber ehe er noch zuschlagen konnte, packte Steinhoff den Arm, der den Stock hielt, und verdrehte ihn im Lauf, während Tarek dem Wärter auf der anderen Seite den Schraubenzieher in die Schulter stieß.
Brüllend ging Gläser zu Boden. Ohne ihn zu beachten, rannten Tarek und Steinhoff durch die Glastür zurück, nahmen das Treppenhaus nach unten und rannten weiter durch einen Gang im Erdgeschoß, ohne sich um irgendeine Richtung zu kümmern, rannten nur, um möglichst viel Raum zwischen sich und ihre Verfolger zu bringen.

■ Tobias Roloff versteckte sich auf einer Toilette und konnte nicht mehr. Seitenstiche so stark, daß er nicht mehr gerade stehen, geschweige denn laufen konnte. Schon zu Beginn der Flucht im Keller hatte er es gemerkt. Völlige Wahnsinnsidee, sich noch freiwillig für den Durchbruchsversuch nach draußen zu melden. Harakiriaktion, das Roloff saß auf dem geschlossenen Klodeckel, hielt sich die Seiten, horchte auf Geräusche und stöhnte leise.
Er hatte immerhin so viel Vorsprung gehabt, daß er zwei Gänge zwischen sich und Amandy bringen und schließlich unbemerkt in einer Toilette verschwinden konnte. Eine Damentoilette zudem, was Roloff für clever hielt. Indianertrick, sozusagen. Und genau auf dieser Toilette würde er warten, bis sie sich wieder mit schwatzenden, gutgelaunten Studentinnen füllen würde, und wenn es bis in alle Ewigkeit dauerte!
Obwohl er sich sicher fühlte, war die Toilette dennoch kein guter Ort. Der kleine, hellgekachelte Raum, die engen Kabinen mit den Kunststofftrennwänden erinnerten zu sehr an das Gefängnis. Roloff zitterte. Er überlegte, ob er sich ein anderes Versteck suchen sollte, vielleicht einen Aufzug und dann zwischen zwei Stockwerken die Bremse ziehen und einfach dort abwarten. Aber er traute sich nicht mehr. Also blieb er auf der Damentoilette, japste leise, horchte und zitterte. So zusammengekrümmt und leise weinend, fand Amandy ihn schließlich, der ihn in den zweiten Stock verfolgt und schnell gemerkt hatte, was los war.
Wie selbstverständlich suchte Amandy den *Dummy* auf den Damentoiletten. In der zweiten hörte er 74 aus einer Kabine, der einzigen mit einem roten Sichtstreifen am Türschloß. Amandy zog seinen Schlagstock, näherte sich lang-

sam der verschlossenen Kabinentür und trat sie ein. 74 hockte eingeklemmt zwischen Klo und Kabinenwand. Als die Tür splitterte, schrie er los, in Panik und Hysterie. Er schrie, wie nur ein Mensch gegen den Schmerz der Agonie anschreit. Als Amandy mit dem Stock auf ihn einschlug und versuchte, ihn gewaltsam aus der Kabine zu zerren, klammerte sich 74 verzweifelt an das Klo. Erst als Amandy ausholte und ihn mit dem Stiefel gezielt vor den Kopf trat, war Ruhe.

■ Dora nahm den Aufzug, der immer noch im vierten Stock auf sie wartete. Während sie drei Stockwerke tiefer fuhr, griff sie in die rechte Tasche von Tareks Lederjacke, die sie immer noch trug, und zog die Walther heraus. Sie durchsuchte ihre Handtasche, bis sie das dazugehörige Magazin gefunden hatte, zählte die Patronen, schob das Magazin ein, sicherte die Waffe, steckte sie jedoch nicht wieder in die Tasche zurück. Sie dachte nicht viel. Nur, daß sie aufpassen mußte und sich nicht verletzen durfte. Der Aufzug hielt. Dora hielt die Walther fest, als sich die Türen öffneten. Niemand war zu sehen. Auch nichts zu hören. Nur das Klacken eines Sicherungskastens in der Wand.
Vorsichtig durchquerte Dora verschiedene Gänge im ersten Stock, fand jedoch auch dort niemand. Keine Spur von Tarek, keine Spur von den Uniformierten. Also ging sie zurück zu dem unterirdischen Gang, durch den sie gekommen war, da sie von der Frau im vierten Stock wußte, daß auch Tarek dorthin unterwegs war.

■ Die Flucht von Nummer 40 durch den dritten Stock endete vor der verschlossenen Tür der Fachbibliothek Psychologie. Die Bibliothek lag zwischen zwei Trakten des dritten Stocks und belegte wie eine ausgedehnte Barriere die dazugehörigen Flure und Räume. Außerhalb der Öffnungszeiten waren diese Flure verschlossen. Nummer 40 fand auch kein weiteres Treppenhaus mehr, durch das er in ein anderes Stockwerk hätte ausweichen können. Als er begriff, daß er in der Falle saß, endgültig in die Enge getrieben, tat Peter Cornelius das, was auch Tiere in solchen Situationen tun: Er griff an.
Er fühlte keine Aufregung. Konzentriert, fast gelassen wartete er hinter der Biegung des Ganges, durch den Renzel heranstürmte, und als der Wärter um die Ecke bog, trat er ihm überraschend in den Weg und schlug ohne Vorwarnung auf ihn ein. Renzel war kräftig, aber er war kleiner als Cornelius, und die Attacke kam so überraschend, daß er die Arme erst vors Gesicht bekam, als seine Nase bereits blutete. Aber der große Mann mit den langen Armen hörte nicht auf, mit großer Konzentration auf ihn einzuschlagen. Die Schläge kamen nicht schnell, dafür sehr gezielt und hart von links und rechts, und zielten auf den Kopf. Renzel sackte in die Knie, und Cornelius schlug nun von oben auf ihn ein. Mit jedem Schlag fühlte er sich freier und hörte erst auf, als Renzel sich nicht mehr rührte.
Es war vorbei. Erschöpft und verwirrt hockte er sich neben den reglosen Wärter. Das piepsende Handy, das aus der Hemdtasche des Wärters gefallen war, beachtete Cornelius nicht. Er dachte auch nicht daran, es zu benutzen. Er wartete einfach ab.

■ Sie hatten den Überwachungsraum im vierten Stock tatsächlich offen vorgefunden. Während Jutta bereits an einem der Computer versuchte, durch das Geschwätz verschiedener Newsgroups und Chat-Foren hindurch mit Hilferufen auf sich aufmerksam zu machen, verbarrikadierten Lars und Nummer 21 und Nummer 86 die schwere Glastür, den einzigen Zugang zum Flur, indem sie die Klinken der beiden Türflügel mit Computerkabeln aus dem Überwachungsraum umwickelten. Es reichte gerade. Einem ernsthaften Ansturm jedoch würden die Kabel nicht standhalten.

Die fünf Männer sahen Jutta zu, die es fieberhaft weiter versuchte und mit fliegenden Fingern auf die Tastatur einhackte.

«Nehmt mich doch ernst, verdammt noch mal!» schrie sie den Bildschirm an.

Lars und Nummer 21 versuchten es an zwei anderen Computern.

«Es ist aus», sagte Bosch. Er stand am Fenster, durch das kühle Februarluft hereinströmte. Draußen kein Mensch, den man rufen konnte. Zu hoch auch zum Springen. Viel zu hoch. «Die bringen alle um! Die bringen uns alle um!»

«Halt's Maul, du nervst!»

«Sie kommen!» rief Nummer 15, der an der Tür stand und in den Gang spähte. «Zwei Wärter vor der Tür!»

Von draußen hörte man, wie sie heftig an der Glastür rüttelten und irgend etwas brüllten.

«Wir haben null Chance», sagte Nummer 15.

«Und was sollen wir dann tun?» schrie ihn Jutta an.

«Aufgeben. Ja, starrt mich nicht so an. Das ist das vernünf-

tigste. Schaut doch mal raus! Was denkt ihr, wie lange es dauern wird, bis die anderen kommen? Ich sage, besser, wir ergeben uns gleich.»
«Eher bring ich mich um», sagte Bosch am Fenster.
«Mach doch, Wärtersau!»
«Du hältst jetzt besser die Klappe», sagte Lars und berührte 15 an der Schulter. Nummer 15 schlug die Hand weg.
«Flossen weg! Wegen wem sitzen wir denn hier! Scheiße! Ihr seid doch alle komplett durchgeknallt! Da draußen sind die Wärter, und ihr spielt an Computern rum! Komplett durchgeknallt seid ihr! Und der Durchgeknallteste von euch allen liegt wahrscheinlich bereits unten und verreckt!»
Niklas Tanberg warf sich wütend auf einen Drehstuhl und rollte herum. Draußen traten und wummerten Kamps und Amandy, der aus dem zweiten Stock hochgekommen war, gegen die Tür.
Tanberg beobachtete die drei, die konzentriert vor den Computern saßen, und rollte langsam mit seinem Stuhl zur Tür. Erst als er aufsprang und in den Gang zur Tür rannte, bemerkten sie ihn. Zu spät.
Es hätte sowieso nicht mehr viel gefehlt. Die meisten Kabel hatten sich bereits weit gedehnt oder waren gerissen, als Nummer 15 die restlichen von der Klinke riß und die Tür öffnete.
«Okay, okay, wir erge...»
Weiter kam er nicht, denn die beiden Wärter dankten es ihm, indem sie mit ihren Schlagstöcken auf ihn eindroschen, dann stürmten sie den Überwachungsraum.
Die vier Häftlinge leisteten keinen Widerstand. Versuchten nur, sich zu schützen, als die Wärter auch auf sie eindroschen, auf Kopf und Hände, auf die Tastaturen, die Moni-

tore. Nur Bosch, der weiter weg am Fenster stand, hatte mehr Zeit zu reagieren. Als er die Männer sah, kletterte er durch das offene Fenster auf einen schmalen Sims und bewegte sich langsam von dem Fenster weg.
«Keiner kommt näher!» schrie er, als Kamps ihn dort entdeckte. «Oder ich springe!»

■ Die Absätze ihrer Stiefel knallten auf dem blanken Boden und liefen ihnen voraus wie Böenwalzen vor einem Sturm. Im Laufen holte Berus über das Handy reihum Berichte von den anderen ein. Wie es aussah, schien sich die Lage langsam zu stabilisieren. 74 ausgeschaltet. Kamps und Amandy kontrollierten den vierten Stock. Nur Renzel meldete sich nicht. Auch keine Spur von Eckert. Scheiße, wo waren die? Vermutlich kein Empfang. Gläser fiel aus, obwohl die Wunde, die der Schraubenzieher in seine Schulter gerissen hatte, schlimmer aussah, als sie war. Also waren sie nur noch zu dritt. Tode, Stock und er selbst gegen zwei bewaffnete Flüchtlinge, die genau wie sie irgendwo durch das Gebäude rannten. Mit dem kleinen Unterschied, daß er von Amandy, der 15 ausgequetscht hatte, nun ihr Ziel kannte. Berus steckte das Handy ein und legte noch einen Schritt zu.
«Schneller!» trieb er auch die beiden anderen an. *«Schneller, verdammt!»*

■ Volker Eckert hatte den Mann, dem er ins Gesicht geschossen hatte, heulend aus dem Keller nach oben geschleift und ihn vor einem der verschlossenen Ausgänge abgelegt. Sein Handy, das im Keller die ganze Zeit über nicht funktioniert hatte, piepste plötzlich hektisch.

«Eckert, na endlich! Kamps hier. Wo steckst du, zum Teufel? Berus sucht dich schon die ganze Zeit.»
«Im Erdgeschoß. Ich …»
«Später. Wir brauchen Unterstützung im vierten Stock. Komm sofort rauf!»
«Aber hier …»
«Komm rauf! Ende.»
Immer noch heulend, verließ Eckert den Mann, der nur noch schwache Lebenszeichen von sich gab, wartete heulend vor dem Aufzug und fuhr in den vierten Stock. Kamps und Amandy erwarteten ihn im Überwachungsraum.
«Wir haben ein Problem.»
«Bosch will springen.»
Sie hatten vier Häftlinge mit Kabelbindern gefesselt. Nummer 15 lag noch auf dem Flur, Bosch stand draußen vor dem Fenster.
«Von mir aus soll er», erklärte Kamps. «Sein Problem. Eh, wie siehst du überhaupt aus, Eckert?»
Eckert reagierte nicht.
Kamps stieß ihn an. «Eh, Eckert!»
«Ich habe den Professor erschossen!» schrie Eckert unvermittelt. «Und 82 ist tot!»
«Was?»
Er erklärte es ihnen. Einmal. Zweimal. Bis sie es kapierten.
«Es ist vorbei!» heulte er immer wieder, während Kamps und Amandy mit grauen Gesichtern bereits die Fesseln der Häftlinge zerschnitten und Jutta sofort durch das Fenster eine Hand nach Bosch ausstreckte.
«Es ist vorbei!» rief sie ihm zu.
Er glaubte ihr nicht. «Nicht näher! Ich springe!»
«Wirklich. Es ist alles vorbei!»

«Es ist vorbei!» schrie Eckert drinnen.
Er irrte sich.

■ Es war anders diesmal, nicht so wie vor einem Jahr. Obwohl er wieder im Zickzack rannte. Obwohl einer neben ihm rannte, der genauso vor Anstrengung schnaufte. Obwohl ihn auch jetzt jedes gute Gefühl verlassen hatte. Obwohl auch diese Welt aus Gängen, Fluren, Türen, Treppenhäusern und kleinen Foyers so gleichförmig und verwirrend war wie ein laubloser Wald im morgendlichen Niesel. Trotzdem war es diesmal anders. Diesmal rannte er um sein Leben, und die Vorahnung, die ihn diesmal ergriff, sagte, daß er wieder zu spät kommen würde. Es hing über ihm, grell und schreiend wie die Neonbeleuchtung, klebte in seinem Kittel wie der Putzmittelgeruch, pulsierte im Takt seines Kopfschmerzes und wiederholte es tausendfach mit dem Echo ihrer schlappenden Gummisandalen. Nichts zu hören sonst außer ihren Schritten, ihrem Keuchen, wenn sie anhielten, horchten und den Weg sicherten. Manchmal schwer zu ortendes Schrittegetrampel, kurze Stimmfetzen, die sie zwangen, Umwege zu machen. Einmal schafften sie es nur knapp, sich in einem Hörsaal zwischen Stuhlreihen zu verstecken, warteten quälend lange dort, bis sie sich trauten, den Saal wieder zu verlassen. Und wieder weiter. Erdgeschoß, erster Stock, Erdgeschoß, Keller, Sackgasse und wieder zurück. Keine Orientierung mehr. Alles fast wie vor einem Jahr. Nur, daß es diesmal ihn treffen würde. Und keine Gelegenheit mehr, Dora irgend etwas zu erklären.
Tarek blieb plötzlich stehen.
«Stop!» Er stützte sich auf die Knie und hustete.

«Was ist?» keuchte Steinhoff. «Weiter! Beweg dich!»
Tarek gab keine Antwort. Sein Atem rasselte und pfiff, sein Kopf lief rot an.
«Wir finden den Gang doch nie.»
«Beweg dich endlich!»
«Allein bist du schneller. Lauf weiter. Ich kümmere mich um Berus und die anderen.»
«Quatsch nicht. Lauf, Kanake!»
«Nenn mich nicht so!»
«Kanake!»
«Du sollst mich nicht so nennen!»
Steinhoff schrie ihn an. Machte den Hauptmann. «Dreckskanake! Lauf, oder ich fick dich, bis dir Flügel wachsen, du Arschloch! Halt's Maul und lauf endlich, Dreckskanake!» Er stieß ihn weiter. «Was gibt's da zu grinsen, Arschloch? *Lauf!*»
«Mann, du hast gerade meinen Namen buchstabiert.» Tarek richtete sich auf, quälte sich mit bleischweren Beinen langsam weiter. «Du bist der erste Mensch, der meinen Namen richtig buchstabieren kann!»
Steinhoff dachte beim Laufen an Flüge mit dem Motorsegler in schlechtem Wetter. Wenn man immer tiefer sinken mußte, gefährlich tief, um noch etwas sehen zu können, wenn man seinen Weg im Zickzack an den Schauerwolken vorbei finden mußte, die ringsum wie dicke, undurchsichtige Vorhänge herabhingen, so lange, bis man ein helles Loch in Kursrichtung fand. Manchmal, wenn man Pech hatte, gab es kein helles Loch. Manchmal mußte man durch die Schauer hindurch, irgendwie. Oder landen. Beides jetzt nicht möglich.
Tarek dachte an nichts mehr. Quetschte seinen Daumen in

der Faust gegen die Seitenstiche und lief. Hinter den Fenstern, an denen sie vorbeirannten, eine strahlende, fremde, menschenleere Welt. Lachte sie aus. Tarek sah nicht mehr hin.

Mehr zufällig erreichten sie das Treppenhaus mit der gelben Wandmarkierung, das Lars ihnen beschrieben hatte und das hinunter in den Teil des Untergeschosses führte, in dem der gesuchte Verbindungsgang liegen sollte. Von ihren Verfolgern war nichts mehr zu hören. Konnte auch bedeuten, daß sie sie irgendwo erwarteten. Steinhoff machte Tarek Zeichen. In U1 bewegten sie sich nur noch vorsichtig vorwärts, schlichen fast, sicherten jeden ihrer Schritte nach allen Seiten ab. Ohne jedoch auf ein Zeichen ihrer Verfolger zu stoßen, fanden sie die Stahltür zu der gigantischen Umkleidehalle.

Alles, wie Lars beschrieben hatte. Reihen von numerierten blauen Metallspinden. Gruppen von Längsreihen wechselten mit Gruppen von Querreihen ab, die irgendeinem verborgenen Ordnungsprinzip folgten. Ein breiter Durchgang führte direkt vor ihnen quer durch den Raum von einer Tür zur anderen. Und hinter dieser Brandschutztür auf der gegenüberliegenden Seite mußte ihr Gang liegen.

Sie warteten einen Herzschlag lang, horchten.

«Na? Endspurt?» fragte Tarek. Steinhoff machte ihm ein Zeichen, leise zu sein. Sie gingen ein paar vorsichtige Schritte auf die Tür zu, blickten links und rechts in die Reihen der Spinde, dann sagte Steinhoff: «Ja. Endspurt!»

Doch dazu kam es nicht mehr. Ehe sie losrennen konnten, traten Berus, Stock und Tode unmittelbar vor und hinter ihnen in den Gang und patschten sich mit den Schlagstökken in die Hände.

«Wozu die Eile?» Berus strahlte sie an. «Hier ist Endstation!» Er wirkte richtig gutgelaunt.
«Weg!» schrie Steinhoff und machte eine Bewegung, um zur Seite hin weg zu stürzen, doch diesmal waren die Wärter schneller. Der erste Schlag traf Steinhoff an der Schläfe. Tarek holte aus, um mit dem Schraubenzieher auf Berus einzustechen, doch Berus reagierte und schlug mit seinem Knüppel auf den ausgestreckten Arm ein, legte sein ganzes Gewicht in den Schlag. Tarek schrie auf, als sein Arm brach. Der Schraubenzieher entglitt ihm aus der tauben Hand, fiel mit einem klingelnden Geräusch zu Boden und rollte unter einen Spind.

■ Als Dora den Tumult hinter der Stahltür hörte, entsicherte sie die Walther. In der Halle sah sie, wie Männer mit Knüppeln auf Tarek und Steinhoff eindroschen, mit ihren Stiefeln auf die Wehrlosen eintraten, die sich am Boden krümmten, die Arme schützend über den Köpfen. Dora richtete die Walther an die Decke und feuerte. Die Kugel schlug mit einem kaum sichtbaren Loch in die hohe Deckenverkleidung ein. Der Rückschlag der kleinen Waffe war nicht mehr als ein kurzer Ruck in ihrer Hand. Trotzdem zuckte Dora, als das Geräusch den Raum zerschnitt, die Luft in der Halle schmerzhaft zerplatzen ließ. Augenblicklich ließen die drei Uniformierten von ihren Opfern ab.
«Sofort aufhören!» Dora schrie nicht. Das Sprechen bereitete ihr Mühe, nicht nur wegen der fremden Sprache. «Sofort. Aufhören.» Sie mußte sich zwingen, nicht ‹Bitte› zu sagen.
Die Wärter wandten sich von ihren Opfern ab, ganz langsam, wandten sich ihr zu, blickten sie an mit diesen toten

Spiegelbrillenaugen. Dora merkte, wie sie sich vor Angst verkrampfte.
«Aufhören!»
Tarek lag immer noch am Boden, immer noch die Arme schützend über dem Kopf. Einer der Männer aus der Gruppe bewegte sich.
«Sieh einer an. Die schöne Holländerin!»
Dora richtete die Waffe auf ihn. «Zurück! Stehenbleiben!»
«Eh, Berus, Obacht, die schießt!»
«Ruhe! Die schießt nicht. Die knallt nur, nicht wahr? Das gehört alles zur Simulation. Stock, nimm ihr die Waffe ab!»
«Nee, Berus! Die knallt mich doch ab!»
«Die Waffe ist nicht echt, keine Sorge. Das ist nur Bestandteil der Prüfung. Hab ich recht? Na, los, Stock, nimm ihr schon die Waffe ab!»
«Scheiße, mach doch selbst!»
«Das ist ein Befehl, Stock!»
Hinten kam Tarek jetzt langsam hoch.
«Dora? Was ... Dora paß auf!»
Dora zitterte. Der angesprochene Wärter zögerte eine Sekunde und trat dann einen Schritt näher.
«Gib dem Onkel das Spielzeug!» rief Berus hinter ihm.
«Halt, oder ich schieße!»
«Dann schieß, Holländerin!»
Und genau das tat sie. Ehe Stock noch einen weiteren Schritt auf sie zu machen konnte, zielte sie und schoß ihm ins Bein. Kein Problem auf die Entfernung, nach all den Jahren mit Michael in den Sandgruben, trotz der Ungenauigkeit der Walther. Wegen des geringen Impulses durchschlug die Kugel das Bein nicht, sondern riß nur eine häßlich klaffende Wunde in den Oberschenkel. Der Getrof-

fene knickte ein, taumelte und stürzte mit einem Aufschrei zu Boden.
Jetzt glaubten sie, daß die Waffe echt war. Jetzt bewegten sie sich nicht mehr.
«Tarek, seid ihr in Ordnung? Kommt zu mir rüber. Beeilt euch!»
Während Dora weiter auf die beiden noch stehenden Wärter zielte, richteten Tarek und Steinhoff sich mühsam auf und humpelten auf sie zu. Tarek, der seinen tauben, gebrochenen Unterarm festhielt, trat dabei für einen Augenblick in die Schußlinie. Berus reagierte sofort und stürzte in die Spindreihe rechts von ihm. Dora schrie.
«Tarek! Weg!»
Steinhoffs Reflexe waren besser als die von Tarek. Er duckte sich sofort. Tarek war zu langsam. Als er sich umdrehte, war Berus bereits verschwunden. Nur Tode stand noch da, aber auch er kapierte schließlich und stürmte in die linke Spindreihe. Dora feuerte noch einmal in die Luft, aber das hielt ihn nicht mehr auf.
«Dora, zurück zur Tür und warte da!» schrie Tarek.
«Was hast du vor?» rief Steinhoff.
«Ich hol mir Berus!»
«Bist du verrückt? Wir hauen ab!»
«Nein. Nicht ohne das Schwein!»
Ohne weiter auf Steinhoff zu hören, rannte er in die Spindreihe, in der Berus verschwunden war.
«Tarek!»
«Warten Sie an der Tür!» schrie Steinhoff Dora zu und rannte Tode hinterher.
Alle verschwunden. Irgendwo hallende Schritte im Labyrinth der Spinde, fern, nah, nicht auszumachen, woher ge-

nau. Nur Stock lag noch stöhnend am Boden und preßte seine Hand auf die Wunde. Die Khakihose ringsum schon blutdurchtränkt.

«Helfen Sie mir! Helfen Sie mir!»

Dora ging zu ihm hin, hielt sich aber auf Abstand.

«Warum haben Sie das getan?» ächzte Stock. «Das ist gegen die Vorschriften!»

Dora kniete sich neben ihn. «Bleiben Sie ruhig.»

«Ich verblute!»

«Nein, Sie verbluten nicht. Die Wunde muß nur verbunden werden.»

«Dann helfen Sie mir!»

Sie wollte ihm sagen, daß er ein Hemd ausziehen und in Streifen reißen solle, aber dazu kam sie nicht mehr. Eine Hand preßte sich von hinten fest und unnachgiebig auf ihren Mund, ehe sie schreien konnte, die andere nahm ihr mit einem Ruck die Pistole ab.

«Gut gemacht, Stock», sagte Berus, drehte Dora einen Arm auf den Rücken und zog sie brutal auf die Füße.

«77!» Schrie er in die Halle. «38! Kommt raus! Ich hab eine Überraschung für euch!» Er nahm die Hand von Doras Mund.

«Tarek!»

«Rate, wen ich hier habe, 77! Frau Antje aus Holland!» Er lachte, hielt Dora die Waffe an die Schläfe und bewegte sich mit Dora langsam an den Schränken entlang vorwärts. «Eh, 77! 38! Wo bist du? 38! Tode!»

«Hier, Berus!» schrie Tode erstickt aus einer Ecke der Halle.

«Wo?»

Keine Antwort.

Berus schob Dora vor sich her in eine der Spindreihen, in

die Richtung, aus der Tode geschrien hatte. «Komm raus, 77, oder dein Meisje weint gleich!»
«Laß sie los, Berus!» Tareks Stimme von irgendwoher.
«Es ist vorbei, 77. Huschhusch zurück ins Körbchen!»
«Laß sie los, oder ich mach dich alle!»
Berus lachte und drehte sich um. Nichts zu sehen. «Ich scheiß mir in die Hosen, 77! Zeig dich! Eh, 38, zeig dich! Ihr *dummies* seid so armselig! Nicht mal einen Ausbruch kriegt ihr hin.»
«Tode ist ausgeschaltet! Du bist allein, Berus! Gib auf! Laß sie los und gib auf!»
«Vergiß es, 77! Ich warte nicht mehr lange!»
Berus preßte Dora fester an sich, so daß sie spüren konnte, wie er plötzlich steif wurde. In diesem Moment erst begriff sie das ganze Ausmaß der Gefahr.
«Tarek! Hilf mir! *Hilf mir!*»
«Ja, hilf ihr, 77! Komm raus und hilf ihr!»
«Es ist keine Kugel mehr im Magazin, Tarek! Ich hab mitgezählt!»
Berus zog Dora brutal den Arm hinter dem Rücken hoch. «Schnauze, du!»
«Es ist keine Kugel mehr im Magazin, Tarek!»
«Eh, 77, zeig dich, bevor ich's ausprobiere!»
«Sicher, Dora?» Tareks Stimme von einer ganz anderen Seite.
Berus wirbelte herum. Hallende Schritte, die sich entfernten.
«Schnauze jetzt!» zischte er Dora zu und ging die Reihe der Schränke weiter entlang bis zum Ende, wo der schmale Zwischengang auf eine Querreihe traf.
«Sicher?»

Dora schrie aus Leibeskräften: «*Jaaaaaaaaaa!*»
In diesem Moment griff Tarek an. Gehirn, Vernunft, alles abgeschaltet. Er bog um die Ecke in die Spindreihe, in der Berus mit Dora stand, und rannte auf die beiden zu. Kein geschickter Hinterhalt mehr wie geplant, er griff ihn einfach an, von vorn, obwohl Berus die Pistole auf ihn richtete. Tarek duckte sich, rannte aber weiter. Berus feuerte. Die Kugel, die gar nicht mehr im Magazin sein durfte, verfehlte ihn jedoch. Dora riß ein Bein hoch und trat Berus mit dem Absatz gegen die Kniescheibe. Berus schrie und ließ sie reflexartig los. Dora drehte sich sofort aus der Umklammerung heraus. Fast gleichzeitig, wie choreografiert, prallte Tarek mit Berus zusammen. Rammte ihn einfach, da er mit dem unbrauchbaren rechten Arm wenig Möglichkeiten hatte, und ließ seinen Kopf mit einer kurzen, aber heftigen Nickbewegung auf Berus' Gesicht krachen, was ihm die Nase brach. Klassischer Dänemann. Ein heißer, nie gekannter Schmerz pumpte durch seinen rechten Arm, als sie gemeinsam zu Boden stürzten, und ließ es Nacht werden. Kurz zuvor sah er noch Steinhoff am anderen Ende der Schrankreihe auftauchen. Da wußte er, daß es vorbei war.

Ergebnisse

Die Umgebung eines Gefängnisses hatte eine große Wirkung auf die affektiven Zustände aller Versuchspersonen sowie auf die interpersonellen Prozesse zwischen den beiden Versuchsgruppen. Allgemein zeigten beide Gruppen eine deutliche Tendenz zu negativer Selbstbewertung. Im Verlauf des Experiments äußerten die Gefangenen immer häufiger Intentionen, anderen weh tun zu wollen.

Ungeachtet der Tatsache, daß Wärter und Gefangene frei in der Wahl ihrer Form der Interaktion (positiv oder negativ) waren, tendierten sie eher zu negativem, aggressivem und entmenschlichendem Verhalten. Die Gefangenen nahmen schnell eine generell passive Haltung ein, während die Wärter durchweg dominant und aktiv auftraten. (Tabelle 1) Während des Versuchs waren Kommandos die häufigste Form verbalen Verhaltens, allgemein war der verbale Austausch unpersönlich mit nur wenigen Bezügen auf individuelle Identität.

Der dramatischste Beweis der Wirkung der Situation auf die VP wurde deutlich, als vier VP wegen akuter Depressionen, Angstzuständen und psychosomatischen Reaktionen entlassen werden mußten. (Tabelle 2) Obwohl die Anwendung physischer Gewalt ausdrücklich verboten war, kam es nach sechs Tagen zu unerwarteten, intensiven Reaktionen, die einen vorzeitigen Abbruch des Experiments nötig machten. Diese extrem pathologischen Reaktionen, die in beiden Versuchsgruppen auftraten, verweisen auf die Stärke der in solchen Situationen wirksamen sozialen Kräfte. Gleichwohl wurden individuelle Unterschiede in Bewältigung und Adaption der Situation deutlich (Tabelle 3), die jedoch nicht aus den Selbstbeschreibungen der VP und den standardisierten Tests vor dem Experiment, die sämtliche VP als absolut normal und emotional stabil einstuften, vorhersehbar waren. (Tabelle 4)

Während Steinhoff den Wärter holte, den er gefesselt zurückgelassen hatte, hob Tarek die Pistole vom Boden auf und näherte sich Berus damit, der bereits mit Kabelbindern gefesselt neben Stock hockte. Dora verband seine Wunde. Tarek hockte sich ganz nah vor Berus, bis er den Schweißdunst aus seinem Hemd riechen konnte, und drückte ihm den Lauf an die Stirn.

«Tarek!» flüsterte Dora angstvoll.

«Pschschscht!» machte Tarek. Und zu Berus: «Es ist vorbei, Berus!»

Berus schnaufte. «Das kannst du nicht tun.»

«Du hättest es gekonnt, warum nicht auch ich?»

«Bitte nicht!» preßte Berus hervor.

«Sag mir einen Grund.»

«Das war doch nur ein Experiment!» schrie Berus. «Nur eine Simulation! *Nur eine Simulation!*» Tarek konnte sehen, daß er fast weinte vor Angst, und der Anblick bereitete ihm Übelkeit.

«Genau.» Tarek richtete die Pistole zur Seite und drückte ab. – Klick! – Berus zuckte panisch zusammen und schrie auf.

In dem alten Materialversorgungsgang streifte Tarek seinen Kittel ab und ließ ihn dort zurück. Steinhoff machte es genauso. Sie waren jetzt nackt. Blaßgraue Körper, übersät mit Schrammen und Blutergüssen.

Auf der anderen Seite wehten die Musik und der Lärm der Karnevalsparty durch das Gebäude. Dora fand die Cafeteria wieder, die sie vor kaum zwei Stunden verlassen hatte und wo die kostümierten Schwerverletzten gerade eine Polonaise tanzten.

«Eh, da kommt die Rattenfrau!» schrie der bandagierte Student und winkte ihr zu. Andere pfiffen anerkennend, weil sie die nackten Männer mit den Blutergüssen neben ihr für besonders ausgefallen kostümiert hielten. Das machte Erklärungen schwierig.

Steinhoff suchte ein Telefon. Tarek und Dora ließen sich abseits des Rummels auf zwei Stühle fallen.

«Wie konnte das passieren?» flüsterte Dora.

Tarek sagte nichts, hielt nur den schmerzenden Arm fest.

«Sie waren krank!» sagte Dora. «Die Wärter waren alle krank.»

«Nein», sagte Tarek. «Die Situation war krank. Es war die Situation. Wenn ich Wärter gewesen wäre, dann ... ach, Scheiße, ich weiß nicht.»

«Ist dir nicht kalt?» fragte sie.

«Sehr.»

«Warte.» Sie wollte aufstehen, doch er hielt sie fest.

«Ich weiß, wer du bist, Dora!»

Sie nickte. «Ja. Und ich hab das Foto gefunden.»

«Scheiß Zufälle, was?»

«Andererseits, wie man's nimmt.»

«Ich dachte nicht, daß du noch kommst.»

«Ich wollte erst auch nicht.»

«Aber dann bist du doch gekommen. Andererseits.»

«Ja. Bin ich.»

«Und? Wirst du jetzt zurück nach Kanada gehen?»

«Zurück? Weiß nicht.»

«Könntest du dir vielleicht vorstellen, deinen Flug zu verschieben?»

«Für wie lange, denkst du?»

Er machte eine unbestimmte Geste. «Für immer?»

Sie dachte nach. Steinhoff kam zurück mit Decken und Tee,

begleitet von einem fassungslosen Hausmeister. Dora sah Tarek an und schüttelte den Kopf.
«Nein.»
Und dann: «Andererseits …»

Ein Jahr später.
«Ein abschließendes Urteil dieser Kommission vorwegnehmend, möchte ich sagen, daß ich persönlich dieses Experiment für einen Erfolg halte.» Jürgen von Seth blickte sich in der Runde um und registrierte befriedigt, daß die Männer, die um den langen Konferenztisch herumsaßen, ihm jetzt aufmerksam zuhörten. «Gewiß, der ganze Ablauf und das dramatische Ende werfen ethische und juristische Probleme auf und schlagen ja immer noch in allen Medien hohe Wellen. Ich denke jedoch, daß uns dies weniger tangiert. Nüchtern analysiert muß festgestellt werden, daß gerade die besondere Dynamik dieses Experiments unsere Erwartungen weit übertroffen hat. Dieses Experiment hat gezeigt, daß da, wo die Grenzen staatlicher Forschung liegen, unsere Interessen erst anfangen.»
Ein zivilgekleideter, unscheinbarer Mann ihm gegenüber unterbrach ihn. «Sie würden also wirklich dafür plädieren, das Experiment zu wiederholen?»
«Absolut. Jedoch in einem anderen Rahmen und unter anderen Vorzeichen. Ich meine damit, daß man diese, ich würde sie ‹Übungen› nennen, nicht mit Zivilpersonen durchführen kann, was immer ethische Probleme aufwirft. Wir sollten in Zukunft auf eine Kooperation mit staatlichen Forschungsstellen verzichten und auf unsere eigenen Ressourcen setzen. Das ist effektiver und hält uns auch aus der Witterung der Sensationspresse heraus.»

Ein Offizier im Rang eines Oberst platzte wütend dazwischen. «Da sind wir doch längst drin, Major von Seth, seit dieser Paparazzo, der an dem Experiment teilgenommen hat, darüber berichtet hat und in allen Talkshows gegen uns zu Felde zieht! Da sind wir doch längst drin, in dieser Witterung! Und Sie wollen uns ernsthaft einreden, daß wir solche obskuren Experimente klammheimlich in renommierten Trainingszentren der Bundeswehr abhalten sollen?»
«Ich will Ihnen absolut nichts einreden!» erwiderte von Seth steif. «Ich spreche über Fakten. Fakt ist, daß diese Übungen nötig sind. Fakt ist, daß *wir* diese Übungen zuverlässig durchführen könnten. Fakt ist, daß der Medienrummel auch wieder abebben wird, und Fakt ist auch, daß man das Experiment wissenschaftlich nicht als gescheitert ansehen kann. Die Dynamik war einfach nicht vorhersehbar. Trotzdem hat sich unser Mann auch in dieser hochkritischen, schwer einschätzbaren Situation glänzend bewährt.»
Der unscheinbare Mann vor ihm räusperte sich. «Ein Toter, fünf zum Teil schwerverletzte Versuchspersonen, vier Versuchspersonen mit schweren Depressionen in psychologischer Behandlung, eine Versuchsperson nach einem Verkehrsunfall im Koma – das ist die Bilanz Ihres Versuchs. Professor Thon selbst hat ein Auge verloren und überhaupt Glück gehabt, daß er das überlebte. Herr von Seth, halten Sie ein Experiment dieser Dimension für ethisch vertretbar und innerhalb der Bundeswehr für durchführbar?»
Von Seth atmete hörbar aus. «Sehen Sie, das Experiment lief in der Schlußphase nahezu unkontrolliert ab. Eine Riesenschlamperei, salopp gesprochen. Das müßte natürlich ganz anders laufen in Zukunft. Aber ich sehe da kein Pro-

blem. Die nötigen Strukturen sind ja vorhanden. Außerdem halte ich es für ethisch genausowenig vertretbar, unsere Leute unvorbereitet in Konfliktsituationen zu schikken. Was den Einwand der ethischen Vertretbarkeit betrifft, darf ich zudem darauf hinweisen, daß einige der Versuchspersonen zwar wegen Totschlags und gefährlicher Körperverletzung verurteilt worden sind; Professor Thon ist jedoch freigesprochen worden, und zwar in allen Punkten der zahlreichen Nebenkläger – von Entführung über Beihilfe zur Körperverletzung bis zu Anstiftung zum Mord. Juristisch ist die Sache also eindeutig. Das Dienstaufsichtsverfahren gegen Prof. Thon erübrigt sich. Der Professor hat seinen Lehrstuhl aufgegeben und wird uns künftig als freier Berater zur Verfügung stehen, falls sich die Kommission zur Annahme des von mir vorgeschlagenen Projekts entschließen sollte.
«Gut», sagte der unscheinbare Mann und blickte sich um. «Soweit also Ihre Vorbemerkungen. Dann kommen wir nun zu den Einzelheiten Ihres Projekts, Major von Seth.»

■ Manchmal kamen sie kaum aus dem Bett, nur schnell in eine Imbißbude, und dann sagte sie schon wieder «Uups!» und wedelte mit einer Wurst. Sie vögelten im Stehen in der kleinen Küche, unter der Dusche, in Hendrikjes Atelier, in einer Umkleidekabine, im Auto, fummelten im Kino in der letzten Reihe wie Siebzehnjährige und bedauerten, daß es für den Strand noch zu kalt war.
Tarek hatte nichts gegen Holland. Holland war so gut wie jeder andere Ort. Die Sprache lernte er schnell. Und immer war das Meer da. Man konnte es hören, in dem Haus, riechen auch und auf den Lippen schmecken. Schaumig, grau,

blau, grün. Grün wie ihre Augen. Er sagte es ihr jedesmal. Sie lachte.
Der Himmel. Tarek wurde nicht satt von diesem Himmel. Der Wind hetzte Armeen von brennenden Wolken über die See ins Land. Tarek fotografierte den ersten Sonnenuntergang seines Lebens. Es wurde kühl. Tarek probierte abgetragene, warme Sachen ihres Vaters an, damit sie es am Strand länger aushalten konnten. Tarek fotografierte Vogelscheiße auf einem Duckdalben, fotografierte Dora bei allem, was sie tat. Dora im blauen Overall, Dora eingewickelt in Luftpolsterfolie, die nackten Hintern von Dora, Hendrikje, Sina und Ralf am Strand. Dora ganz nah an der Linse, Dora unter Laken im Bett, einen Sonnenstrahl in ihrem Schoß. Ein Foto hatte Dora gemacht. Es zeigte Tarek und Markus Steinhoff neben einem Segelflugzeug. Tarek kotzte, und Steinhoff grinste in die Kamera.
Manchmal träumte Tarek schlecht. Manchmal. Als er eines Morgens früher als sonst das Bett verließ und sein Computer-Notebook auspackte, fragte sie ihn, was er vorhabe.
«Eine Geschichte schreiben.»
«Was für eine Geschichte?»
«Unsere.»

Die Handlung dieses Romans beruht auf Ereignissen, die 1972 während eines psychologischen Experiments an der Stanford-Universität stattgefunden haben. (Haney, Banks & Zimbardo: «Interpersonal Dynamics in a Simulated Prison», *International Journal of Criminology and Penology*, I/1973) Das Experiment mußte, nach dramatischen Reaktionen der Versuchspersonen, nach sechs Tagen abgebrochen werden.

Bei den Vorbereitungen zu diesem Buch habe ich mich auf verschiedene Arbeiten zur Gehorsamsbereitschaft, Isolationshaft, Folter und Gehirnwäsche gestützt, insbesondere die von S. Milgram, Ch. Browning, H. Hansen und P. Zimbardo, sowie auf die Jahresberichte von Amnesty International.

Dennoch ist dieser Roman ein Werk der reinen Erfindung, ebenso wie alle Charaktere, Ansichten und sachlichen Fehler, die sich finden mögen.

Für ihre Unterstützung danke ich sehr herzlich Hartwig Hansen, Renate Hardt von Amnesty International, dem Hamburger Institut für Sozialforschung und meinem Lektor Michael Kunitzsch.

Besetzung

Tarek Fahd **Moritz Bleibtreu**
Steinhoff **Christian Berkel**
Professor Thon **Edgar Selge**
Dr. Jutta Grimm **Andrea Sawatzki**
Dora **Maren Eggert**
Berus **Justus von Dohnànyi**
Eckert **Timo Dierkes**
Kamps **Nicki von Tempelhoff**
Bosch **Antoine Monot jr.**
Schütte **Oliver Stokowski**
Joe **Wotan Wilke Möhring**
Lars **Philipp Hochmair**
Renzel **Lars Gärtner**

Stab

Regie **Oliver Hirschbiegel**
Drehbuch **Mario Giordano, Christoph Darnstädt**
Dramaturgische Beratung **Don Bohlinger**
Kamera **Rainer Klausmann**
Ton **Wolfgang Wirtz**
Schnitt **Hans Funck**
Casting **An Dorthe Braker**
Szenenbild **Andrea Kessler**
Kostüm **Claudia Bobsin**
Maske **Mary May, Sylvia Reusch**
Produzenten **Norbert Preuss, Marc Conrad, Friedrich Wildfeuer**
Produktion **Fanes Film und Typhoon Networks AG in Koproduktion mit Senator Film und Seven Pictures**

Oliver Hirschbiegel inszeniert mit «Das Experiment – Black Box» seinen ersten Kinospielfilm. Als Autor und Regisseur debütierte er 1986 mit dem TV-Movie «Das Go! Projekt». Für seine zahlreichen Fernseharbeiten ist Oliver Hirschbiegel mehrfach ausgezeichnet worden, so unter anderem mit dem Grimme-Preis, dem Bayerischen Fernsehpreis, einem Goldenen Löwen und einer Emmy-Nominierung.

Moritz Bleibtreu zählt heute zu den gefragtesten Stars des neuen deutschen Kinos. Seine Karriere begann, nachdem er die Schule geschmissen und in Amerika Schauspielunterricht genommen hatte, am Schauspielhaus in Hamburg. Er wurde bekannt durch seine Darstellung des attraktiven, aber etwas tumben Liebhabers von Kai Wiesinger in «Stadtgespräch» von Rainer Kaufmann (1995). Der Durchbruch gelang ihm mit der Rolle des noch tumberen Killers Abdul in «Knockin' on Heaven's Door» (1996). Im Jahr 1998 trug er wesentlich zu dem internationalen Erfolg von Tom Tykwers «Lola rennt» bei. Danach übernahm er auch Rollen in Detlev Bucks «Liebe deine Nächste», in «Luna Papa» von Bakhtyar Chudojnasarow, in «Fandango» (Regie Matthias Glasner) und «Im Juli» von Fatih Akin.

«Haben Sie ein Problem mit engen Räumen?» –
Tarek (Moritz Bleibtreu)

«Was spielen wir jetzt, Gefangene oder Wärter?» – Bosch (Antoine Monot jr.), Renzel (Lars Gärtner), Schütte (Oliver Stokowski), Tarek (Moritz Bleibtreu)

«Wenn noch irgend jemand von Ihnen gehen möchte, jetzt ist die letzte Gelegenheit.» – Prof. Thon (Edgar Selge), Dr. Grimm (Andrea Sawatzki), Lars (Philipp Hochmair)

«Regel Nr. 1: Die Häftlinge haben sich untereinander mit ihren Nummern anzureden.» – Eckert (Timo Dierkes), Joe (Wotan Wilke Möhring), Nr. 53 (Stephan Szasz), Tarek (Moritz Bleibtreu), Bosch (Antoine Monot jr.)

«Ab jetzt gilt: Tanzt 77 aus der Reihe, werden alle anderen dafür geradestehen!» – Renzel (Lars Gärtner), Tarek (Moritz Bleibtreu), Stock (Markus Klauk.)

«Ich möchte hören, 77, dass du es verstanden hast!» – Tarek (Moritz Bleibtreu), Kamps (Niki von Tempelhoff), Berus (Justus von Dohnànyi)

«Es ist nur ein Experiment!» – Tarek (Moritz Bleibtreu), Steinhoff (Christian Berkel)

«Wir haben extreme Hilflosigkeit, Realitätsverlus
und Desorientierung, das genau ist unser Forschungsgebiet!» – Dr. Grimm
(Andrea Sawatzki), Prof. Thon (Edgar Selge), Lars (Philipp Hochmair

«Solange die da oben nichts sagen
machen wir alles genau richtig!» – Tarek (Moritz Bleibtreu

«Ich glaube nicht an Zufälle. Nichts passiert so einfach im Leben!» — Tarek (Moritz Bleibtreu), Dora (Marren Eggert)

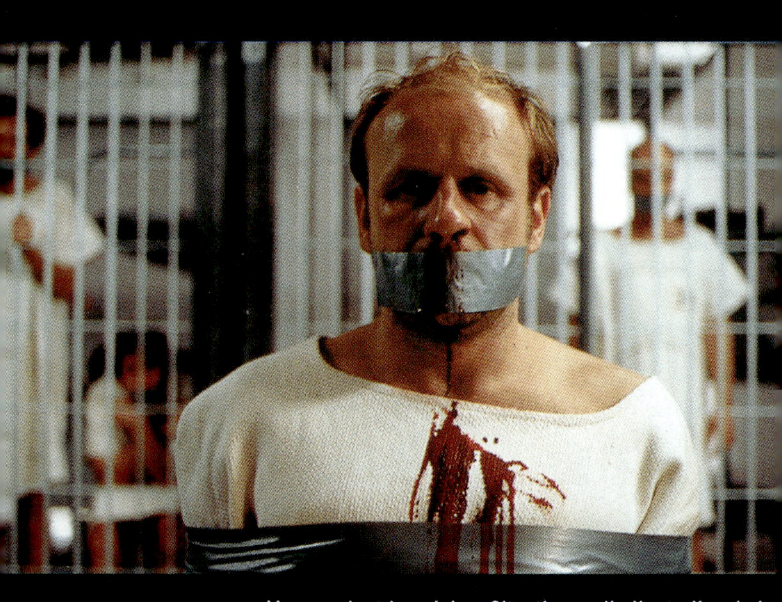

«Man gewinnt in solchen Situationen die Kontrolle wieder über Erniedrigung.» — Schütte (Oliver Stokowski)

«Der betreffende Wärter ist vom Dienst suspendiert. Er ist jetzt einer von euch!» – Berus (Justus von Dohnànyi), Renzel (Lars Gärtner), Bosch (Antoine Monot jr.), Kamps (Nicki von Tempelhoff), Tarek (Moritz Bleibtreu)

«Das geht weiter, als wir je diskutiert haben. Ich hab das Gefühl, wir verlieren die Kontrolle!» – Tarek (Moritz Bleibtreu)

«Ich hab dir doch gesagt, ich krieg dich!» –
Steinhoff (Christian Berkel)